오늘도 괜찮은 척 버티는 마음에게

명상 QR 사용법

'마보 애플리케이션' 다운로드 및 가입 후 QR 코드를 스캔하면 무료로 이용 가능합니다.

오늘도 괜찮은 척 버티는 마음에게

: 불안과 후회를 내려놓고 나를 회복하는 마음챙김 연습

초판 발행 2026년 2월 1일

지은이 유정은 / **펴낸이** 김태헌
기획/편집 총괄 임규근 / **책임편집** 권형숙 / **교정교열** 박선주 / **디자인** [★]규
영업/마케팅 총괄 신우섭 / **영업** 문윤식, 김선아 / **마케팅** 손희정, 박수미, 송수현 / **제작** 박성우, 김정우

펴낸곳 한빛라이프 / **주소** 서울시 서대문구 연희로 2길 62
전화 02-336-7129 / **팩스** 02-325-6300
등록 2013년 11월 14일 제25100-2017-000059호 / **ISBN** 979-11-94725-33-6 03180

한빛라이프는 한빛미디어(주)의 실용 브랜드로 우리의 일상을 환히 비추는 책을 펴냅니다.

이 책에 대한 의견이나 오탈자 및 잘못된 내용은 출판사 홈페이지나 아래 이메일로
알려주십시오. 파본은 구매처에서 교환하실 수 있습니다. 책값은 뒤표지에 표시되어 있습니다.
한빛미디어 홈페이지 www.hanbit.co.kr / 이메일 ask_life@hanbit.co.kr / 인스타그램 @hanbit.pub

지금 하지 않으면 할 수 없는 일이 있습니다.
책으로 펴내고 싶은 아이디어나 원고를 메일(writer@hanbit.co.kr)로 보내주세요.
한빛라이프는 여러분의 소중한 경험과 지식을 기다리고 있습니다.

유정은 지음

불안과 후회를
내려놓고

나를 회복하는
마음챙김 연습

오늘도 괜찮은 척 버티는 마음에게

한빛라이프

나다워진다는 것

"명상을 하고 나서 나아진 게 있으신가요?"

많이 받았던 질문이다. 이 질문에 나는 빙그레 웃으며, 명상을 하면서 내가 조금 더 나다워졌다고 말하곤 한다. 그러면 사람들은 고개를 갸웃거린다. '뭔가 나아지기 위해서 명상을 한다고 생각했는데, 그냥 나다워지는 거라면 왜 명상까지 해야 하는 거지?'라는 의문이 드는 것 같다. 그런데 이것은 내 삶에서 너무나 큰 변화였다.

얼마 전 책장을 정리하다 명상을 시작하기 전 30대 초반에 썼던 일기장을 우연히 펼쳐보게 되었다. 그 속에는 매일매일 현실에 불평하고, 작은 일에 괴로워하고, 끊임없이 다른 사람들과 나를 비교하는 비대한 자의식으로 가득 찬 내가 있었다. 그때의 나는 나로 있는 것이 고통스러웠다. 어떻게든 내가 아닌, 다른 더 나은 존재가 되고 싶었다. 다른 사람들도 나를 더 나은 존재로 보기를 원했다. 그러니 매일매일 어떻게든 '나'로부터 도망가기 위해 무언가를 계속 하고 있었다. 그러던 어느 날 나는 일기장에 스스로 질문을 던졌다.

'산다는 게 이런 건가? 이렇게 사는 게 맞나?'

그리고 이렇게 적어놓았다.

'나 자신에게 시간을 주기로 한다. 앞으로 10년 동안 살아갈 이유를 찾아보자. 그리고 10년 후에 나의 삶에 대해 다시 생각해보자.'

그때의 나에게서 벗어나기 위해 시도한 것 중 하나가 바로 직장을 그만두고 들어간 박사 과정이었다. 그런데 전혀 계획에 없던 일이 일어났다. 지도교수의 과오로 지도교수 없이 박사 과정을 이어나가야 하는 인생의 변수를 겪으며 방황하고 있을 때, 구글 출신 명상가이자 엔지니어인 차드 멩 탄의 책을 우연히 읽게 된 것이다. 그 책은 내 삶의 방향을 완전히 바꾸어놓았을 뿐만 아니라 나를 수행의 길로 이끌었으며, 이 책을 쓰게 된 결정적인 계기가 되었다.

우리가 '계획대로만 사는 것이 안전하다'고 믿으며 산다면, 삶이라는 거대한 흐름이 우리에게 주는 진짜 메시지를 듣지 못한 채, 스스로 만든 작은 방 안에서만 사는 건지도 모른다. 티베트 불교에 귀의한 세계적인 명상 지도자인 페마 초드론은 안전함이라는 테두리 안에서 더 나아지려고 노력하는 삶을 '죽은 삶'이라고 했다. 우리가 명상을 해야 하는 이유는 안전하게, 더 나은 삶을 살기 위해서가 아니라, 오히려 그 반대로 인생의 근원적인 불확실성에서 비롯되는 불편함과 괴로움에 직면하여, 매 순간을 완전함과 생생함, 새로움으로 경험할 수 있는 마음의 힘을 기르기 위해서라고도 했다.

인생의 불확실성에 마음을 열면 놀라운 일이 일어난다. 삶이란 안간힘을 쓰며 '살아내야' 하는 무엇이 아니라, 그저 '살아지는' 것임을 깨닫게 된다. 마치 호흡을 억지로 '하는' 것이 아니라, 호흡이 저절로 '일어나듯이' 삶도 저절로 일어나고 있다. 이 진실을 온전히 받아들이려면, 삶을 통제하려는 욕구를 내려놓고 불확실성에 직면할 용기가 필요하다. 꽉 쥐고 있던 두 주먹을 스르르 펼 때, 비로소 삶이 그 펼친 손으로 자연스럽게 흘러가기 시작할 것이다.

이러한 과정이 바로 수행이다. 우리를 괴롭히는 수많은 생각이 절대적 진실이 아니라, 단지 하나의 관점에 불과하다는 것을 깨달을 때 비로소 현실을 있는 그대로 만나게 된다. 그리고 마침내, 그냥 '나'로 존재하는 시간이, 내가 나와 함께 있는 그 순간이 편안해지는 진정한 자유를 경험하게 되는 것이다.

이 책은 적당히 세속적이고 자주 불행했던 한 사람이 명상을 시작하고, 스승을 만나고, 삶의 고단함에 지친 사람들과 명상을 나누며 조금씩 바뀌어가는 이야기다. 하지만 동시에 지금 크고 작은 고통 속에서 홀로 아파하고 있을 당신에게 건네는 초대장이기도 하다.

이 책은 수많은 사람과의 인연으로 만들어졌다. 현재의 나를 만들어준 가족, 마음 수행의 길을 열어주신 스승들, 함께 걷고 있는 도반들, 그리고 명상앱 마보를 통해 만난 모든 분. 이처럼 서로 연결된 소중한 인연이 없었다면 지금의 나와 이 책도 없었을 것이다. 세상의 모든 일이 조건에 따라 일어나고 사라지듯이, 이 책 속의 이야기들이 당신의 삶에 꼭 필요한 순간에 닿아 새로운 시작의 조건을 만드는 계기가 되기를 간절히 소망한다.

홀로 괴로워하는 밤,
이 책이 당신의 가장 가까운 곳에 놓여 따뜻한 위로가 되고,
마침내 스스로 자유로워지는 길을 찾는 희망의 등불이 될 수 있기를.
이 책이 당신의 삶에 새로운 시작의 출발점이 될 수 있기를.

Contents

Chapter 6

고통의 원인 들여다보기: 핵심 믿음

Chapter 7

고통에서 벗어나 온전한 나 받아들이기

Chapter 1

지금 이 순간

행복하기를
선택할 수 있나요?

"당신은 지금 행복한가요?"

이 질문에 선뜻 답하기 어렵다면 질문을 조금 바꿔보겠다.

"언제쯤 행복할 것 같으신가요?"

합격하고 나면? 승진하고 나면? 결혼하고 나면? 집을 사고 나면? 아이가 대학 가고 나면? 빚을 다 갚고 나면?

우리는 늘 '그때'를 기다린다. 지금은 아니지만, '그때'가 되면 행복할 거라고 믿으며 오늘을 버틴다. 그런데 이상하다. 그토록 바라던 그때가 와도 행복은 오지 않는다. 대신 새로운 '그때'가 생긴다.

가만 보면 우리는 평생 애를 쓰고 있다. 일터에서는 인정받기 위해, SNS에서는 부러움의 대상이 되기 위해, 관계에서는 상처받지 않기 위해 늘 긴장하고 경계한다. 재테크 공부를 하고, 자기계발서를 읽고, '무례한 사람에게 호구 되지 않는 법' 같은 영상을 찾아본다. 세상은 믿을 만한 곳이 아니니까. 살아남으려면 주먹을 꽉 쥐고 있어야 하니까.

그런데 문득 의문이 생겨난다.

"이렇게 열심히 사는데, 왜 나는 여전히 불안하고 행복하지 않을까?"

이 질문의 끝에서 많은 이들이 명상과 마음챙김을 만난다.

지금까지 만나본 명상을 시작한 사람들의 동기는 대체로 두 가지였다. 현실의 고통에서 벗어나려는 것, 혹은 더 나은 미래를 꿈꾸며 성공한 사람들의 습관을 따라 하려는 것. 과거로부터의 도피든 미래를 향한 갈망이든, 그 본질은 같았다. 바로 '지금 여기'에서 벗어나려 한다는 것이다.

마보의 마음챙김 수업은 8회로 구성되는데, 첫 시간은 '행복 선언문'으로 시작한다. 누구나 마음속에 '이것만 해결된다면 행복할 텐데' 하는 조건들이 있다. 좋은 사람을 만나거나, 돈을 더 많이 벌거나, 가족이 내 말대로 따라 주거나 하는 것처럼 말이다. 행복 선언문은 바로 그런 조건'에도 불구하고' 지금 행복하기를 선택하겠다는 다짐이다.

암 치료를 마치고 복직을 앞둔 미옥 님의 마음 역시 불안으로 꽉 차 있었다. 암 진단 이후 무너진 일상과 재발에 대한 두려움이 그녀를 짓누르고 있었기 때문이다. 그런 상황에서 '행복 선언문을 써보라'라는 말은, 현실과 동떨어진 요구처럼 들렸을 것이다. 그녀는 종이에 이렇게 적었다.

'나는 암에 걸렸음에도 불구하고 행복하기를 선택합니다.'
'나는 암이 재발할까 두려움에도 불구하고 행복하기를 선택합니다.'

처음에 머뭇거리던 그녀의 표정은, 자신의 선언을 쓰고 거듭 읽어내려가며 점차 부드러워졌다. 행복을 느끼는 것과 암에 걸렸다는 사실이 별개의 문제일 수 있음을 어렴풋이 받아들이기 시작한 것이다.

행복 선언문이 우리에게 던지는 메시지는 명확하다. 우리는 흔히 행복을 외부 조건이 완벽해졌을 때 찾아오는 결과물이라고 생각하지만, 진정한 행복은 지금 이 순간, 바로 여기에서 누리기로 '선택'하는 마음의 상태라는 것이다.

믿기지 않겠지만, 당신도 이 책을 읽는 지금 당장 행복을 선택할 수 있다. 잠시 책을 덮고 눈을 감아보라. 그리고 이렇게 되뇌어 보는 것이다.

'나는 더하거나 뺄 것 없이, 지금 이 순간 온전히 존재합니다. 지금 행복하기를 선택합니다.'

어떤가? 혹시 '아무것도 느껴지지 않는다'라고 해도 괜찮다. 강렬한 자극에 익숙해진 우리에게, 아무 자극 없는 편안함은 오히려 '느끼기' 어려울 수 있다. 하지만 역설적으로 바로 그 상태, 무언가를 더 하거나 뺄 것 없이 지금에 만족하는 그 고요한 상태를 불교 심리학에서는 '행복'이라고 부른다.

마음챙김 명상을 통해 알게 된 행복은 원하던 회사에 합격했거나 내가 산 주식이 크게 올랐을 때처럼 들뜨고 흥분된 감정이 아니었다. 그런 감정이 외부에서 일어난 일에 대한 고양된 반응이라면, 명상을 통해 느끼는 행복은 나의 존재 중심에서부터 잔잔하게 차오르는 평온한 상태이다. 물론 나 역시 처음부터 이 사실을 알았던 것은 아니다. 모든 것을 전투적으로 해내는 걸 당연히 여기던 나는, 이 단순한 진리를 깨닫기 위해 지구 반대편까지 도망쳐야 했다.

'정답'이라는 이름의
감옥에서 탈출하다

2011년, 서른 초반의 나는 외국계 컨설팅 회사에서 일하며 부모님의 자랑스러운 딸로 살아가고 있었다. 겉으로 보기에는 괜찮은 길에 있는 것처럼 보였다. 실제로 직장 생활도 나쁘지 않았다. 문제는 다른 곳에 있었다.

나는 늘 나를 증명하느라 바빴다. 더 좋은 성과, 더 나은 평가, 더 괜찮아 보이는 삶. 남들과 비교하고, 남들보다 조금이라도 더 잘 살기 위해 애쓰는 것이 당연한 삶의 방식이라 여겼다. 20대 후반까지 기회와 호기심으로 가득 차 있었던 알 수 없는 미래가, 30대가 되자 줄거리가 뻔한 주말 드라마처럼 느껴졌다. 결혼하고, 대출금을 갚으며 아이를 키우고, 더 좋은 집과 차를 위해 밤낮없이 일하는 삶. 남들에게 뒤처지지 않기 위해 늘 조급하게 뛰어야 하는 삶. 갈림길 없는 고속도로 위에서 남들보다 더 빨리 달리기 위해 속도를 더 높여야 하는 미래가 숨이 막혀왔다.

'이렇게 사는 게 맞는 걸까?'

그 물음이 점점 커져갈 무렵, 전 남자친구의 결혼 소식이 들려왔다. 그 소식은 내 안에 쌓여 있던 불안의 방아쇠를 당겼다. '좋은 학교–좋은 직장–결혼'이라는 사회적 체크리스트 중 마지막 관문이라 여겼던 '결혼' 앞에서 나는 번번이 미끄러졌다. 뭐든지 노력하면 이루어진다고 믿어온 내게, 노력만으로는 불가능한 그 마지막 항목은 치명적인 실패처럼 느껴졌다.

어린 시절, 경기도 소도시에서 서울 변두리 학교로 전학한 후 텃세에 시달리다 첫 시험에서 1등을 했을 때 비로소 친구들의 관심을 받았던 기억이 '사랑받기 위해서는 남들보다 잘해야 한다'라는 믿음을 심어주었는지도 모른다. 그래서 '남들에게 괜찮아 보이는 나'를 유지하는 데 과하게 힘을 쏟았고, 결혼을 못한 내가 인생의 실패자 같았다.

그래서 잠시라도 내 삶에서 떠나기로 했다. 서핑을 배우며 원주민 아이들을 돕는 봉사 단체가 있다는 파나마의 작은 섬으로. 실패한 나로부터 도망치고 싶었는지, 아니면 '이렇게 사는 것 말고 다른 삶의 방식은 없을까'라는 질문에 대한 답을 찾고 싶었는지, 그때는 나도 잘 몰랐다.

호기롭게 떠났지만, 막상 파나마에 도착하자 오히려 혼자라는 사실만 더 강하게 느껴졌다. 수많은 관광객에 휩쓸려 파나마 운하를 볼 수 있다는 언덕을 오르며 '내가 여기서 도대체 뭘 하고 있는 거지?'라는 생각에 휩싸여 있던 그때, 눈부시게 반짝거리는 파란 바다의 수평선으로 해가 지며 오렌지색 구름 아래 각양각색의 요트가 끝도 없이 펼쳐졌다. 수천 척의 요트를 바라보며 노을 속을 걷던 그 순간, 문득 생각했다.

'저 사람들은 모두 어떤 삶을 살고 있을까? 저 수많은 요트 속 사람들처럼 삶에는 너무나 많은 선택지가 있는데, 왜 나는 늘 하나의 정답만 좇아왔을까?'

그 순간, 나는 나만의 '조망 효과(Overview Effect)'를 경험했다. 우주비행사들이 지구를 바라보며 개인의 걱정이나 국가 간의 갈등이 얼마나 무의미한 것인지 깨닫는다는 바로 그 인식의 전환 말이다. 평생 객관식 시험의 정답을 찾듯 살아왔지만, 삶은 애초에 주관식이었다는 것을, '삶의 방식은 수천 가지'라는 사실을 그 바닷가에서 불현듯 깨달았다.

그날 이후부터였던 것 같다. 남들이 부러워할 만한 삶을 살고 싶다는 실체없는 욕망과 비대한 자의식으로부터 조금씩 가벼워진 것이.

그날의 통찰이 닫혀 있던 내 관점의 문을 열어주었다면 여행의 최종 목적지였던 파나마의 정글에서는 그 열린 문 너머로 한 발을 내딛어 진정한 행복을 온몸으로 경험할 수 있었다.

진정한 행복을
경험하다

생전 처음 경비행기를 타고 우리나라 시골 버스 대합실만 한 파나마 보카스 델 토로 공항에 내려 비영리단체 '기브엔서프(Give&Surf)'의 설립자인 닐을 만났다. 그가 털털거리는 모터를 단 나무 보트를 몰며 나를 데려간 곳은 웹사이트에서 '환경친화적 숙소'라고 되어 있던 정글 속 텐트였다. 평소의 나라면 첫날 침대 밑에서 손바닥만 한 거미를 발견했을 때, 둘째 날 온몸이 맹그로브 숲의 흡혈파리에 물려 시뻘겋게 부어올랐을 때 그곳을 떠나기로 결심했을 것이다. 당장 도망쳐도 이상할 것이 없던 그곳에서, 나는 오히려 예정된 다른 여행까지 취소하며 남았다. 도대체 무엇이 나를 그곳에 붙잡아둔 것일까?

정글의 아침은 온갖 새소리로 시작되었다. 숙소 옆 식당에 가서 아침을 먹고 기다리고 있으면 닐이 자원봉사자들을 태우러 왔다. 모터보트를 타고 아름다운 카리브해 길을 15분 정도 가면 판자로 얼기설기 지은 집들에서 세상에서 가장 환한 미소를 가진 아이들이 손을 흔들며 뛰어나왔다. 나를 그곳에 머물게 한 첫 번째 이유가 바로 이 아이들이었다. 말은 한마디도 통하지 않았지만(파나마에서는 스페인어를 쓰기 때문에 나는 그들과 주로 손짓발짓으로 대화했다) 상관없었다. 아이들은 나를 과거나 미래의 가치로 판단하지 않았다. 그저 눈앞에 있는 '준(June, 나의 영어 이름)'이라는 한 사람으로 바라보았다. 아이들과 함께 뛰고 먹고 웃으며 나도 아이처럼 자유로워졌다.

한국에서는 얼굴이 탈까 봐 모자를 쓰고도 선크림을 덧바르던 내가, 새까매진 얼굴과 주근깨에도 아랑곳하지 않고 아이들과 함께 흙먼지 속에서 야구를 했다. 난생처음 안타를 치고 홈을 밟았을 때의 기쁨은 그 어떤 성공의 경험보다 짜릿했다. 어렸을 때부터 운동치인 내 몸짓이 우스꽝스러울까 봐 남들 앞에서는 뛰지 않았던 나인데, 그곳에서는 어떤 몸 개그도 아무렇지 않았다. 아무도 그것으로 나를 판단하지 않는다는 것을 알았기 때문이다.

가장 깊은 울림은 한 소녀에게서 왔다 그곳 아이들에게는 부모가 집에 없으면 학교에서 배급하는 점심이 유일한 식사인 경우가 많았다. 내가 학교 부엌에서 밥을 짓고 있을 때 그 아이가 기둥 뒤에 숨어 있는 것이 보였다. 작은 학교라 아이들이 격일로 등교했는데, 그날은 그 아이가 오는 날이 아니었다. 아마도 배가 고파서 찾아온 것 같았다. 나는 그 아이를 안심시키며 손짓발짓으로 식당에 가서 기다리라고 했다. 그러자 아이는 환하게 웃으며 나를 꼭 안아주더니, 나보다 더 능숙한 손길로 밥을 푸고 음식을 나르며 자기 몫의 일을 해냈다.

그 아이의 씩씩한 모습 앞에서 가슴이 먹먹해졌다. 가진 것이 없어 밥 한 끼를 구하러 온 아이가, 그 한 끼에 감사하며 자신의 작은 힘을 기꺼이 나누고 있었다. 더 많이 가지려고 아등바등했던 내 세상은 가진 것을 소중히 여기고 기꺼이 나누는 그 아이의 세상 앞에서 한없이 작아 보였다.

파나마에서 나는 '마음챙김'이라는 것이 무엇인지 모른 채 마음챙김을 경험하고 있었다. 과거의 나를 증명할 필요도, 미래의 나를 걱정할 필요도 없이, 오직 '지금, 여기'에 존재하는 나로 온전히 머무는 순간이었다. 땀을 식히며 바라보던 카리브해의 노을 속에서, 나는 내 인생 그 어떤 성취의 순간보다 더 생생하고 근원적인 '존재'의 행복을 느꼈다.

마음의 자유로움, 마음챙김

사람들은 행복을 영화나 드라마에서 주인공이 무언가를 성취하는 순간이나 TV광고나 소셜미디어 셀럽들의 여행이나 파티 장면에서 찾는다. 그러나 불교심리학에서 말하는 행복은 감각적 욕구 충족이나 순간적 즐거움이 아니라 근본적 괴로움인 두카가 없는 '마음이 자유로워진 상태'를 말한다. 두

카(dukkha)는 '삐걱거리거나 어긋난 바퀴'와 같은 상태에서 파생된 인도의 고대어인 팔리어로, 인간이 삶에서 필연적으로 겪는 '불만족'을 의미한다.

우리는 현실에 만족하지 못할 때 행복하지 않다고 느낀다. 그러나 현실을 내가 원하는 대로 바꾸기는 거의 불가능하다. 설사 완벽하게 준비해 놓아도 우리의 뇌는 금세 다음 욕구를 만들어 낸다. 아름다운 해변에 앉아 노을을 바라보며 칵테일을 홀짝이면서 '그래, 이만하면 내 삶도 참 괜찮지' 하다가도 바다 위에 떠 있는 요트를 보며 그 주인을 부러워한다. 맛있는 음식을 먹으며 행복해하다가도 금방 '이게 칼로리가 얼마야… 다이어트는 또 물 건너갔군'이라고 생각하며 죄책감을 느낀다.

지금까지 우리는 '행복'에 대해 완전히 잘못 알고 있었다. 행복해지기 위해 외부의 조건을 완벽하게 바꾸려 노력하지만 우리가 모든 조건을 '완벽'하게 통제하기란 불가능하고 무의미하다. 그러므로 행복의 전략은 정반대여야 한다. 외부 조건을 완벽하게 맞추려는 것이 아니라 어떤 조건에서도 행복할 수 있는 마음을 갖는 것이다. 결국 행복해지기 위해 우리가 할 일은 열심히 외부 조건을 바꾸는 것이 아니라 지금 이 순간 즉시 행복해지기를 선택하는 것이다.

어떻게 하면 어떤 조건에도 '행복하기'를 선택할 수 있을까?

마음 수행의 시작:

삶에 고통이 있음을
마주하기

현재의 삶에 대한 불만족 때문에 이 책을 손에 들었다면, 축하한다. 깨달음으로 가는 길의 첫 번째 관문을 통과한 것이기 때문이다.

마음챙김의 여정은 2,500년 전 싯다르타의 이야기에서 시작된다. 그의 이야기는 모든 것을 가졌음에도 만족할 수 없었던 한 인간이 영원한 행복을 찾아 나선 위대한 기록이다.

작은 나라의 왕자였던 싯다르타는 태어날 때 '세상을 정복하는 왕이 되거나 모든 것을 깨달은 자가 될 것'이라는 예언을 받았다. 아들이 세상을 정복하는 왕이 되기를 원했던 아버지는 그를 완벽한 궁전 안에서 보호했다. 오직 아름답고 즐거운 것만을 보여주며 삶의 어두운 그림자를 철저히 숨겼다. 그러나 어떤 벽도 삶의 진실을 영원히 가둘 수는 없었다.

어느 날 궁전 밖으로 나선 싯다르타는 삶의 맨얼굴과 마주한다.

병들어 고통받는 사람, 허리가 굽은 노인, 그리고 길 위에 놓인 시신. 그는 모든 것을 누리며 사는 왕자의 삶도 생로병사(生老病死)의 고통 앞에서는 예외가 될 수 없다는 사실, 그 어떤 쾌락과 부귀영화도 이 근원적인 불만족을 해결할 수 없다는 것을 깨달았다. 그것은 이 모든 것이 자신에게도 닥쳐올 피할 수 없는 운명이라는 '실존적 충격'이었다.

우리 역시 때때로 이런 순간을 마주한다.
'이렇게 살다 죽는 건가?'
대부분은 그 불편한 질문을 서둘러 외면하기 위해 더 많은 일을 하고, 필요하지 않은 물건을 사고, 더 큰 쾌락에 몰두한다.
싯다르타는 달랐다. 그는 이 존재론적 질문을 정면으로 마주하며 우리가 이런 고통에서 벗어나는 것이 가능한지 고민한다. 그리고 네 번째 만남에서 희망을 발견한다. 늙고 병들어 죽는 운명 속에서도 평온한 얼굴을 한 수행자의 모습에서, 그는 삶의 고통을 넘어설 '길'이 있음을 직감했다. 그리고 그 길을 찾기 위해 모든 것을 버리고 궁을 떠났다. 그때 그의 나이는 서른이 좀 안 됐거나 막 서른이 됐을 것으로 추정된다. 예수 역시 약 30세 무렵, 목수의 삶을 뒤로하고 광야로 떠났다. 당시의 30세는 지금의 40대 중반처럼, 삶의 무게감이 느껴지고 죽음이 더 이상 나와 상관없는 일이 아님을 어렴풋이 느끼기 시작하는 나이였을 것이다.

2024년, 붓다의 발자취를 따라 순례 여행을 한 적이 있다. 포장된 도로 위를 버스로 달려도 7~8시간의 이동은 고되기만 했다. 하물며 2,500년 전에 모든 것이 갖추어진 안락한 삶을 버리고 맨몸으로 길을 떠난 그의 결단이 얼마나 위대했는지 새삼 깨닫게 되었다.

모든 것이 보장된 삶을 버리고
깨달은 자가 되다

궁을 나온 싯다르타는 당대 최고의 스승들을 찾아가 깊은 명상 상태에 드는 법을 배웠다. 명상에 잠긴 동안에는 황홀한 평화를 느꼈지만, 눈을 뜨면 현실의 고통은 그대로였다. 그는 깊은 명상 상태에서의 의식 변화가 일시적 도피일 뿐 고통에서 벗어나는 근본적인 해답이 아님을 깨달았다.

그 후 싯다르타는 당시 인도의 전통 수행법으로 눈을 돌렸다. 지금도 일부 남아 있지만 당시 인도에서는 과거의 나쁜 업(카르마)을 소진하기 위해서는 의도적인 고통이 필요하다는 믿음에 따라, 많은 수행자가 극단적 고행을 시도하고 있었다. 싯다르타는 다섯 명의 동료 수행자와 함께 누구보다도 열심히 수년간 고행에 매진했다. 극단의 단식 끝에 그의 몸은 뱃가죽과 등가죽이 맞닿을 정도로 말라붙었다. 그러던 어느 날, 종잇장처럼 쓰러진 그는 문득 깨달았다.

'이러다가는 깨달음을 얻기도 전에 죽고 말 것이다.'

바로 그 순간, 수자타라는 한 소녀가 우유죽을 건넸다.

네 가지 거룩한 진리,
사성제

수자타가 건넨 우유죽을 받아 마시고 체력을 회복한 싯다르타는 보리수나무 아래에 앉아 '깨달음을 얻기 전에는 결코 일어나지 않겠다'라고 다짐했다. 긴 시간 보리수나무 아래에서 명상을 통해 스스로의 마음을 들여다보고 세상과 우주가 돌아가는 법칙, 즉 다르마에 대한 통찰을 얻었다. 안락함을 추구하며 사는 것과 몸을 학대하는 고행, 이 양극단은 모두 답이 아니었다. 진정한 길은 그 사이에 있었다. 이것이 바로 '중도(中道)'의 발견이다. 그것을 바탕으로 마침내 모든 고통의 원인과 그것을 소멸하는 길을 깨달았기에 싯다르타는 '붓다(깨달은 자)'가 되었다.

깨달음을 얻은 후 싯다르타를 변절자라 여기던 다섯 명의 수행자를 다시 찾아간 붓다는 미심쩍어하는 그들에게 자신이 발견한 '중도'의 가르침을 처음으로 설파했다. 이어서 자신이 깨달은 모든 것의 정수가 담긴 '사성제(四聖諦)', 즉 네 가지 거룩한 진리를 전했다.

• 고(苦)성제: 삶에는 고통이 있다.

- 집(集)성제: 고통에는 원인이 있다.

- 멸(滅)성제: 고통은 소멸될 수 있다.

- 도(道)성제: 고통을 소멸하는 길이 있다.

처음 이 사성제를 접했을 때 나는 붓다의 가르침이 얼마나 논리적이고 구체적인지에 감탄했다. 이것은 마치 의사가 환자를 치료하는 과정처럼 명료한 접근 방식이었다. 먼저 병이 있음을 진단(고성제)하고, 병의 원인을 파악(집성제)하며, 치료 가능성을 확인한 뒤(예후, 멸성제), 구체적인 치료법을 처방(도성제)하는 것과 같았다. 더 놀라운 것은 사성제가 형이상학적 이론이 아니라, 우리가 각 단계에서 무엇을 '해야 하는지'를 명확히 알려주는 실천적 진리라는 점이다. 고통이 있음을 편견 없이 알아야 하고(고성제), 그 원인을 끊어내야 하며(집성제), 고통의 소멸을 스스로 체험해야 하고(멸성제), 그 길을 꾸준히 실천해야 한다(도성제)는 것이다.

하지만 시간이 지나고 마보 과정에서 이 가르침을 나눌 때마다 나는 그 구조적인 탁월함보다 더 위대한 통찰에 놀라곤 한다. 바로 붓다의 가르침이 '삶에 고통이 있다'는 지점에서 시작한다는 사실이다. 붓다의 위대한 여정이 '늙고 병들어 죽는다'라는 고통을 정면으로 마주하는 데서 시작되었듯, 우리 역시 삶에 고통과 불만족이 있다는 것을 부정하지 않고 인정할 때 비로소 마음을 들여다보는 진정한 여정을 시작할 수 있다.

삶이 늘 파라다이스일 것이라는 환상에 빠져 있다면, 우리는 현실을 부정하며 오지 않는 미래만 붙잡고 살게 된다. 그러나 '바로 지금, 여기에 고통이 있음'을 인식하는 순간, 비로소 우리는 현실에 발을 딛고 서서 "어떻게 이 고통에서 벗어날 수 있을까?"라는 가장 용기 있는 질문을 마주할 수 있다.

붓다의 이야기는 단순한 종교적 일화가 아니라, 인간이 겪는 실존적 고뇌와 그것을 극복해가는 과정을 보여주는 위대한 기록이다. 붓다의 깨달음은 연꽃에 비유된다. 연꽃은 진흙 속에서 자라나 맑은 꽃을 피운다. 우리도 지금 각자의 고통이라는 진흙 속에 있지만, 그 속에서 맑은 깨달음의 꽃을 피워낼 수 있다. 수행의 길이란 바로 이런 여정이다. 우리의 고통을 부정하거나 회피하지 않고 정면으로 마주하며, 그것을 통해 진정한 평화와 자유를 찾아가는 길인 것이다.

삶을 바꾼 책을 만나다:

너의 내면을
검색하라

2012년, 파나미 여행에서 돌아온 시 얼마 되지 않아 내 삶은 예기치 않은 난관에 봉착했다. 새로운 도전을 하고 싶다는 마음에 회사를 그만두고 더 나은 미래를 생각하며 조직심리학 박사 과정에 들어갔는데, 첫 학기를 시작한 지 얼마 되지 않아 나를 뽑아준 지도교수의 과오로 더 이상 그 교수 아래서 박사 과정을 진행할 수 없게 되었다. 꽉 막힌 도로를 벗어나 조금이라도 빨리 가겠다고 샛길로 들어섰지만, 신나게 달리던 그 길은 결국 막다른 길이었던 것이다. 파나마에서 맛보았던 자유와 행복의 감각도 어느새 희미해졌고, 다시 회사를 알아봐야 할지, 다른 학교를 찾아봐야 할지, 갈피를 잡지 못한 채 혼란스러웠다.

삶이 막막할 때마다 나는 책에서 길을 찾고는 했다. 그날도 광화문의 대형서점에서 나에게 도움이 될 누군가의 지혜를 발견하기 바라는 막연한 마음으로 책들 사이를 거닐고 있었다. 그러다 문득, 수많은 매대 위 책들 틈에서 내 삶을 완전히 바꾸어놓을 한 권의 책이 눈에 들어왔다. 바로《너의 내면을 검색하라》라는 책이었다. '내면'이라는 철학적 단어와 '검색'이라는 IT 용어의 기묘한 조합, 'Google과 세계적인 석학, 그리고 티베트 선승들이 개발한 궁극의 감정조절 프로그램 최초 공개'라는 표지 문구는 단숨에 호기심을 자극했다.

그날 밤, 나는 책의 첫 페이지를 펼친 뒤 오랜만에 밤을 꼴딱 새웠다. 책장을 넘길 때마다 심장이 터질 것 같았다.

'내가 조직심리학 박사 과정을 통해 찾고자 했던 답이 바로 여기에 있구나!'

대학교를 졸업하고 영국에서 석사를 마친 뒤, 약 8년 동안 조직인사 컨설턴트로 일했다. 인생의 대부분을 보내는 직장에서의 삶이 조금이라도 나아지기를 바라며, 수백 명의 직장인들을 만나 그들의 이야기를 듣고 조직과 인사제도의 문제들을 찾아내어 해결책을 처방했다. 비효율적인 업무 방식을 뜯어고치고, 공정한 평가 및 보상을 위해 새로운 인사 제도를 설계하고, 그에 맞는 리더십 교육 프로그램을 만들었다.

그런데 이상했다. 아무리 정교한 시스템을 만들어도 얼마 지나지 않아 조직은 다시 원래의 문제로 돌아갔다. 증상만 치료할 뿐 병의 근원을 건드리지 못하는 것 같았다.

그때 깨달았다. 진짜 문제는 제도나 프로세스가 아니었다. 서로를 불신하고, 변화를 두려워하며, 남 탓을 하는 '사람의 마음'이었다. 그 마음이 바뀌지 않는 한, 어떤 혁신적인 제도도 뿌리내릴 수 없었다.

그렇다면 사람의 마음은 바뀔 수 있을까?

이 거대한 질문에 대한 답을 찾기 위해 나는 박사 과정에 들어갔다. 그러나 학문의 세계도 또 다른 형태의 조직 사회였고, 그곳 역시 내 질문에 명확한 해답을 주지는 못했다. 오히려 나는 그 안에서 또 다른 좌절을 경험하고 있었다.

그런데 그닐 빔, 한 권의 책이 지난 수년간 내가 찾아 헤매던 질문에 명확한 답을 내려주고 있었다. 사람의 마음은 바뀔 수 있으며, 그 방법은 이미 수천 년 전부터 인류의 지혜 속에 전해져 내려오고 있다는 사실.

그렇다. 예상했겠지만, 그 방법이 바로 마음챙김 명상이었다.

실리콘밸리에 마음챙김 명상 열풍을 불러온 남자

반평생을 교회 주일학교에서 보내며 나는 명상을 나와는 전혀 관련 없는 '다른 종교의 수행' 정도로 여겨왔다. 이런 나에게 《너의 내면을 검색하라》의 저자 차드 멩 탄(Chade-Meng Tan)은 신선한 충격이었다. 그는 구글의 107번째 입사자이자, 세상을 과학적이고 논리적인 언어로 이해하는 전형적인 엔지니어였다. 그런 그가 어떻게 명상에 관한 책을 쓰게 되었을까?

멩의 이야기는 실리콘밸리 천재들의 흔한 성장 서사처럼 시작된다. 싱가포르 출신인 그는 12살부터 코딩을 독학했고, 15살에 전국대회에 입상했으며, 이후 작은 스타트업에 불과하던 구글의 가능성을 알아본 총명한 엔지니어였다. 그러나 그의 이야기가 특별해지는 지점은 구글 상장 이후 받았던 스톡옵션으로 경제적 자유를 얻은 뒤 찾아온 실존적 질문이었다.

'어렸을 때의 나는 무엇을 꿈꿨지? 나는 이 삶에서 무엇을 진짜로 하고 싶은 걸까?'

그때 그의 내면 깊은 곳에서 떠오른 단어가 바로 '세계 평화'였다. 평범한 우리에게는 다소 비현실적으로 느껴지는 목표겠지만 그는 엔지니어답게 이 거대한 문제를 논리적으로 분석하기 시작했다.

'내가 빌 게이츠나 일론 머스크만큼 부자인가? 아니요.

세계의 정치, 종교 지도자만큼 영향력이 있는가? 아니요.'

그가 도달한 결론은 의외로 명료했다. 세상에 영향력을 미치는 리더들의 '마음'이 바뀌면 그들이 더 지혜롭고 자비로운 결정을 내릴 수 있고, 그것이 세계 평화에 이르는 가장 현실적이고 효율적인 길이라는 것.

이런 통찰은 단순히 머리에서 나온 것이 아니었다. 그 역시 20대

시절, 이유 없이 따라다니는 우울감과 내면의 고통에서 벗어나기 위해 절박한 마음으로 명상을 시작했다. 그리고 명상을 통해 마음을 훈련하는 것이 고통의 근본적인 해결책임을 자신의 경험을 통해 직접 깨달았다. 그는 자신의 고통이 스스로 만들어 낸 마음의 습관에서 비롯되었다는 사실을 직시했고, 그 습관이 충분히 변화될 수 있다는 가능성을 보았다. 마치 싯다르타가 실존적 고통을 마주하고 길을 떠났듯, 멩 역시 내면의 고통과 정면으로 마주하면서 새로운 길을 발견한 것이다.

이 과정에서 멩은 스탠퍼드의 뇌과학자, 저명한 심리학자, 그리고 실리콘밸리의 명상 스승들과 협력해 구글 직원들을 위한 리더십 교육 프로그램 '내면 검색(Search Inside Yourself)'을 탄생시켰다. 이 프로그램은 곧 구글을 넘어 실리콘밸리 전반에 마음챙김 열풍을 일으켰고, 2012년 그 내용을 담아 출간된 책이 바로 내가 서점에서 발견해 밤새 읽어 내려갔던 그 책이었다.

책을 읽은 다음 날, 나는 무작정 구글에서 그의 이메일 주소를 찾아냈다. 그리고 하루 종일 고민하며 긴 이메일을 써 보냈다. 왜 이 프로그램이 OECD 국가 중 가장 오래, 가장 고되게 일하는 한국 직장인들에게 절실한지, 우리가 겪는 고통이 어떤 것인지 있는 그대로 적었다. 세계적인 인물이 낯선 이에게 답장을 줄 가능성은 거의 없다고 생각했지만, 그때의 나에게는 그 방법밖에 없었다.

그런데 기적 같은 일이 일어났다. 하루도 지나지 않아 멩에게서 답장이 온 것이다. 훗날 들은 이야기로는, 그 이메일 계정은 원래 비서가 관리하는 주소인데, 그날따라 회의 중 생긴 짧은 휴식 시간에 우연히 멩이 직접 열어보았고, 마침 그 순간 내 메일이 눈에 들어왔다고 했다.

그가 보낸 답장은 놀랍도록 간결했다.

"Ok, How can I help you?"

그 문장을 보는 순간 심장이 터질 듯 뛰었다. '바로 이거다.' 본능적으로 알 수 있었다. 나는 즉시 답장을 보냈다.

"제가 당신을 만나러 미국에 가겠습니다."

싯다르타가 그랬듯, 멩이 그랬듯, 나 또한 내 고통을 정면으로 마주한 막다른 길의 끝에서 새로운 문을 발견한 셈이었다. 그리고 그 막다른 길이 실은 내 인생에서 가장 큰 행운으로 이어지는 길목이었음을 곧 깨닫게 되었다.

행복 선언문 작성하기

이 연습은 "지금 나와 진정한 행복 사이에는 무엇이 있는가?"를 솔직하게 마주한 뒤, "그럼에도 불구하고 나는 행복하기를 선택합니다"라는 방향을 스스로 선언하는 시간입니다.

◆ **준비물**

- 종이
- 펜
- 5분 동안 방해받지 않을 시간
- (가능하다면) 5분 알람을 맞출 수 있는 시계나 휴대폰

◆ **가능하면 5분이라는 시간을 정해놓고, 그 시간 동안 다음 질문을 듣고 머릿속에 떠오르는 모든 것을 그대로 종이에 써 내려가 보세요.**

- 지금 나와 진정한 행복 사이에 있는 것은 무엇입니까?
- 무엇이 지금 나를 행복으로부터 멀어지게 하나요?
- '그럼에도 불구하고' 나는 행복할 수 있습니다.

🟠 나는 행복하기를 선택합니다.

지금 하는 일이 마음에 들지 않음에도 불구하고….

◆ **이제부터 빈 종이에 '나는 행복하기를 선택합니다. ~함에도 불구하고.' 라는 문장을 직접 손으로 반복해서 써 내려갑니다.**

가능하면 5분 동안 종이에서 손을 떼지 않고 쭉 반복해서 쓰는 것이 이 쓰기 명상의 핵심입니다. 쓰다가 생각이 잘 나지 않으면 "생각이 잘 나지 않는다"라고 쓰다가, 바로 뒤이어 떠오른 "나를 행복으로부터 멀어지게 하는 것"을 이어서 쓰면 됩니다.

쓰기 명상을 할 때는 타이핑을 하는 것보다 손으로 글을 적는 것이 더 좋습니다. 손끝을 움직여 글씨를 쓸 때 우리 뇌는 더 깨어납니다. 단순히 자판을 두드릴 때보다 주의력이 높아지고, 기억을 담당하는 뇌 부위가 훨씬 활발하게 움직이기 때문입니다.
머리에 떠오르는 것을 정제하거나 검열하지 않고 바로바로 쏟아내듯 적어봅니다. 이 역시 뇌과학적으로 분명한 효과가 있습니다. 막연한 불안을 언어로 구체화하는 과정에서 감정중추인 편도체의 흥분이 가라앉고 이성을 담당하는 전전두피질이 활성화되어, 나의 고통을 객관적으로 바라볼 힘이 생기기 때문입니다.

◆ **5분이 지난 후 알람이 울리면 펜을 내려놓고 내가 쓴 행복 선언문을 처음부터 찬찬히 읽어봅니다.**

자, 당신은 '그럼에도 불구하고' 지금 행복할 수 있다는 것이 무엇인지 조금은 느낄 수 있었나요?

만약 아직도 이런저런 문제 때문에 행복할 수 없다는 생각이 떠올라도 괜찮습니다.

이제 이 책과 함께하며 본격적으로 고통에서 자유로워지는 길을 같이 걸어 나가면 되니까요!

———————————

Chapter 2

인생을 바꾸는 힘 :: 마음챙김과 알아차림

"몸에 주의를 기울이는 것은 치유와 재생을 가져온다.

몸에 대한 자각을 통해 우리는 진정한 자신이 누구인지를 기억한다."

_잭 콘필드

마음을
훈련할 수 있다고?

앞에서 우리는 삶에 고통이 있음을 인식하고 '그림에도 불구하고' 행복해지기를 선택한다고 다짐했다. 그것만으로도 충분히 용기 있는 첫걸음이다. 하지만 행복하기로 마음먹는 것만으로는 부족하다. 단순한 긍정 사고가 긍정적 결과를 만든다는 식의 믿음은 오히려 고통스러운 현실을 외면하게 만들기 때문이다.

붓다의 가르침이 2,500년이 지난 지금 실리콘밸리에서도 주목받는 이유는 '고통에서 벗어나는 실용적이고도 논리적인 방법'을 제시했다는 데 있다. 붓다는 그 방법을 팔리어로 '경작하다'를 의미하는 '바바나(bhāvanā)'라 불렀다. 바바나는 마음을 길들이고 훈련하여 좋은 자질을 기르는 과정이며, 현대의 우리가 말하는 '명상'이 이 바바나를 현대적으로 해석한 것이다. 그리고 그 중심에 있는 훈련이 바로 '마음챙김(Mindfulness)'이다.

마음챙김은 팔리어 '사띠(Sati)'에서 비롯된 말이다. 이를 현대적으로 널리 알린 사람은 마음챙김 기반 스트레스 감소 프로그램(MBSR)의 창시자 존 카밧진(Jon Kabat-Zinn) 박사다. 그는 마음챙김을 다음과 같이 정의한다.

"의도적으로, 현재 순간에, 판단하지 않고 주의를 기울이는 것."

여기서 '의도적으로'라는 말은 우리가 마음의 방황을 멈추고 의식적으로 현재로 돌아오겠다는 선택을 의미한다. '현재 순간에' 있다는 것은 과거에 대한 후회나 미래에 대한 불안이 아닌, 지금 일어나고 있는 경험에 머무는 것을 의미한다. 그리고 가장 중요한 '판단하지 않고'는, 지금의 경험을 '좋다, 나쁘다' 혹은 '옳다, 그르다'라는 꼬리표를 붙이지 않고 있는 그대로 관찰하는 태도를 말한다.

하지만 '판단하지 않는다'고 해서 기계적으로 반응하지 말라는 뜻이 아니다. 미국에서 가장 존경받는 명상 스승 중 한 명이자 나의 첫 다르마 스승인 잭 콘필드(Jack Kornfield)는 여기에 '가슴'의 차원을 더한다. 그는 마음챙김을 "따뜻하고 다정한 알아차림(Loving Awareness)"이라고 표현하며, 자신의 경험을 너그럽고 친절한 마음으로 감싸안는 태도를 강조한다. 즉, 피하고 싶은 생각이나 감정이 올라와도 이렇게 말하는 것이다. "그래, 그럴 수도 있지."

결국 마음챙김은 단일한 기술이 아니라 이 모든 의미를 아우르는 다층적인 마음의 작용이다. 그것은 지금 이 순간으로 돌아오겠다는 의도적 선택이고(존 카밧진), 그 순간의 경험을 따뜻하게 허용하는 태도이며(잭 콘필드), 생각에 휩쓸리지 않도록 끊임없이 현재를 기억해 내는 마음의 힘(사띠의 본래 의미)이다.

몸으로 시작하는 마음챙김
: 머리에서 가슴으로의 여정

　　　　　　　　　　나의 스승 잭 콘필드는 명상 수행의 길이란 '머리에서 가슴으로 내려오는 여정'이라고 표현했다. 우리는 대부분의 시간을 작은 머릿속 세계, 즉 '생각' 속에서 보낸다. 그는 이 모습을 제임스 조이스의 소설 속 한 문장으로 표현했다. "너 피 씨는 자신의 몸으로부터 약간 떨어진 곳에 살았다."

이 구절을 처음 들었을 때 명상하기 전 내가 떠올랐다. 컨설턴트로 일하던 시절, 나는 몸을 '목표를 달성하기 위한 도구'처럼 '쓰기만' 했을 뿐 전혀 돌보지 않았다. 새벽까지 이어지는 일정이나 잦은 회식 속에서도 끄떡없는 나를 보며 '체력이 좋다'는 칭찬을 훈장처럼 여겼다. 만성 피부염이나 역류성 식도염 같은 문제도 현대인이라면 흔히 겪는 일이라며 대수롭지 않게 넘겼다.

하지만 명상을 시작하자 몸이 말을 걸기 시작했다.

'어제 잠을 설쳤더니 심장이 뻐근하네.'

'무리했더니 열이 좀 오르는걸?'

예전 같으면 카페인으로 덮어버렸을 미세한 신호들이 훨씬 또렷하게 느껴졌다.

그제야 깨달았다. 나는 건강한 게 아니라, 몸이 내지르는 비명을 듣지 못할 만큼 둔감했던 것임을. 명상을 통해 몸의 감각을 알아차리자 비로소 내 몸이 '쓰는 대상'이 아니라 '돌봐야 할 존재'임을 알게 되었고, 몸과의 관계가 조금씩 바뀌기 시작했다.

붓다가 제자들에게 명상을 처음 가르칠 때 '몸에 대한 마음챙김'으로 시작한 것은 결코 우연이 아니다. 감정을 느끼고 자신을 이해하는 모든 과정의 출발점은 바로 몸의 감각이기 때문이다. 그러나 현대인들은 이 능력을 빠르게 잃어가고 있다. 스마트워치의 점수로 피로도를 판단하고, 앱의 수면 점수로 어젯밤 잠의 질을 확인하는 시대다. 이러한 몸과의 단절은 감정과의 단절로 이어진다.

갑자기 화를 내면서도 "나 화 안 났어"라고 말하거나, "기분이 어떠세요?"라는 질문에 "잘 모르겠어요"라고 답한다. 이런 반응이 늘어난 이유는 바로 '감정표현불능증(Alexithymia)' 때문이다. 이는 몸에서 일어나는 생리적 반응을 감정으로 인식하는 능력에 문제가 생긴 상태로, 최근 연구에서는 감정과 신체 감각을 통합하는 뇌의 섬엽과 전대상피질 사이의 연결이 약화된 것과 관련이 있는 것으로 밝혀졌다. 어린 시절 감정 표현을 억제하는 환경에서 자랐거나 몸의 감각에 주의를 기울이는 습관을 들이지 못한 경우 몸과 마음의 연결 고리는 어른이 되어서도 미약할 수 있다.

이 진단명을 들었을 때 가장 먼저 떠오른 사람은 나의 아버지였다. 아버지는 사소한 일에도 갑자기 화를 내곤 했지만, 나중에 이유를 여쭈어도 "화 난 적 없다"고 하시거나 설명을 어려워하셨다. 지금 생각해보면 아버지는 감정이 차오르는 신호를 몸에서 충분히 느끼지 못해 쌓아두셨다가 사소한 일에 폭발하셨던 것이 아닐까. 불편한 감정을 억누르도록 배워온 아버지 세대 남성들이 흔하게 겪는 증상일 수 있다.

다행인 건 이 연결을 다시 회복할 수 있다는 점이다. 그 첫 단계는 바로 '몸으로 돌아오는 것'이다. 머리로 감정을 분석하려는 시도를 멈추고, 우리가 무시해 왔던 몸의 감각에 다시 귀를 기울이는 것이 감정 회복의 시작이다. 최신 신경과학에 따르면 감정은 언제나 '몸'을 통해 먼저 신호를 보낸다. 호흡, 가슴의 긴장, 배의 묵직함 같은 신체 감각을 섬세하게 알아차릴 때 비로소 진짜 감정과 만날 수 있다. '마음'으로 들어가기 위해서는 내가 '몸'을 가진 존재임을 기억해야 한다.

마음챙김 첫 단계,

호흡 명상
시작하기

이제 마음챙김의 기초인 '몸에 대한 마음챙김'의 첫 단계, 호흡 명상을 시작해보자. 명상을 시작할 때 자세를 먼저 잡는 이유는, 몸에 주의를 돌리고 마음이 현재에 머무르도록 돕기 때문이다.

몸으로 돌아오기
: 올바른 명상 자세

• 앉는 법

방석 위에 가부좌나 반가부좌로 앉는 자세가 익숙하겠지만, 무릎이나 허리에 부담이 있다면 의자에 앉아도 된다. 의자에 앉을 때는 등받이에 기대기보다 허리를 바로 세워 척추의 자연스러운 S자 곡선을 유지하고, 발을 바닥에 평평하게 둔다.

• 척추

머리 위에서 보이지 않는 실이 가볍게 당기는 듯한 느낌으로 척추를 곧게 세우되, 경직되지 않도록 한다. 티베트의 명상 스승 소갈 린포체(Sogyal Rinpoche)는 "당신이 상상할 수 있는 가장 웅장한 산처럼 앉으라"고 안내했다. '바른' 자세를 잡는다는 것은 허리에 부담을 주지 않고 오랫동안 편안하게 앉기 위한 것이다.

• 손

손은 편안하게 무릎 위에 둬도 좋고, 한 손 위에 다른 손을 올리고 엄지손가락을 가볍게 맞대는 선정인(禪定印) 자세를 취해도 좋다. 잭 콘필드는 이 자세가 졸음이 오거나 주의가 흐트러질 때 엄지손가락이 벌어지므로, 적당한 긴장을 유지하는 데 도움이 된다고 설명했다.

• 불편한 감각

명상 중 통증이나 간지러움이 느껴지는 것은 자연스럽다. 바로 움직이기보다 "아, 이런 감각이 있구나" 하고 관찰하는 것이 명상의 일부다. 구글의 '내면 검색' 프로그램에서는 이런 감각이 느껴질 때 호기심을 가지고 세 호흡 동안 그 감각을 관찰하라고 안내한다. 이는 감각에 자동적으로 반응하기보다 감각과 반응 사이에 작은 공간을 만드는 연습이 된다.

결국 어느 자세를 선택하든 명상의 본질은 현재 순간의 경험에 대한 알아차림이다. 자세는 그 알아차림을 돕는 도구일 뿐이다. 붓다가 극단적 고행을 버리고 중도를 가르쳤듯, 우리도 억압하지 않고 몸과 마음을 존중하며 편안하면서도 깨어 있는 자세를 찾는 것이 중요하다.

호흡, 몸과 마음을 잇는 다리

자세가 준비되었다면 주의를 호흡으로 가져오는 연습을 해보자. 평소 우리의 주의는 대부분 외부로 향해 있으므로, 호흡으로 주의를 돌린다는 것은 몸 안에서 일어나는 호흡의 감각을 있는 그대로 느끼며 흩어진 주의를 몸 안으로 가져오는 연습이다.

• 먼저 깊은 숨을 세 번 들이마시고 내쉬며 몸의 긴장을 풀어준다. 이후에는 자연스러운 호흡 리듬으로 돌아온다. 중요한 것은 억지로 호흡을 깊게 하려 하지 않는 것이다. 그저 '내가 지금 이렇게 숨 쉬고 있구나, 숨을 쉰다는 게 이런 느낌이구나' 하고 알아차리는 것으로 충분하다. 마치 바닷가에 앉

아 파도가 밀려오고 나가는 것을 바라보듯, 지금 이 순간 느껴지는 호흡의 감각을 판단 없이 지켜본다.

- 이렇게 호흡을 알아차리고 있는 순간에도 머릿속에는 생각이 떠오르기 마련이다. 그리고 몸에서는 여러 감각이 느껴질 수 있다. 그저 생각이 떠오르면 '생각이 떠올랐다'고 알아차리고, 몸에서 어떤 느낌이 일어나면 '이런 느낌이 일어났구나'라고 알아차리면 된다.

- 주의가 호흡의 감각에서 벗어났을 때 그것을 알아차리고 다시 부드럽고 친절하게 지금 이 순간 일어나는 호흡의 감각으로 가져온다. 그게 전부다. 아무리 중요한 듯한 생각이 떠올라도 지금 그것을 따라갈 필요는 없다. 지금 이 순간 일어나는 들숨의 감각이나 날숨의 감각으로 돌아오는 것, 그것이 명상이다.

- 코끝에서 느껴지는 들숨과 날숨의 감각을 '지금 여기'의 경험으로 느끼며 '지금 이렇게 생생하게 살아 있다'는 사실을 또렷하게, 있는 그대로 느껴보자.

- 명상을 마칠 때는 천천히 눈을 뜨고, 주변 공간을 마치 처음 보는 것처럼 둘러보며, 지금 여기 앉아 있는 몸 전체를 알아차려 본다. 원한다면 두 손을 비벼서 명상 중에 불편했던 신체 부위를 마사지해도 좋다.

명상할 때
몸과 마음에서

일어나는 일

마음챙김 명상의 즉각적 효과
: 부교감신경계 활성화

명상을 마친 뒤 눈을 떴을 때 눈이 밝아졌다고 느끼거나 몸이 편안해졌다면 이는 신체가 이완 상태에 들어갔다는 뜻이다. 호흡 명상이 우리 몸에 일으키는 가장 즉각적인 변화는 바로 이완이다. 이를 이해하려면 먼저 자율신경계가 어떻게 작동하는지 살펴볼 필요가 있다.

우리 몸의 자율신경계는 크게 두 가지로 나뉜다. 하나는 위급 상황에서 작동하는 교감신경계(싸우거나 도망가라는 반응)이고, 다른 하나는 몸이 안전하고 편안할 때 활성화되는 부교감신경계(휴식과 소화 반응)다.

교감신경계를 활성화시키는 스트레스 반응 자체는 본래 해로운 것만은 아니다. 중요한 시험이나 경기 직전의 긴장감은 오히려 더 좋은 결과로 이어지기도 하고, 스트레스 호르몬인 코르티솔도 단기적으로는 에너지를 공급하고 면역 반응을 조절하는 등 우리 몸에 필요한 역할을 한다. 문제는 현대인의 교감신경계가 지나치게 자주, 그리고 미세하게 활성화된 상태로 유지된다는 점이다. 출근길 지하철, 상사의 질책, 미래에 대한 걱정 등이 편도체를 자극해 마치 호랑이가 쫓아오는 것처럼 몸을 만성적인 긴장 상태로 만든다. 본래 우리를 보호해야 할 시스템이 오히려 스스로를 소모시키는 역설적인 상황이다. 이때 몸의 균형을 회복시키는 '버튼'이 바로 미주신경(vagus nerve)이다. 미주신경은 뇌에서 시작해 목·가슴·복부의 장기들과 연결된 부교감신경의 핵심 통로로, 스트레스 조절의 중추 역할을 한다. 우리가 깊고 느린 호흡을 하면 횡격막이 아래로 내려가며 복부가 부드럽게 확장된다. 이때 복부 장기들의 움직임이 미주신경을 자극해 뇌로 "지금은 안전하다"라는 메시지를 보낸다. 그러면 심박이 느려지고 혈압이 안정되며 코르티솔 분비가 줄어든다. 몸은 점차 '휴식 및 소화' 모드로 전환된다.

규칙적인 호흡 명상은 스트레스에 대한 회복력, 즉 '미주신경 톤(vagal tone)'을 향상시킨다. 미주신경 톤이 높아지면 스트레스 관리 능력, 면역력, 수면의 질이 개선되고 불안과 우울 증상이 완화된다. 무엇보다 호흡 명상의 가장 큰 장점은 언제든 어디서든 쉽게 실천할 수 있다는 점이다. 지하철에서, 직장에서, 잠들기 전 침대에서, 불안감이 올라올 때 화장실에서도 세 번의 깊은 호흡만으로 우리는 미주신경을 활성화하고 몸의 균형을 되찾을 수 있다.

그렇다면 명상할 때마다 의식적으로 깊게 숨을 쉬어야 할까? 바로 이 지점에서 2,500년 전 붓다의 가르침이 얼마나 정교한지 드러난다.

붓다는 특정 호흡법을 가르치지 않았다. 그저 "숨이 길면 길다고 알아차리고, 짧으면 짧다고 알아차려라"라고 말했을 뿐이다. 이는 '결과'가 아닌 '원인'에 집중하는 방식이다. 물론 불안하고 긴장될 때 의식적으로 세 번의 깊은 호흡을 하는 것은 만성적인 교감신경계의 작용을 멈추는 데 아주 효과적인 응급처치가 될 수 있다. 하지만 마음챙김 명상의 진정한 힘은 한 걸음 더 나아간다. 우리가 호흡을 통제하려 애쓰지 않고, 그저 지금의 호흡을 있는 그대로 부드럽게 알아차릴 때, 우리 마음의 '주의'라는 따뜻한 빛이 호흡을 비추게 된다. 이 따뜻한 알아차림 속에서 거칠었던 숨은 마치 엄마의 손길에 안심한 아이처럼 저절로 안정되고 깊어진다. 그리고 바로 그 자연스럽게 편안해진 호흡이 미주신경을 가장 이상적으로 활성화시켜 우리 몸의 근본적인 균형을 회복시킨다. 결국 붓다는 안정된 호흡이라는 '결과'를 억지로 만들기보다, '알아차림'이라는 가장 자연스러운 '과정'을 통해 우리 몸이 스스로 치유하고 균형을 찾도록 안내한 것이다. 이는 우리 삶의 문제에 접근하는 방식에 대해서도 중요한 통찰을 준다.

마음챙김 명상의 진짜 효과
: 뇌를 변화시키는 훈련

마음챙김 명상의 즉각적 효과인 이완만 경험해도 현대인들에게는 커다란 선물이 된다. 그런데 더 좋은 소식이 있다. '부교감신경계 활성화를 통한 몸의 이완'은 단지 마음챙김 명상의 부수적 효과(side effect)일 뿐 진짜 명상의 효과는 더 근본적이고 더 지속적이라는 것이다.

대부분 명상을 처음 시작하는 사람들은 호흡의 감각을 알아차리기가 쉽지 않다는 것에 깜짝 놀라곤 한다. 처음 들숨의 감각을 느끼다가도 곧바로 '이렇게 숨 쉬는 게 맞나? 나 지금 살하고 있는 건가?'라는 생각이 떠오른다. 또는 아예 오늘 있었던 일이나 명상이 끝나고 해야 할 일들로 생각이 가고는 한다.

여기까지 가면 대부분의 사람은 '아, 또 딴생각하고 있네. 난 명상이랑 안 맞아'라고 생각한다. 하지만 사실은 그 반대다. 명상하면서 '딴생각하고 있다는 것을 알아차렸다'는 순간부터가 바로 진짜 마음챙김의 시작이다.

우리는 평소 생각이라는 강물 속에 거의 잠기다시피 살아간다. 그런데 명상하려고 앉으면 처음엔 호흡을 느끼지만 금방 생각의 급류에 휩쓸려간다. '이렇게 하는 게 맞나? 언제 끝나는 거지?', '아, 맞다. 이따가 이거 해야 하는데…', '아니, 그 사람은 아까 나한테 왜 그렇게

말한 거야?'

꼬리에 꼬리를 무는 생각 속에서 허우적댈 때 명상 안내자의 목소리가 들린다.

"자, 지금 호흡의 감각을 어디로 느끼고 있나요? 다시 주의를 지금 일어나는 들숨과 날숨의 감각으로 가져오세요."

그제야 우리는 깨닫는다. '아! 내가 또 다른 생각을 하고 있었구나.'

바로 그 순간 우리는 비로소 생각이라는 강물에서 빠져나와 강둑에 서 있는 자신을 발견한다.

"아, 내 마음의 강이 저렇게 흘러가고 있구나."

이것이 바로 마음챙김이 뇌를 변화시키는 시작점이다.

뇌 속의 자동 상영관, 디폴트 모드 네트워크(DMN)

마음챙김 명상이 20세기 후반 서구권, 특히 미국에서 거대한 물결을 일으킨 데는 결정적 이유가 있었다. 바로 인류가 수천 년간 들여다보고 싶어 했던 마음의 비밀을 과학의 눈으로 직접 관찰할 수 있게 되었기 때문이다.

과거 뇌과학에서는 주로 뇌파 측정(EEG)처럼 간접적인 방식을 통해 마음의 활동을 추론할 수밖에 없었다. 이는 마치 건물 밖에서 벽에 귀를 대고 안의 상황을 어렴풋이 짐작하려는 것과 비슷했다. 그러나 1990년대에 들어서면서 기능적 자기공명영상(fMRI)이 등장하면서 상황은 완전히 뒤바뀌었다. 마침내 연구자들은 살아 있는 인간의 뇌가 활동하는 모습을 실시간으로 관찰할 수 있게 되었고, 수천 년간 명상 수행자들이 보고한 '마음의 변화'가 실제로 뇌에서 어떠한 변화로 나타나는지가 객관적이고 측정 가능한 '사실'로 드러나기 시작했다. 이로써 마음챙김은 신비주의를 벗고 현대 과학의 가장 뜨거운 탐구 대상으로 자리 잡았다.

우리가 호흡처럼 무언가에 의식적으로 주의를 집중할 때 뇌의 배외측 전전두엽 영역이 활성화된다. 이 영역은 마치 손전등처럼 우리가 원하는 곳에 주의의 빛을 비추도록 눕는다. 지금 당신이 이 책을 읽으며 내용에 집중하고 있다면 바로 이 부분이 활성화된 것이다. 그러나 이렇게 무언가에 집중하는 상태가 우리 뇌에는 상당한 에너지가 소모되는 작업이다. 그래서 뇌는 틈만 나면 에너지 절약 모드, 즉 '자동 조종 모드'로 돌아가려 한다. 신경과학자들은 이를 디폴트 모드 네트워크(Default Mode Network, DMN)라고 부른다.

DMN은 단순히 뇌의 한 부분이 아니라, 서로 떨어진 여러 영역이 마치 오케스트라처럼 함께 연주하며 만들어 내는 거대한 연결망이다. 이 오케스트라의 주요 연주자는 다음과 같다.

- **내측 전전두피질(Medial Prefrontal Cortex):** 이마 바로 뒤에 위치한

이 영역은 DMN의 지휘자 격으로, '나'에 대한 생각, 즉 자기 자신을 주인공으로 하는 이야기를 끊임없이 만들어 내는 부위다. '나는 어떤 사람인가?', '미래의 나는 어떻게 될까?'와 같은 고민이 바로 이곳에서 시작된다.

- **후측 대상피질(Posterior Cingulate Cortex)**: 뇌의 깊숙한 곳에 자리한 이 부분은 과거의 기억을 꺼내 와 현재의 생각과 연결하는 핵심 허브 역할을 한다. 오래전 일을 떠올리며 후회하거나 추억에 잠기게 만드는 주역이다.

- **쐐기전소엽(Precuneus) 및 측두-두정 접합부(Temporo-parietal junction)**: 이 영역들은 마치 영화감독처럼 마음속에 다양한 장면을 생생하게 그려내고 다른 사람의 입장을 상상해보는 역할을 한다. 아직 일어나지 않은 일을 떠올리거나 '저 사람은 나를 어떻게 생각할까?' 등 다른 사람의 마음을 추측하는 활동이 여기서 활발하게 일어난다.

이 연주자들이 함께 만들어 내는 내면의 영화가 바로 DMN의 활동이다. 이 영화관에서는 주로 '나'에 대한 영화가 상영된다. 과거에 대한 후회, 미래에 대한 걱정, 다른 사람이 나를 어떻게 생각할지에 대한 상상 등과 같이 자신을 주인공으로 한 드라마가 꼬리에 꼬리를 물고 이어진다. 명상 수행자들이 수천 년간 '원숭이 마음(monkey mind)'이라 불렀던, 끊임없이 날뛰는 생각의 실체가 바로 이 DMN이다.

멍 때리기 vs.
명상

　　　　　　　　　　많은 사람이 이쯤에서 이렇게 묻는다.

"저는 멍 때리는 건 아주 잘하는데, 멍 때리기는 명상과 어떻게 다른가요?"

우리는 흔히 '멍 때리기'를 아무 생각도 하지 않는 상태라고 여기지만, 뇌과학적으로 보면 사실은 그 반대에 가깝다. 멍 때릴 때 우리의 뇌는 DMN이 완전히 활성화되어 온갖 자동적인 생각에 무방비로 끌려다니는 상태에 가깝다. 차를 타고 창밖을 보다가 문득 '내가 왜 이런 생각까지 하고 있지?' 하고 흠칫 놀란 경험이 있다면, 그 순간이 바로 DMN의 자동 영화에 푹 빠져 있었다는 뜻이다.

물론 DMN이 항상 나쁜 것은 아니다. DMN은 자기 성찰, 미래 계획, 타인에 대한 공감 등 우리가 사회적 존재로 살아가는 데 필수 기능을 담당한다. 문제는 이 내부 상영관이 부정적인 영화, 즉 '나는 안 될 거야', '사람들이 날 싫어하는 것 같아', '그때 그러지 말아야 했는데…'와 같은 자책, 불안, 후회의 영화를 무한 반복 상영할 때 생긴다. 사춘기 소녀 라일리의 머릿속을 배경으로 한 영화 〈인사이드 아웃 2〉에서 '불안이'가 끊임없이 최악의 시나리오를 상상하며 라일리를 괴롭히는 장면은 DMN의 부정적 과활성화 상태를 아주 정확하게 보여준다.

뇌를 변화시키는
마음의 헬스, '알아차림'

이제 다시 방금 전 명상의 순간으로 돌아가 보자. 우리는 호흡에 집중하려 하지만, 어느새 뇌는 DMN이라는 자동 상영관의 스위치를 켠다. 지극히 자연스러운 일이다. 그런데 왜 명상 안내자들은 계속해서 이렇게 말할까?

"떠오르는 생각을 알아차리고, 다시 호흡으로 돌아옵니다."

그 이유는 바로 '알아차림'의 순간이야말로, 마음의 근육을 키우는 결정적인 순간이기 때문이다. 호흡을 따라가다 문득 '아, 또 딴생각하고 있었네!'라고 깨닫는 그 찰나가, 마음의 헬스장에서 역기를 들어올리는 바로 그 순간이다. 이때 우리 뇌에서는 살리언스 네트워크(Salience Network)라는 특별한 뇌 회로가 활성화된다.

이 네트워크가 '살리언스'라는 이름을 가진 이유는, 그 단어 자체가 '가장 중요하거나 두드러지는 특징'을 뜻하기 때문이다. 말 그대로, 살리언스 네트워크는 우리 안팎에서 일어나는 수많은 자극 중에서 '지금 당장 가장 주목해야 할 것'을 골라내는 탐지기 역할을 한다. 마치 시끄러운 파티장에서도 누군가 내 이름을 부르면 그 소리가 유독 또렷하게 들리는 것처럼, 살리언스 네트워크는 흘러가는 생각의 소음 속에서 '아, 내가 딴생각하고 있구나!'라는 알아차림의 순간을 가장 중요한 신호로 감지해 낸다.

이 중요한 탐지기의 핵심 주역은 전섬엽(anterior insula)과 전대상피질(anterior cingulate cortex)이다.

- 전섬엽은 우리 몸의 내밀한 신호를 감지하는 안테나와 같다. 심장이 두근거리거나, 속이 울렁거리거나, 어깨가 긴장되는 것과 같은 '몸의 느낌'을 가장 먼저 알아차리는 곳이다.
- 전대상피질은 주의력 조절탑이다. 여러 정보가 충돌할 때 '어? 지금 뭔가 중요한 일이 생겼다!'라고 경보를 울려 주의를 전환시킨다. 즉, '생각의 영화'에 빠져 있는 상태를 감지하고 "집중!"을 외치는 곳이다.

이 두 영역이 함께 작동하며 이렇게 말해주는 셈이다.

"지금 이 순간, 가장 중요한 것은 흘러가는 생각이 아니라 바로 이 호흡이야!"

흥미롭게도 이 네트워크는 심장 두근거림, 근육의 긴장 같은 몸의 미세한 신호, 즉 내수용감각을 감지하는 레이더이기도 하다. 명상 중 평소에 거의 의식하지 못했던 작은 통증이나 간지러움이 유난히 또렷하게 느껴진다면, 바로 이 레이더의 성능이 좋아지고 있다는 신호다.

따라서 명상 중에 마음이 계속 방황하다가 그 사실을 알아차리고 다시 호흡으로 주의를 돌리는 일을 반복하고 있다면, 당신은 명상에 실패한 것이 아니다. 오히려 뇌의 교통경찰인 살리언스 네트워크를 가장 효과적으로 단련하는 핵심 훈련을 아주 잘 수행하고 있는 것이다.

마음의 운동이 뇌를 바꾼다
: 신경가소성

우리가 팔 근육을 키우기 위해 아령을 들었다가 놨다를 반복하듯, 마음챙김 명상도 "주의가 흩어짐 → 알아차림 → 다시 돌아옴"의 과정을 반복하며 뇌의 회로를 단련하는 '정신적 웨이트 트레이닝'이다.

21세기 뇌과학의 위대한 발견 중 하나는 우리의 뇌가 고정된 기관이 아니라, 경험과 학습을 통해 물리적으로 변화한다는 사실이다. 이를 신경가소성(neuroplasticity)이라고 부른다.

2011년, 브리타 휄첼(Britta Hölzel) 박사가 주도한 한 연구팀은, 명상 경험이 전혀 없는 사람들을 대상으로 8주간의 마음챙김 명상 훈련(MBSR)을 진행했다. 놀랍게도 단 8주 만에 참가자들의 뇌에서 의미 있는 변화가 관찰되었다. 특히 학습과 기억, 감정 조절에 중요한 역할을 하는 해마(hippocampus)를 비롯한 여러 영역에서 뇌의 회백질 밀도 증가가 눈에 띄게 나타났다. 이는 비교적 짧은 기간의 마음 훈련으로도 뇌가 물리적으로 재구성될 수 있음을 보여준 의미 있는 결과였다. 이보다 앞서 2005년, 사라 라자(Sara Lazar) 박사 연구팀은 오랫동안 명상을 수행한 사람들의 뇌를, 명상 경험이 없는 사람들의 뇌와 비교했다. 그 결과, 장기 수행자들의 뇌에서는 주의력과 감각 처리에 중요한 전전두엽 피질(prefrontal cortex)과 섬엽(insula) 부위의 대뇌 피질이 더 두껍게 관찰되었다. 웨이트 트레이닝을 꾸준히 하면 근육이 점점 단단해지듯이 오랜 시간에 걸친 명상 수행은 뇌의 특정 영역을 실제로 구조적으로 변화시킨 것이다.

마보를 운영하면서 이런 사실을 직접 확인할 좋은 기회가 있었다. 용인세브란스병원 정신건강의학과 이덕종 교수님과 함께 수행한 연구에서, 8주간 하루에 20분 이상 마보 앱으로 꾸준히 명상한 참가자들의 뇌를 fMRI(functional Magnetic Resonance Imagining, 기능적 사기공명영상)로 분석했다. 그 결과, 방황하는 마음과 관련된 DMN의 연결성은 감소한 반면, 감정 인식과 내수용감각 처리에 핵심적인 좌측 섬엽과 고차원적 인지 조절을 담당하는 전전두엽 피질 간의 기능적 연결성은 유의미하게 증가한 것으로 나타났다. 집에서 홈트를 하듯 명상 앱을 통해 하루에 20분씩 명상하는 것만으로도 뇌에 긍정적인 변화가 생길 수 있다는 뜻이다.

알아차림으로
지금 바로

삶을 바꾸는 마법

명상을 통해 뇌가 변한다는 이야기를 들으면, 성격이 급한 사람일수록 이런 질문이 튀어나오기 쉽다.

"알겠습니다. 그러면 명상을 얼마나 해야 내 뇌가 바뀐다는 겁니까?"

여기에 아주 반가운 소식이 있다.

당신은 뇌가 '충분히' 바뀔 때까지 기다릴 필요가 없다.

이 책을 여기까지 읽으며 단 한 번이라도 '아, 내가 이런 생각을 하고 있구나!' 하고 스스로를 알아차린 적이 있다면, 당신의 삶은 바로 그 순간부터 이미 다른 궤도에 오르기 시작했다. 알아차림의 힘이 생긴다는 건 깜깜한 마음의 동굴을 더듬거리며 걷다가 마침내 손에 등불 하나를 쥐게 되는 것과 같다. 그전에는 무엇에 걸려 넘어지는지도 모른 채 불평하고, 보이지 않는 벽에 부딪히며 좌절했다면, 이제는 등불을 비춰 내 발 밑에 무엇이 있는지, 저 앞에 어떤 길이 있는지를 보면서 스스로 걸음을 선택할 수 있게 된 것이다.

내가《너의 내면을 검색하라》는 책을 읽으며 전율했던 그날 밤, 수많은 문장 가운데 내 마음을 관통한 한 구절이 있었다. 바로 아우슈비츠 수용소에서 살아남은 심리학자 빅터 프랭클의 말이다.

"자극과 반응 사이에는 공간이 있다. 그 공간에는 자신의 반응을 선택할 수 있는 자유와 힘이 있다. 그리고 우리의 성장과 행복은 바로 그 반응에 달려 있다."

마음챙김 명상이 우리에게 선물하는 기적은 바로 이 '공간'을 발견하게 해준다는 것이다.

오늘 당신이 책을 덮고 일상으로 돌아갔을 때, 하루에도 몇 번씩 당신을 짜증 나게 하는 사람이나 상황을 만나게 될 것이다. 피곤한 당신에게 눈치 없이 말을 거는 동료, 잔소리를 늘어놓는 가족의 목소리가 들리는 순간, 당신의 의지와는 상관없이 몸이 먼저 반응한다. 가슴이 답답해지고, 어깨가 돌처럼 굳고, 미간이 찌푸려진다. 짜증이라는 감정의 꼭두각시 인형이 된 것처럼, 당신은 늘 그랬듯이 날카로운 말이나 퉁명스러운 표정으로 반응할 준비를 한다.

바로 그때, '알아차림'이라는 등불이 켜진다.

'아, 지금 가슴이 답답하구나.'

'내가 또 화가 나려고 하네.'

이것을 알아차리는 찰나, 마치 영화 〈매트릭스〉의 한 장면처럼 주변의 시간이 잠시 느려진다. '자극(상대방의 말)'과 '자동 반응(짜증)' 사이에 틈이 벌어지고, 아주 짧지만 '선택의 공간'이 열린다.

그 공간 안에서 당신은 처음으로 스스로에게 이렇게 물을 수 있다.

'늘 하던 대로 화를 낼 것인가?
아니면 다른 반응을 선택할 것인가?'

물론 언제나 다른 선택을 할 수 있는 것은 아니다. 여전히 자동 반응이 먼저 튀어나올 때도 많을 것이다. 그러나 중요한 사실은, 당신에게 선택권이 생겼다는 것이다. 자동인형처럼 반응하며 살던 삶에서, 비로소 내 반응의 주인이 되는 첫걸음을 내디딘 것이다. 이것이 바로 '알아차림의 공간'을 넓혀간다는 의미이며, 명상으로 삶을 바꾼다는 말의 실제 내용이다.

노자는 이런 말을 남겼다고 한다.

"생각을 조심하라, 말이 된다.
말을 조심하라, 행동이 된다.
행동을 조심하라, 습관이 된다.

습관을 조심하라, 인격이 된다.

인격을 조심하라, 운명이 된다.”

우리는 흔히 운명은 이미 정해져 있기에 바꿀 수 없다고 믿는다. 하지만 마음챙김을 통해 서서히 깨닫게 된다. 수십 년간 나를 지배해온 오래된 습관과 생각의 패턴을 더 이상 그대로 따를 필요는 없다는 것을. 모든 변화는 ‘알아차림’이라는 아주 작은 하나의 생각에서 시작된다. 그 찰나의 공간 속에서 다른 선택을 하는 것. 그 선택들이 쌓여 습관이 되고, 인격이 되고, 마침내 당신의 삶의 방향, 즉 운명이 된다.

생각의 감옥을 벗어나는
‘직접적 앎’

생각해보면 ‘알아차림’은 우리가 마음챙김 명상이라는 단어를 배우기 훨씬 전부터 이미 우리 곁에 있었다. 어릴 적 처음으로 바닷물에 발을 담갔을 때 느낀 짜릿한 차가움, 낯선 이국의 음식에서 처음 맡은 향신료의 강렬한 향, 나뭇잎 사이로 쏟아지는 햇살과 뺨을 스치는 바람을 온전히 느꼈던 순간을 떠올려보자. 그것이 바로 생각의 필터를 거치지 않은, 살아 있는 알아차림의 순간이다.

붓다 역시 극단적 고행이나 의식의 변형 상태가 우리를 자유롭게 하지 못한다는 것을 깨달았을 때, 어린 시절 사과나무 아래에서 그저 편안히 앉아 있었던 자연스러운 평화의 순간을 떠올렸다고 전해진다. 나의 스승 중 한 분인 심리학자이자 티베트 불교의 라마(스승)인 하비 아론슨(Harvey B. Aronson)은 이를 '직접적 앎(Direct Knowing)'이라는 명쾌한 단어로 설명했다.

우리는 대부분 '이것은 나무다', '저 소리는 시끄럽다'와 같이 생각과 개념이라는 필터를 거쳐 세상을 경험한다. 끊임없이 이름을 붙이고 판단하는 것이다. 하지만 마음챙김은 이 모든 관념의 장막을 걷어내고, 지금 이 순간의 경험과 직접 만나는 통로다. 알아차림은 우리를 생각의 감옥에서 해방시켜, 세상을 있는 그대로 생생하게 경험하도록 이끈다.

파나마 정글에서 봉사활동을 하던 시절, 이 '직접적 앎'을 온몸으로 체험한 적이 있다. 와이파이를 쓰기 위해 숙소에서 멀리 떨어진 카페에 갔다가 중요한 이메일에 답하느라 시간을 놓쳤다. 일행을 먼저 보내며 "혼자 갈 수 있다"고 큰소리를 쳤지만 휴대폰 배터리는 거의 바닥이었고, 해는 빠르게 지고 있었다.

인공 불빛 하나 없이 달빛에 의지해 혼자 정글을 헤치고 해변가 숙소로 돌아오는 길, 어둠 속에서 들려오는 정체 모를 소리, 발밑에서 바스락거리는 나뭇잎, 피부를 스치는 축축한 공기가 느껴졌다. 온몸의 감각이 바늘 끝처럼 곤두서는 공포의 순간이었다.

그런데 역설적으로, 바로 그때 나는 가장 강렬하게 '살아 있다'는 감각을 느꼈다. 어둠에 눈이 익숙해지자 달빛 아래 펼쳐진 이름 모를 나무와 꽃들의 생명력이 마치 내 안으로 흘러 들어오는 것 같았다. 나와 세상 사이에 늘 쳐져 있던 얇은 막이 걷히고, 내가 이 생생한 세계의 일부가 된 듯한 느낌이 밀려왔다. 그러자 이상하리만큼 '나는 지금 안전하다'는 확신이 생겼다.

마보 과정에 참여하는 분들도 비슷한 이야기를 들려주곤 한다. 평소 생각이 너무 많아 괴롭다던 가영 님은 앉아서 하는 명상이 특히 힘들다고 했다. 이런저런 생각을 따라가다 보면 명상이 끝나버려 '알아차림의 순간'을 느끼지 못하는 것 같다며 속상해했다. 그러나 반나절 명상 리트릿에서 인왕산 숲길을 함께 걸은 후, 그녀는 엷은 미소를 띠며 말했다.

"천천히 걸으며 얼굴을 스치는 바람의 감촉, 나뭇잎 사이로 비치는 햇살을 오롯이 느꼈을 때, 저를 괴롭히던 생각들이 잠시 멈추고 그냥 살아 있다는 충만함이 느껴졌어요."

마음챙김 명상이 우리에게 주는 선물은 장기적인 뇌의 변화만이 아니다. CNN 앵커 앤더슨 쿠퍼는 명상을 시작한 뒤 "더 오래 살게 되었다"고 말했다. 절대적인 수명이 늘어났다는 뜻이 아니라, 살아 있는 매 순간이 더 풍부하고 생생해져, 삶의 '경험적 길이'가 늘어났다는 의미다.

이것이 바로 알아차림이 지금 이 순간, 우리 삶을 바꾸는 마법이다. 과거에 대한 후회와 미래에 대한 불안이라는 구름을 잠시 걷어내고, 지금 이 순간의 파란 하늘을 온전히 경험하는 것. 그 찰나의 알아차림 속에서 우리의 삶은 이미 다른 방향으로 움직이기 시작한다.

몸에 대한 마음챙김 명상
바디스캔

이 연습은 몸의 언어에 귀 기울이는 시간, 바디스캔입니다.

우리는 하루 대부분을 몸이 아니라 머릿속 생각의 세계에서 보냅니다. 생각은 과거와 미래를 떠돌지만, 몸은 항상 지금 여기에 존재합니다. 바디스캔은 떠돌던 주의를 의도적으로 몸의 각 지점에 가져와 그곳에서 일어나는 감각을 있는 그대로 알아차리는 훈련입니다.

이 과정에서 우리는 단순히 몸의 긴장을 푸는 것을 넘어, 우리가 잊고 있던 몸과 마음의 연결을 회복할 수 있습니다. 신경과학적으로 볼 때 바디스캔은 우리 뇌의 '내수용감각' 네트워크를 단련하는 것과 같습니다. 특히 몸의 내밀한 신호를 감지하는 안테나 역할을 하는 '섬엽'과 주의력 조절탑인 '전전두엽 피질' 사이의 소통을 강화합니다. 이 연결이 튼튼해질수록 우리는 감정의 미세한 신호를 몸의 감각을 통해 더 빨리 알아차리게 되고, 감정 조절 능력 또한 자연스럽게 향상됩니다. 또한 몸에서 일어났다가 사라지는 감각들이 늘 변하며 결코 고정된 것이 아니라는 무상의 진리를 직접 체험할 수 있습니다.

바디스캔을 하다 보면 자신도 모르게 잠이 들 때가 있습니다. 많은 사람이 명상 중에 졸면 안 된다고 오해하지만, 이는 정상적인 반응입니다. 바디스캔을 통해 몸의 긴장이 풀리면 스트레스 반응을 관장하는 교감신경의 경계 모드가 내려가고, '휴식과 소화'를 담당하는 부교감신경계가 활성화됩니다. 이때 찾아오는 졸음은 몸이 보내는 '이제 좀 쉬어도 괜찮다'는 신호입니다. 특히 불면증으로 고통받는 분이라면 잠자기 전 바디스캔을 하는 것이 강력한 수면 유도 도구가 될 수 있습니다. 만약 이 연습을 하다가 졸리면 졸음이 몸에서 어떻게 느껴지는지 그 감각도 호기심을 가지고 지켜볼 수 있습니다.

그럼 이제 마음보기 자세를 잡아보겠습니다.

◆ **준비물**

바디스캔
길게 하기

- 조용하고 편안한 공간
- 타이머(10~20분 확보)
  가능하면 방해받지 않을 시간만큼 타이머를 설정하는 것도 좋습니다.
- 바닥, 요, 침대 등 편안히 누울 수 있는 자리
  ※ 누워서 하면 더 효과적입니다.

바디스캔 가이드

몸의 각 부위마다 원하는 시간만큼 충분히 주의를 기울여 봅니다. 시간 여유가 있다면 왼발, 오른발을 각각 알아차리면 좋습니다. 가장 중요한 것은 마음의 태도, 호기심과 친절함입니다. 몸의 특정 부위에서 감각이 잘 느껴지지 않는다면 그저 '느껴지지 않는다'고 알아차리고 다음 부위로 주의를 옮기면 됩니다.

- 평평한 곳에 눕거나, 의자에 앉을 경우 두 발을 바닥에 둡니다.
  허리는 펴되 목과 어깨의 긴장은 풉니다.
  온몸이 지금 이곳에 있음을 온전히 느낄 수 있는 자세를 잡고 천천히 눈을 감습니다.
- 이제 주의를 땅과 닿아 있는 발로 옮깁니다. 두 발이 어떻게 놓여 있는지, 엄지발가락부터 새끼발가락까지, 발가락 하나하나의 감각을 있는 그대로 느낍니다. 찌릿한 느낌이나 피부의 촉감, 어떤 것이든 좋습니다. 그리고 주의를 서서히 발목 → 종아리 → 무릎 순으로 이동합니다.
  피부 안쪽과 바깥쪽의 느낌, 옷에 닿은 부위와 그렇지 않은 부위의 차이를 약간의 호기심을 가지고 알아차립니다.
- 이제 주의를 허벅지 아래쪽, 의자나 바닥과 맞닿은 부분으로 옮겨 몸을 지탱하는 무게감을 느껴봅니다.
  그리고 엉덩이로 이어져 내가 어떻게 앉아 있는지 혹은 누워 있는지 알아차립니다.
  왼쪽과 오른쪽의 느낌, 따뜻함과 차가움, 딱딱함과 부드러움, 엉덩이뼈에서 척추로 이어지는 몸의 감각을 느껴봅니다.
- 주의를 몸의 중심을 잡고 있는 척추로 가져가 봅니다.
  엉덩이부터 목까지 이어진 척추 마디마디의 느낌, 몸의 무게감과 피부의 감촉을 느껴봅니다. 그리고 등 전체로 주의를 넓힙니다. 옷과 맞닿은 감촉, 등이 펴져 있는지 혹은 웅크리고 있는지, 있는 그대로 느껴봅니다.

- 주의가 어깨와 목에 이르면, 이곳이 긴장되어 있는지 혹은 이완되어 있는지 알아차립니다. 머리카락이 목덜미에 닿는 느낌, 어깨를 감싼 옷의 촉감, 그 모든 것을 알아차립니다.

이제 어깨를 따라 두 팔로 내려가 손끝 마디마디에서 느껴지는 감각을 느낍니다. 찌릿하거나 저릿한 느낌이 들 수도 있습니다. 모든 것을 그저 있는 그대로 느낍니다.

- 이제 주의를 가슴 전체로 옮깁니다.

가슴을 감싸는 피부와 옷의 느낌, 그리고 가슴 안쪽에서 힘차게 뛰고 있는 심장의 박동을 느껴봅니다. 억지로 무언가를 느끼려 애쓰지 않아도 됩니다. 그리고 배로 주의를 가져가 호흡에 따라 올라갔다 내려오는 배 전체의 움직임을 느낍니다. 배의 온도, 혹시 음식을 먹었다면 장기들이 소화시키는 미세한 느낌까지도 알아차립니다.

- 마지막으로 주의를 얼굴 전체로 가져옵니다.

얼굴 근육이 긴장해 있다면 의식적으로 힘을 풀어봅니다. 입가에 살짝 미소를 띠어도 좋습니다. 긴장이 풀릴 때 이마와 미간, 감은 두 눈에서 어떤 일이 일어나는지 관찰합니다. 눈꺼풀의 미세한 떨림, 그 사이로 스며드는 빛을 느낍니다. 코로 들어오는 차가운 공기와 나가는 따뜻한 공기의 감각을 생생하게 느껴봅니다. 닫힌 입술의 맞닿음, 입안의 혀와 치아, 침의 감촉까지 알아차립니다. 양 볼과 광대뼈, 소리를 듣고 있는

두 귀, 그리고 머리카락 한 올 한 올의 느낌을 따라 정수리까지 느껴봅
니다.

- 이제 정수리부터 발끝까지 온몸을 하나의 전체로 느껴봅니다.

지금 여기, 몸과 함께 생생하게 살아 있다는 감각을 온전히 느껴봅니
다. 서서히 눈을 뜨면서 온몸에 보냈던 주의를 이 방 전체, 이 공간으로
가져옵니다. 그리고 다시, 내가 지금 이 공간에 살아 있다는 느낌을 온
몸과 함께 느껴봅니다.

Chapter 3

나쁜 예감은
틀리지 않고

기적처럼 차드 멩 탄의 메일을 받고 석 달 뒤, 나는 실리콘밸리의 구글 본사에서 그를 직접 만났다. 그는 나를 만나자마자 다시 물었다.

"내가 어떻게 도와주면 될까요?"

그때도 나는 망설이지 않고 대답했다.

"만성 스트레스와 불안에 시달리는 한국 사람들을 위해서 당신의 명상 프로그램을 한국에서 시작할 수 있도록 도와주세요."

그날 이후 멩은 '내면 검색(Search Inside Yourself)' 프로그램을 한국에 도입하는 일에 전폭적인 지지를 아끼지 않았다. 실제로 그는 여섯 번이나 한국을 방문하며 한국에 대한 깊은 애정을 드러냈고, 이 프로그램이 경쟁과 스트레스에 시달리는 많은 한국 사람들에게 실질적인 도움이 되기를 진심으로 바랐다.

하지만 막상 한국으로 돌아오는 비행기 안에서 나는 세상을 다 얻은 듯 기쁘면서도, 한편으로는 '내가 과연 이런 엄청난 행운을 누릴 자격이 있을까? 혹시라도 내가 이 귀한 기회를 망쳐버리면 어떡하지?'라는 불안감에 휩싸였다.

한국에 돌아오자마자 이 프로그램을 제대로 구현하기 위해 전문가를 찾아나섰다. 가장 먼저 한국에 최초로 MBSR(마음챙김 기반 스트레스 감소, Mindfulness Based Stress Reduction) 프로그램을 소개한 명상계의 권위자, 안희영 교수님을 찾아가 도움을 구했다. 동시에 관련 서적과 논문을 파고들며 이론적 토대를 다져 나갔다. 지인들을 대상으로 다소 무모하게 프로그램을 시범 운영하기도 했는데, 다행히 이 과정에서 명상이 실제로 사람들의 마음을 변화시키는 데 도움이 된다는 확신을 얻을 수 있었다.

그러나 현실의 벽은 생각보다 높았다. 당시만 해도 한국 기업 교육 담당자들은 명상을 그저 직원들의 스트레스를 잠시 해소해주는 일회성 힐링 이벤트 정도로만 생각했다. 꾸준한 훈련을 통해 정서지능을 높이고 뇌의 신경가소성을 자극하여 긍정적 변화를 이끌어낸다는 내면 검색 프로그램의 과학적 취지에 공감해 바쁜 리더들의 업무 시간 중 16시간을 선뜻 내어주는 곳은 거의 없었다.

박사 과정은 수료만 한 상태였고, 모아둔 돈은 빠르게 줄어들었다.

2014년 겨울, 나는 중요한 기로에 서 있었다. 안정적인 직장인의 삶으로 돌아갈 것인가, 아니면 이 불확실한 길을 계속 갈 것인가. 그때 떠오른 것이 '일론 머스크식 사고'였다. 나에게 필요한 최소한의 생활비만으로 버티며 내가 하고 싶은 일을 해보는 것과 안정적인 수입을 위해 다시 회사로 돌아가는 것. 둘 중 어느 쪽이 나를 더 행복하게 할까. 그 무렵의 나는, 지금 돌이켜보면 충분히 무모해도 될 만큼 젊었다. 그렇게 나는 이 길에 본격적으로 뛰어들었다.

때마침 구글 명상 프로그램 공식 강사 양성과정이 처음 열렸고, 나는 그 기회를 통해 명상을 보다 체계적으로 배울 수 있었다. 프로그램을 공동 개발한 미국의 내로라하는 명상 스승들, 저명한 신경과학자와 심리학자들이 교수진으로 참여했고, 전 세계에서 모인 열성적인 참가자들과 일 년을 함께했다. 정글 같은 회사 생활에 익숙했던 나에게 '마음챙김'이라는 공통의 가치를 품은 이들과의 만남은 말 그대로 신세계였다. 우리는 서로의 이야기를 판단 없이 들어주고, 서로를 존재 자체로 받아들이는 연습을 통해 깊은 유대감을 쌓아갔다. 그 일 년 동안 나는 명상을 통해 내 인생의 모든 답을 찾을 것만 같았다. 호흡 명상으로 마음의 고요를 맛보았고, 자애 명상을 할 때면 노숙자가 가득한 샌프란시스코 거리조차 환한 빛으로 가득해 보였다.

기대와는
다른 사람들

하지만 일상으로 돌아오자 그 빛은 서서히 바래갔다. 명상한다는 사람들을 더 많이 만날수록, 내가 품었던 순수한 기대에도 균열이 가기 시작했다. 현실과 동떨어진 이야기만 늘어놓는 신비주의자, 맹목적 믿음을 요구하는 사이비 종교 같은 단체, 수행의 본질보다 돈에 더 관심이 많아 보이는 사람들을 만나며 마음이 복잡해졌다.

심지어 명상으로 유명해진 한 사람은, 둘만 남은 자리에서 손의 '기'를 느껴 보겠다며 억지로 내 손을 잡더니, 갑자기 손깍지를 끼고 나를 묘한 눈빛으로 바라보았다. 나는 화들짝 놀라 손을 뿌리쳐야 했다. 수행자라는 이름 아래 존경받으면서도 그 권위를 남용해 금전적·성적 착취를 저지른 사람들의 이야기를 전해 들을 때면 분노와 실망, 슬픔과 의심, 자책 같은 감정이 뒤섞여 올라왔다.

이 모든 감정의 밑바닥에는 '명상을 하면 더 좋은 사람이 될 수 있다'는 나의 근본적 믿음이 흔들리고 있다는 사실이 있었다. 매달 카드값이 연체될까 조마조마한 상황에서도 이 일을 놓지 않았던 이유는, 명상이 사람을 근본적으로 바꿀 수 있다는 믿음, 그리고 그것이 고통받는 사람들에게 실제 도움이 되리라는 확신 때문이었다.

그러나 명상을 오래 했다는 사람들 중에는(물론 훌륭한 분들이 훨씬 더 많았지만), 놀라울 만큼 자기중심적이거나 무례하고 교만한 사람들, 심지어 도덕적으로 지탄받을 만한 삶을 사는 사람들도 있었다.

'그렇다면 마음챙김 명상을 하는 게 도대체 무슨 의미가 있지? 이 길이 정말 아니라면 지금이라도 정신 차리고 회사로 돌아가야 하는 게 아닐까? 나 역시 뜬구름 잡는 소리를 하며 스스로를 속이고 있는 건 아닐까?'

마음챙김 명상에 대한 깊은 의문과 회의감이 나를 옥죄던 그때, 나의 수행을 '명상'이라는 기술을 넘어 진짜 삶의 길로 이끌어 준 만남이 찾아왔다.

수행의 길을 보여준 스승들과의 만남

2015년, 차드 멩 탄이 공동 주최하는 '위즈덤 2.0(Wisdom 2.0)' 행사에 자원봉사자로 참여하기 위해 싱가포르를 찾았다. '위즈덤 2.0'은 기술이 지배하는 시대에 어떻게 지혜롭게 살아갈 것인가를 묻는 컨퍼런스로, 실리콘밸리의 마음챙김 열풍을 이끌던 대표적인 행사였다.

그 무렵 한 명상 모임에서 알게 된 외국인 지인이 있었다. 그는 마음챙김 명상을 통해 방탕했던 과거를 정리하고 새로운 삶을 살게 되었다고 이야기했다. 내가 구글 명상 프로그램을 한국에 도입하고 있다고 하자 그는 큰 관심을 보이며, 프로그램의 창시자인 차드 멩 탄을 꼭 만나고 싶다고 했다. 마침 싱가포르에서 행사가 열릴 예정이었기에, 나는 그곳에서 그를 멩에게 소개해주기로 약속했다.

약속대로 싱가포르에서 나는 그를 내 친구라고 멩에게 소개했고, 멩은 특유의 따뜻함으로 흔쾌히 그를 맞아주었다. 문제는 그다음에 일어났다. 그는 정작 컨퍼런스 행사장에는 거의 모습을 드러내지 않았다. 나중에야 알게 된 사실은, 그가 한국에 아내를 둔 채 싱가포르에서 다른 여자를 만나고 있었다는 것이다. 원치 않게 그의 개인사를 알게 되었을 때, 명상하는 사람들에 대해 간신히 붙들고 있던 나의 마지막 믿음마저 산산이 부서지는 기분이었다.

이용당했다는 배신감, 사람을 잘못 보았다는 자책감, 그의 비도덕적인 행동에 대한 깊은 실망감이 한꺼번에 밀려오자, 마음이 텅 비어버린 듯 허탈했다. 복잡한 감정에 휩싸여 컨퍼런스 자원봉사 활동조차 버겁게 느껴졌지만, 그래도 맡은 역할을 다하겠다는 마음으로 행사장 복도에서 묵묵히 길 안내를 하고 있었다.

그때였다. 내 눈앞에 당시 나에게는 BTS나 임영웅보다 더 큰 스타였던 잭 콘필드 님이 나타나 길을 물었다. 그는 1970년대 서구 사회에 위빠사나 명상을 소개한 핵심 인물이자, 태국과 미얀마의 숲속에서 혹독한 수행을 거친 살아 있는 전설이었다. 무엇보다도 그분은 내가 가장 감명 깊게 읽었던 책 《깨달음 이후 빨랫감》의 저자였다. 명상의 신비로운 체험만이 아니라, 수행이 우리의 불완전하고 엉망진

창인 일상을 어떻게 바꾸어 놓는지를 솔직하게 보여준 그 책은 명상 수행에 대한 내 관점을 송두리째 뒤흔들어 놓았다.

그런 명상계의 슈퍼스타가, 내 앞에 서서, 행사 자원봉사자인 나에게 "이쪽으로 가는 게 맞나요?"라고 묻고 있었다. 그 순간, 꾹꾹 눌러두었던 감정이 마치 화산처럼 터져 나왔다. 목구멍까지 뜨거운 것이 치밀어 오르더니 시야가 뿌옇게 흐려지며 사람들로 붐비는 복도 한가운데에서 어린아이처럼 큰 소리로 울음을 터뜨리고 말았다. "네, 맞아요!"라고 대답하면서.

싱가포르 쇼핑몰 복도에서 낯선 동양 여자가 갑자기 울음을 터뜨리자 잭 콘필드 님은 당황한 기색을 감추지 못했다. 그러니 이내 침착하게 나를 바라보며 무슨 일이 있었는지 다정하게 물어봐 주었다. 나는 눈물을 쏟으며 이렇게 말했다.

"저는 명상을 하면 사람들이 더 좋은 사람이 될 거라고 믿었어요. 그런데 제가 만나본 사람들은 그렇지 않은 경우가 더 많은 것 같아요. 만약 명상이 사람을 더 나은 사람으로 바꾸지 못한다면, 제가 이걸 왜 해야 하죠? 그냥 다 그만두고 예전 삶으로 돌아가고 싶은 마음뿐이에요."

그때 잭 콘필드 님이 해주신 두 마디의 대답은 지금까지도 내 마음에 깊이 남아 있다. 그는 이후에도 내가 '우문'을 던질 때마다 짧고 단단한 지혜의 대답과 길고 자세한 자비의 대답을 함께 건네주었다. 그날 그가 들려준 첫 번째 지혜로운 대답은 이것이었다.

"Oh dear, it's too late to go back. (오, 당신, 돌아가기엔 너무 늦었어요.)"

예상치 못한 답에 나도 모르게 웃음이 터졌다. 마치 머릿속에 전등이 '탁' 켜지는 것 같았다. 정말 그랬다. 돌아가기에는 이미 늦었다. 명상을 시작한 이상, 명상을 몰랐던 상태로 돌아가는 것은 불가능했다. 마음챙김이 무엇인지, 지금 이 순간에 살아 있다는 것이 어떤 감각인지, 나는 이미 조금은 알아버린 뒤였다. 한 번 자전거 타는 법을 배운 사람이 그 이전으로 돌아갈 수 없듯이 말이다.

내 울음이 웃음으로 바뀌는 것을 본 그는, 두 번째로 자상하고 자비로운 대답을 이어갔다.

"붓다는 깨달음을 얻으신 뒤, 곧장 세상에 가르침을 펴지 않으셨다고 해요. 이 가르침이 너무 심오해서, 사람들이 이해하지 못할 것이라고 생각하셨기 때문이죠. 그때 한 천신이 붓다 앞에 나타나, 연못의 연꽃을 비유로 들며 간청했습니다."

그는 이어 천신의 이야기를 들려주었다.

"'붓다시여, 저 연못을 보십시오. 어떤 연꽃은 아직 진흙 속 깊이 잠겨 있고, 어떤 연꽃은 물 표면 가까이까지 올라왔으며, 또 어떤 연꽃은 이미 물 위로 솟아올라 햇빛을 받으면 곧 피어날 준비가 되어 있습니다. 세상의 중생도 이와 같습니다. 당신의 가르침이 전해진다면, 피어날 준비가 된 이들이 마침내 꽃을 피울 것입니다.'"

잭 콘필드 님은 내 눈을 바라보며 말을 이었다.

"아직도 많은 사람이 저 연못 밑바닥의 진흙 속에서 조금씩 올라오고 있어요. 당신이 만난 그 사람들도 명상을 시작하긴 했지만, 우리는 그가 연못 아래 어디쯤에서 출발했는지 알 수 없습니다. 중요한 것은, 그래도 그들이 명상을 시작했기에 저 아래에서 조금씩이라도 올라오려 애쓰고 있다는 점입니다. 그러니 다른 사람을 보며 수행의 효과를 판단하지 마세요. 대신, 당신 자신에게 물어보세요. 이 길이, 당신에게는 도움이 되었나요?”

나는 고개를 끄덕이며 대답했다.

“네, 저에게는 큰 도움이 되었어요.”

그는 미소를 지으며 말했다.

“그렇다면, 당신의 경험을 믿으세요.”

이 대화는, 내 수행을 ‘기분 좋은 경험’을 위한 명상이 아니라 ‘내 인생 전체를 바꾸는 길’로 만들었다. 모든 사람은 각자의 방식으로, 각자의 속도로 고통에서 벗어나기 위해 몸부림치고 있다. 그러나 그들이 지금 어디쯤 와 있는지는 우리는 알 수 없다. 그렇다면 다른 사람을 판단하며 수행 자체에 의심을 돌릴 필요는 없다. 오로지 나의 경험을, 내가 직접 겪은 변화를 믿으면 된다.

잭 콘필드 님은 여기에 세 번째 선물까지 안겨 주었다. 당시 그의 약혼자였던 트루디 굿맨(Trudy Goodman) 님을 나에게 소개해 준 것이다. 트루디 굿맨 님은 숭산 스님의 서양인 제자 가운데 한 분이자 ‘인사이트 LA(Insight LA) 명상센터’의 창립자다.

트루디 굿맨 님은 잭 콘필드 님에게 내 이야기를 전해 듣고, 컨퍼런스 중간에 따로 시간을 내어 자신의 경험을 들려주었다. 수행하면서 도덕적 계율을 어겼던 가까운 이들에게 실망했던 이야기, 그러나 수행과 도반(함께 수행하는 벗, 道伴)을 통해 다시 수행에 대한 믿음을 회복하게 된 과정, 그리고 붓다가 수행에서 도덕적 기초를 얼마나 중시하셨는지에 대한 이야기…. 우리는 컨퍼런스장 바깥 복도 한쪽 바닥에 나란히 앉아, 오랫동안 그 이야기를 나누었다.

그 이후로 나는 마음챙김 명상을 단지 삶의 질을 높이는 하나의 기술이 아니라, 삶 전체를 바꾸는 수행으로 받아들이게 되었다. 그리고 더 나아가 붓다의 가르침을 공부하며 알게 되었다. 붓다는 제자들에게 명상만 가르친 것이 아니었다. 명상을 포함해, 삶 속에서 어떻게 걸어가야 할지 보여주는 수행의 길 전체를 함께 전해주셨다.

진짜 수행의 뿌리,
지혜와 윤리

그렇다. 명상만으로는 충분하지 않다. 잠시 동안 마음의 평화를 맛본다고 해도, 일상이 거짓과 해로운 행동으로 가득하다면 그 평화는 모래 위에 지은 성처럼 언제든 무너질 수밖에 없다. 잭 콘필드 님과 트루디 굿맨 님을 만난 뒤 내가 가장 깊이 깨달은 건 이것이었다.

진정한 수행은 명상 방석 위에서만이 아니라, 삶의 매 순간순간의 선택에서 이루어진다는 것.

붓다는 사성제, 즉 '고집멸도'의 가르침을 통해 우리에게 고통의 원인과 그것을 해결하는 방법을 아주 구체적이고 실용적으로 제시했다. 여기서 '도'는 고통의 원인에서 벗어나기 위한 길이자 자세한 실천 방법이다. 이를 불교에서는 여덟 가지 바른 길, 팔정도라고 부르며, 각각의 내용은 다음과 같다.

1. 바른 견해: 바르게 보기, 정견(正見)

2. 바른 생각 혹은 바른 의도: 바르게 생각하기, 정사유(正思惟)

3. 바른 말: 바르게 말하기, 정어(正語)

4. 바른 행동: 바르게 행동하기, 정업(正業)

5. 바른 직업: 바르게 생활하기, 정명(正命)

6. 바른 노력: 바르게 정진하기, 정정진(正精進)

7. 바른 마음챙김: 바르게 깨어있기, 정념(正念)

8. 바른 집중: 바르게 집중하기, 정정(正定)

팔정도를 처음 접했을 때 가장 놀랐던 점은, 우리가 흔히 '명상'이라고 부르는 영역이 마지막 세 가지, 즉 바른 노력, 바른 마음챙김, 바른 집중에 해당하고 나머지는 모두 우리가 어떤 관점을 가지고 세상을 볼 것인지, 어떤 말과 행동, 직업을 선택하며 살아갈 것인지에 대한 아주 구체적인 삶의 지침이라는 것이다. 붓다가 제시한 깨달음의 길은, 숲속에 들어가 명상하며 '우주의 기운'을 느껴야 한다는 식의 현실과 동떨어진 이야기가 아니었다. 우리 삶의 모든 순간에 적용할 수 있는, 매우 현실적인 안내 지도에 가까웠다.

전통적으로 이 여덟 가지 길은 보통 지혜(慧), 계율(戒), 수행(定)의 세 가지 영역으로 나뉜다. 이제 그 길을 하나씩 걸어 들어가 보자.(더 자세히 공부하고 싶다면 활성 스님의《팔정도 다시 보기》를 추천한다.)

지혜의 영역

1. 바른 견해(正見, Right View): 모든 것의 시작

바른 견해는 모든 것의 근본이다. 현실을 있는 그대로 보는 눈, 곧 지혜를 뜻한다. 수행을 막 시작하는 우리에게 바른 견해란, '삶에는 고통이 있다'는 사실을 외면하지 않고 정면으로 바라보는 데서 출발한다. 그리고 '나를 행복하게 해줄 것이라고 믿어왔던 것들, 이를테면 성공·돈·관계 등이 궁극적으로는 나를 완전히 행복하게 만들어주지 못하는구나' 하고 깨닫는 데서 한 걸음을 더 나아간다. 만약 당신이 그런 의문을 품고 이 책을 손에 들었다면, 이미 바른 견해의 첫 걸음을 내디딘 셈이다.

2. 바른 생각 혹은 의도(正思, Right Thought or Intention): **유익한 마음을 내는 연습**

바른 생각은 '유익한 생각'을 뜻한다. 여기서 '유익하다'는 것은 단지 '긍정적이다'와는 다르다. 무언가를 간절히 원하면 이루어진다는 '끌어당김의 법칙'식의 믿음은 자칫 탐욕을 정당화하거나 현실의 고통을 외면하도록 만들 수 있다. 바른 생각은 그런 욕망의 확대가 아니다. 해를 끼치지 않으려는 마음, 탐욕과 성냄을 내려놓으려는 마음, 나와 타인을 향한 자비심을 기르려는 선한 의도를 가리킨다. 다시 말해 '무엇을 이루고 싶은가'보다 '어떤 마음으로 살고 싶은가'를 스스로에게 묻는 것이다.

윤리(계율)의 영역

3. 바른 말(正語, Right Speech)

4. 바른 행동(正業, Right Action)

5. 바른 직업(正命, Right Livelihood)

이 세 가지는 다른 사람들과 더불어 살아가는 삶을 이끄는 기준에 관한 것이다.

바른 말은 거짓말, 이간질, 상처 주는 말, 의미 없는 잡담을 삼가는 것이다. 말하기 전 잠시 멈추고 스스로에게 물어본다.

'이 말은 진실한가? 지금 꼭 필요한가? 듣는 이에게 도움이 되는가?'

바른 행동은 살생·도둑질·부적절한 성적 행동뿐 아니라, 나와 타인에게 해를 끼치는 모든 행위를 삼가는 것을 의미한다.

바른 생계는 다른 존재에게 해를 끼치지 않는 방식으로 생계를 유지하는 것이다. 단지 '어떤 직업을 갖고 있는가'만이 아니라, 그 일을 어떤 태도와 방식으로 하고 있는지도 포함된다.

수행의 영역

6. 바른 노력(正精進, Right Effort): **마음의 정원을 가꾸는 꾸준함**

바른 노력은 우리 마음의 정원을 부지런히 가꾸는 것과 같다. 불교에서는 이를 '사정근(四正勤)', 즉 네 가지 올바른 노력으로 설명한다.

아직 생겨나지 않은 해로운 마음은 막고,

이미 생긴 해로운 마음은 없애려 노력하며,

아직 없는 유익한 마음은 불러일으키고,

이미 있는 유익한 마음은 더욱 키워 나가는 것이다.

이러한 노력이 가능하려면, 앞선 다섯 가지 길(바른 견해부터 바른 생계까지)이 어느 정도 자리를 잡아야 한다. 삶의 방식이 정화되지 않으면, 마음이 늘 들떠 내면을 보기 어렵기 때문이다.

중요한 것은, 이 노력이 맹목적인 '열심'은 아니라는 점이다. 붓다가 극단적 고행을 버리고 '중도'를 택했듯, 수행의 노력 역시 너무 팽팽하지도, 너무 느슨하지도 않은 균형이 필요하다. 명상을 '잘' 하려 애쓰다가 오히려 호흡이 부자연스러워지는 경험을 한 적이 있을 것이다. 때로는 바로 그 '잘하려는 마음'을 내려놓는 것이 진짜 바른 노력일 수 있다.

평생 '잘해야만 한다'는 강박 속에서 지내온 이들이라면, 자신의 현재 상태를 정확히 인정하고, 무리하지 않는 수준에서 꾸준히 실천을 이어가는 것. 그것이 바로 바른 노력의 핵심이다.

7. 바른 마음챙김(正念, Right Mindfulness)

8. 바른 집중(正定, Right Concentration): 마음을 닦는 수행

바른 마음챙김은 팔정도의 심장과도 같다. 지금 이 순간 일어나는 몸, 느낌, 마음과 현상을 있는 그대로 알아차리는 힘이다. 이 알아차림이 있어야, 우리가 바른 생각과 의도로 말하고 행동하려 하는지, 아니면 오래된 습관대로 반응하고 있는지를 볼 수 있다. 그 통찰이 곧 바른 말·바른 행동·바른 생계로 자연스럽게 이어진다.

바른 집중은 바른 마음챙김이 깊어지면서 자연스럽게 드러나는 고요하면서도 명료하게 깨어있는 마음 상태다. 억지로 힘을 주어 집중하는 것이 아니라, 알아차림을 지속할 적절한 힘이 모였을 때 저절로 생기는 안정이다.

마치 흙탕물을 억지로 휘젓지 않고 가만히 두면 흙이 바닥으로 가라앉아 맑은 물이 드러나듯이, 마음도 바른 노력과 바른 마음챙김이 함께할 때 저절로 고요해지고 평온해진다.

수행으로
삶을 바꾼다는 것의

깊은 의미

팔정도는 우리의 모든 삶의 영역에서 삶에 대한 관점과 방식 전체를
송두리째 바꾸는, 평생에 걸친 수행의 길이다. 단지 명상을 오래 했
다고 해서, 혹은 명상 도중 신비한 체험을 했다고 해서, 그 사람이 즉
각 고통에서 벗어나거나 저절로 훌륭해지는 것이 아니다. 많은 명상
스승들은 명상 중에 황홀경이나 강렬한 통찰 같은 신비한 체험, 즉
티베트어로 '냠(nyam)'이라 부르는 상태가 찾아오더라도, 그것 또한
그저 일어났다 사라지는 하나의 '경험'일 뿐이라고 말한다. 거기에
집착하면 수행의 본질에서 멀어질 수 있기 때문이다.

진정한 수행의 척도는 명상 중에 얼마나 특별한 경험을 했는지가
아니라, 일상의 삶에서 나와 다른 사람들의 고통이 실제로 얼마나 줄
어들었는가에 달려 있다. 그래서 티베트 불교의 위대한 스승 파드마

삼바바(Padmasambhava)는 이렇게 말했다.

"나의 견해는 하늘처럼 광대하지만, 나의 행실은 겨자씨처럼 세밀하다."

아무리 높은 깨달음을 얻었다고 해도, 일상의 행동이 바뀌지 않으면 아무 소용이 없다. 이것이 바로 '명상보다 더 중요한 것'이 있다는 말의 진짜 의미다.

수행의 길은 우리가 밥을 먹고, 일을 하고, 사람들과 대화하는 모든 순간에 깨어 있는 것이며, 매 순간 스스로와 살아있는 모든 존재들에게 해를 끼치지 않는 선택을 하려는 노력 그 자체다. 진정한 수행자는 특별한 능력을 과시하거나 카리스마를 뿜어내는 사람이 아니라, 일상에서 자신과 타인의 고통을 줄이기 위해 애쓰는 사람이다. 그래서 티베트 불교에는 겉보기에는 평범한 노인이나 마을 사람이지만, 사실은 큰 사원의 고승보다 더 깊은 깨달음을 얻은 '숨은 성자'에 대한 이야기가 전해 내려온다. 수행의 길에서 내 가슴에 깊은 울림을 준 사람들 역시, 카리스마나 명성 때문이 아니라 겸손하고 지혜롭고 자비로운 삶의 모습을 보여주셨던 분들이었다.

팔정도는 고통에서 벗어나기 위해 바른 지혜(정견)로 시작해, 바른 생각, 말, 행동, 생계, 노력, 마음챙김, 집중을 거쳐 다시 한 단계 더 깊어진 지혜로 되돌아가는, 구불구불 위로 올라가는 나선형 계단 같은 길이다. 이 길에서 중간 부분을 단단히 받쳐주는 기둥이 바로 계율, 즉 윤리적 규범(정어, 정업, 정명)이다. 그런데 '계율'이라는 말 때문에 많은 사람들이 윤리적 규범을 '지키지 않으면 벌을 받는다'는 외적 강제의 관점에서 이해하곤 한다. 그러나 계율을 지켜야 하는 진정한 이유는 밖에서 주어지는 상벌 때문이 아니라, 그렇게 할 때에만 우리의 마음이 진짜로 평화로워지고 궁극적으로 고통에서 벗어날 수 있기 때문이다.

계율을 왜 지켜야 할까
: 거짓말의 예

거짓말을 예로 들어보자. 내가 거짓말을 하나 하기 시작하면 그 거짓말을 감추기 위해서 또 다른 거짓말을 해야 한다. 그러면 언제 들킬지 모른다는 불안 때문에 내 마음이 편할 수가 없다. 이렇게 이미 현재에 고통이 생긴다. 내가 하는 거짓말은 나 자신만 괴롭히는 것이 아니라, 악의적 의도가 담겨 있다면 상대방에게도 분명한 고통을 준다. 그러면 이 고통을 피하기 위해서는 어떻게 해야 할까? 사실 답은 아주 단순하다. 거짓말을 하지 않으면 된다.

다른 계율도 마찬가지다. 남의 것을 훔치거나 부정한 방법으로 이익을 취하며 살고 있다면, 겉으로는 호의호식하며 잘 사는 것처럼 보여도 마음은 편안하지 않다. 언제 발각될지 모르는 불안감과 양심의 가책이 늘 따라다니기 때문이다. 설령 양심의 가책을 받지 않고 잘 살고 있다 하더라도 '내가 남을 속이는 것처럼 남도 나를 속일 것'이라는 의심과 불안감에 시달린다. 거친 말을 하고 다른 사람을 비방하는 말을 일삼아도 비슷한 일이 생긴다. 당장은 화가 풀리는 것 같지만, 결국 주변 사람들에게 신용을 잃고 그 말들이 나에게 되돌아와 인간관계를 망가뜨리고 내 마음을 어둡게 한다.

그러므로 계율을 지키는 이유는 '착하게 살아서 나중에 상을 받자'거나 '죽어서 천국에 가자'는 미래의 보상을 얻기 위해서가 아니다. 바로 지금 이 순간 내 마음이 편안해지기 위해서다. 그리고 이렇게 마음이 편안해져야 우리는 명상을 하기 위해 고요히 앉아 있을 수 있다. 명상하려고 앉았는데 머릿속이 '어떻게 하면 그 사람을 속여서 더 많은 이익을 취할까', '내가 한 거짓말이 들키지는 않을까' 같은 생각으로 가득하다면 과연 마음이 고요해지겠는가?

결국 이 모든 계율의 궁극적 목적은 나와 내 마음을 보호하는 것이다. 마음을 어지럽히고 불안하게 만드는 행동을 하지 않음으로써 내면의 평화, 즉 나 자신의 행복을 지키는 것이다.

사실 우리는 이런 진리를 어렸을 때부터 알고 있었다. 거짓말을 하면 마음이 불편해진다는 것, 남에게 해로운 말을 하면 결국 나에게도 좋지 않게 돌아온다는 것을 본능적으로 알고 있었다. 그런데 살아가면서 우리는 이런 단순한 진리를 자꾸 잊어간다. 남들보다 더 약아지고, 더 큰 소리를 치고, 더 많이 가지고 누려야만 잘 사는 것이라고 믿는 사회 분위기 속에서 말이다.

그럼에도 불구하고 '팔정도'나 '계율'이라는 단어가 너무 딱딱하거나 종교적으로 느껴진다면, 베트남 출신의 세계적인 평화운동가이자 시인이었던 틱낫한 스님의 가르침이 더 마음에 와닿을 것이다. 틱낫한 스님은 불교의 계율적 가르침을 딱딱하고 강압적으로 느껴지는 '계율'이라는 말 대신 우리가 일상에서 고통을 줄이고 행복을 누리도록 도와주는 '다섯 가지 마음챙김 트레이닝'이라는 실천적 지침으로 재탄생시켰다.

삶을 바꾸는 구체적 약속
: 다섯 가지 마음챙김 트레이닝

틱낫한 스님은 현실로부터 도피하는 수행자가 아니었다. 그는 베트남 전쟁의 참혹함 한가운데서 어느 한쪽의 편에도 서지 않고, 오직 전쟁으로 고통받는 모든 이들을 위해 비폭력 평화 운동에 헌신했다. 폭격으로 폐허가 된 마을을 재건하고, 전쟁 고아들을 돌보는 등 '참여 불교(Engaged Buddhism)'를 실천하며 고통받는 사람들 곁을 지켰다. 하지만 이런 중도적 평화주의는 양 진영 모두에게 비난받았고, 그는 결국 39년이라는 긴 시간 동안 조국으로 돌아가지 못한 채 망명 생활을 해야 했다.

프랑스에 정착한 뒤 틱낫한 스님은 전 세계 아이들이 용돈을 모아 보내준 돈으로 자두나무 묘목을 사서 황무지에 심었고, 그곳이 바로 오늘날 수많은 사람의 치유처가 된 '플럼 빌리지(Plum Village)'의 시작이 되었다. 고통의 한복판에서 평화와 치유의 길을 걸었던 스님은 붓다의 가르침을 현대 사회에 맞게 재해석해 '다섯 가지 마음챙김 트레이닝'으로 정리했다. 이는 단순한 금지조항이 아니라, 우리가 모두 연결된 존재임을 기억하며 더 자비로운 삶을 살아가기 위한 적극적이고 긍정적인 다짐이다.

내가 이 트레이닝을 처음 접한 것은 2019년 말 태국 플럼 빌리지 센터에서 열린 연말 리트릿에서였다. 세계 각지에서 모인 500명이 넘는 참가자들은 이 다섯 가지 트레이닝의 의미를 공부하며, 자신의 삶에 어떻게 적용할지 깊이 토론했다. 이후 나는 '마보' 과정에서도 이 트레이닝을 소개하며, 과정 기간 동안 지키고 싶은 항목을 선택해 실천할 것을 권하고 있다.

이제 다섯 가지 마음챙김 트레이닝을 하나씩 살펴보자.

＊ 출처: https://plumvillage.org/ko/the-5-mindfulness-trainings

생명에 대한 존중(전통적 계율: 살생하지 말라)

- 나는 생명 파괴가 초래하는 고통을 인식하며, 모든 존재가 서로 의존해 살아간다는 통찰을 기릅니다. 또한 사람, 동물, 식물, 광물의 생명을 보호하는 방법을 배우는 데 헌신합니다.
- 나는 살생하지 않으며, 타인이 살생하지 않도록 하고, 내 생각이

나 삶의 방식 속에서도 어떤 살생 행위도 지지하지 않겠다고 다짐합니다.

- 해로운 행위가 분노, 두려움, 탐욕, 편협에서 비롯되며, 이것이 다시 이원론적이고 차별적인 사고에서 온다는 것을 봅니다. 그러므로 나는 마음을 열고, 차별하지 않고, 견해에 집착하지 않으며, 내 안과 세상의 폭력, 광신, 독단을 변화시키겠습니다.

진정한 행복(전통적 계율: 도둑질하지 말라)

- 나는 착취, 사회적 불의, 도둑질, 억압이 초래하는 고통을 인식하며, 생각·말·행동 속에서 관대함을 실천하겠다고 다짐합니다.

- 나는 도둑질하지 않으며, 타인의 소유가 되어야 할 것을 가지지 않겠습니다. 또한 나의 시간, 에너지, 물질적 자원을 필요로 하는 이들과 나누겠습니다.

- 나는 깊이 들여다보는 수행을 통해 타인의 행복과 고통이 나의 행복과 고통과 분리되어 있지 않음을 이해하고, 이해와 자비 없이는 진정한 행복이 가능하지 않음을 보며, 부·명성·권력·감각적 쾌락을 추구하는 것이 큰 고통과 절망을 가져올 수 있음을 인식하겠습니다.

- 나는 행복이 외부 조건이 아니라 내 마음가짐에 달려 있음을 알고, 지금 이 순간을 살아가는 것만으로도 이미 행복해질 충분한 조건을 갖추고 있음을 기억하며, 현재를 기쁘게 살아가겠습니다.

- 나는 바른 생계를 실천하여 지구상의 살아 있는 존재들의 고통을 줄이고, 기후 변화를 야기하는 행동을 하지 않도록 노력하겠습니다.

진정한 사랑(전통적 계율: 간음하지 말라)

- 나는 성적 그릇된 행위가 초래하는 고통을 인식하고, 책임감을 기르며, 개인·커플·가족·사회의 안전과 온전함을 보호하는 방법을 배우겠습니다.
- 나는 성적 욕망이 사랑이 아님을 알고, 갈망으로 유도된 성적 행위는 결국 나 자신과 타인 모두에게 해를 끼친다는 것을 인식합니다.
- 나는 상호 동의, 진정한 사랑, 깊고 장기적인 헌신이 없는 성적 관계를 맺지 않겠습니다.
- 나는 가족, 친구, 신뢰와 지지를 주는 수행 공동체로부터 내 관계의 온전함을 위한 영적 지지를 찾겠습니다.
- 나는 아동 성 학대를 막고, 부적절한 성적 행위로 인해 커플과 가족이 깨지는 것을 방지하기 위해 모든 노력을 다하겠습니다.
- 몸과 마음이 서로 연결되어 있음을 인식하며, 나는 나의 성적 에너지를 돌보는 적절한 방법을 배우고, 진정한 사랑의 네 가지 기본 요소인 자애·자비·기쁨·포용을 길러 나와 타인의 더 큰 행복을 추구하겠습니다.

- 나는 인간 경험의 다양성을 인식하며, 어떤 형태의 성 정체성이
  나 성적 지향에 대해서도 차별하지 않겠습니다.
- 진정한 사랑을 실천함으로써, 우리는 아름답게 미래로 나아갈 수
  있음을 압니다.

사랑을 담은 말과 깊은 경청(전통적 계율: 거짓말하지 말라)

- 나는 부주의한 말과 타인의 말을 듣지 못함이 초래하는 고통을
  인식하며, 고통을 덜어주고 화해와 평화를 증진하기 위해 사랑의
  말과 자비로운 경청을 실천하겠습니다.
- 나는 말이 행복이나 고통을 만들 수 있다는 것을 알고, 진실을 말
  하며, 신뢰·기쁨·희망을 주는 말을 하겠습니다.
- 화가 날 때 말하지 않겠다고 다짐하며, 화를 알아차리고 깊이 들
  여다보기 위해 마음챙김 호흡과 걷기를 실천하겠습니다.
- 나는 분노의 뿌리가 나의 잘못된 인식과 나 자신 및 타인의 고통
  을 이해하지 못하는 데 있음을 알고 있습니다.
- 나는 나와 타인의 고통을 변형시키고, 어려운 상황을 벗어나는
  길을 볼 수 있도록 말하고 듣겠습니다.
- 나는 확실히 알지 못하는 소문을 퍼뜨리지 않겠으며, 분열이나
  불화를 초래하는 말을 하지 않겠습니다.
- 나는 이해·사랑·기쁨·포용의 능력을 키우기 위해 바른 정진을 실
  천하고, 내 의식 깊은 곳에 있는 분노·폭력·두려움을 점차 변형

시키겠습니다.

마인드풀한 소비와 자기 치유**(전통적 계율: 술을 마시지 말라)**

- 나는 부주의한 소비가 초래하는 고통을 인식하고, 나 자신과 가족, 사회의 신체적·정신적 건강을 키우기 위해 마음챙김 먹기, 마시기, 소비를 실천하겠습니다.

- 나는 내가 소비하는 네 가지 양식(먹는 음식, 감각 인상, 의지, 의식)을 깊이 들여다보겠습니다.

- 나는 도박, 술, 약물, 그리고 내 마음을 어둡게 하는 웹사이트나 게임, 영상, 대화 같은 것에 의존하지 않고, 이러한 자극으로부터 나 자신을 보호하도록 노력하겠습니다.

- 나는 지금 이 순간으로 돌아와 내 안팎의 신선하고 치유적이며 자양이 되는 요소와 연결되며, 후회와 슬픔에 끌려 과거에 머물지 않고, 불안·두려움·갈망에 끌려 현재에서 벗어나지 않도록 실천하겠습니다.

- 나는 외로움, 불안 또는 다른 고통을 소비로 덮으려 하지 않겠습니다.

- 나는 상호 존재를 관조하며, 나의 몸과 의식, 가족과 사회, 지구의 공동체적 몸과 의식에 평화·기쁨·안녕을 보존하는 방식으로 소비하겠습니다.

삶을 변화시키는
계획 세우기

이 연습에는 종이와 펜이 필요합니다.

- 앞에 종이와 펜을 놓고 위에 플럼 빌리지의 '다섯 가지 마음챙김 트레이닝'을 다시 한번 찬찬히 읽어봅니다. 그리고 그중에서 앞으로 한 달간 일상에서 내가 지키고 싶은 훈련의 문구를 종이에 필사해 봅니다.

- 필사를 마쳤다면 이제 그 다짐을 좀 더 구체적으로 어떤 방식으로 훈련해 나갈지 자신만의 방법을 적어봅니다.

- 예 '한 달 동안 일주일에 하루는 채식을 하겠다.'
  '일 년 동안 새 옷을 사지 않고 꼭 필요한 옷은 중고의류로 구매하겠다.'

'한 달 동안 주변 사람들에게 비난하는 말, 거친 말이 아니라 부드러운 말, 따뜻한 말만 하겠다.'

'스마트폰을 하루에 2시간 미만으로 사용하겠다.'

'한 달 동안 술을 마시지 않겠다.'

앞의 예시들처럼 되도록 구체적인 방식을 적으면 좋습니다. 그리고 가능하다면 매일매일 일기를 쓰며 일상에서 내가 얼마나 나의 의도대로 살려고 노력하고 있는지 돌아봅니다.

Chapter 4

느낌에 대한
마음챙김

마음챙김 명상을 통해 '알아차림'에 익숙해지고 다섯 가지 마음챙김 트레이닝을 통해 삶이 어느 정도 정돈되기 시작했다면 이제 우리는 조금 더 깊은 여정을 떠날 준비가 된 것이다. 바로 우리 고통의 뿌리, 그 원인을 직접 마주하는 시간이다.

붓다는 사성제(四聖諦), 즉 네 가지 성스러운 진리 '고집멸도(苦集滅道)'를 통해 우리의 삶에 괴로움이 있으며(苦), 그 괴로움에는 반드시 원인이 있고(集), 그 원인을 소멸시킬 수 있으며(滅), 소멸로 이끄는 길이 있다(道)고 가르쳤다. 마음챙김 수행은 바로 이 고통의 원인(集)을 스스로 꿰뚫어 보는 지혜의 눈을 뜨게 하는 길이다

고통의 원인을 찾기 위해, 우리는 앞서 연습했던 '몸에 대한 마음챙김'에서 한 걸음 나아가 '느낌에 대한 마음챙김'을 수행할 것이다.

붓다는 마음챙김의 대상을 네 가지 영역, 즉 사념처(四念處)로 나누어
설명하셨다.

- 몸: 신념처, **身念處**
- 느낌: 수념처, **受念處**
- 마음: 심념처, **心念處**
- 법: 법념처, **法念處** - 모든 현상

몸 다음에 느낌이 오는 이유는 분명하다. 우리는 몸을 통해 세상을
만나고, 그 만남의 순간에 가장 먼저 일어나는 것이 바로 '느낌'이기
때문이다. 피부를 스치는 바람의 감촉, 혀끝의 달콤함, 종일 긴장했던
어깨의 뻐근함. 이 모든 생생한 경험은 우리 몸이 세상과 끊임없이
상호작용을 하며 '살아 있는' 존재임을 증명하는 근본적 특징이다.

앞서 이야기했던 '내수용감각(interoception)'을 기억하는가? 심장
박동, 호흡, 소화, 근육 긴장, 체온 변화 같은 몸 내부의 미세한 신호
를 감지하고 해석하는 이 능력은 '지금 여기에 살아 있는 나'라는 감
각의 토대가 된다. 최신 신경과학과 인지과학에서는 이러한 '체화된
인지(embodied cognition)', 즉 몸을 통해 세상을 경험하는 것이 의식과
감정, 심지어 의사결정의 핵심이라고 강조한다. 우리는 단순히 정보
를 처리하는 기계가 아니라, 몸으로 느끼고 반응하는 살아 있는 의식
을 가진 존재다.

이제 우리 안에 숨겨진 이 놀라운 능력, '느낌'의 세계로 함께 들어가 보자.

초콜릿 명상

마보 과정에서 '느낌'의 실체를 생생하게 경험하는 방법은 아주 맛있고(?) 특별하다. 바로 '초콜릿 먹기 명상'이다. 이름 그대로, 초콜릿 한 조각을 먹는 모든 순간에 온전히 주의를 기울이며 알아차리는 연습이다.

여기에는 한 가지 중요한 규칙이 있다. 안내자의 말에 따라서만 움직일 것!

"초콜릿을 들어주세요" 하면 들고, "포장지를 벗기지 마세요" 하면 그대로 멈춰야 한다. 마음대로 먹고 싶다는 충동을 그저 알아차리는 것부터가 수행의 시작이다. 초콜릿은 가급적 편의점에서 쉽게 구할 수 있는 얇은 판형의 가나 초콜릿이 좋다. 왜 하필이면 가나 초콜릿일까? 그 이유는 명상이 끝날 때쯤 자연스럽게 알게 될 것이다. 자, 지금 잠시 책을 덮고, 초콜릿 한 개를 준비해 직접 이 특별한 명상을 경험해보길 권한다.

초콜릿 명상 안내

준비: 초콜릿을 눈앞으로 가져온다. 포장지를 찬찬히 살펴본다. 글씨, 그림, 뒷면의 정보들, 손가락으로 느껴지는 종이의 질감까지. 어떤 생각이나 느낌이 드는지 알아차린다.

개봉: 포장지를 벗기고 안의 금속 포장지를 만져본다. 그 감촉과 함께 떠오르는 생각을 알아차린다. 포장지 윗부분만 살짝 뜯어 초콜릿 한 조각을 조심스럽게 꺼내본다.

관찰: 두 손가락 사이에 초콜릿을 놓는다. 손끝으로 전해지는 감촉, 눈으로 보이는 모양과 색깔을 가만히 느껴본다.

'아, 이렇게 생겼구나.' 마음속에 어떤 생각이나 느낌이 떠오르는지 알아차린다.

향기: 초콜릿 조각을 코밑으로 가져가 냄새를 맡는다.

어떤 향이 느껴지는가? 이 냄새가 몸과 마음에 어떤 반응을 일으키는지 알아차린다. (침이 고이는가?)

접촉: 아직 입에 넣지 말고, 입술에 살짝 대본다. 어떤 감각, 느낌, 생각이 일어나는지 알아차린다. 다시 눈으로 초콜릿을 바라보며 지금 마음 상태를 확인한다.

첫입: 이제 이 한 조각을 세 번에 나누어 먹을 것이다. 첫 번째 작은 조각을 베어 물고, 씹지 말고 입천장과 혀 사이에 놓고 천천히 녹여본

다. 어떤 맛과 느낌이 퍼지는지, 입안에서 어떤 변화가 일어나는지 그저 알아차린다. 다른 것은 아무것도 하지 않는다.

두 번째 입: 어느 정도 녹아 사라졌다면, 다시 남은 초콜릿 조각을 바라본다. 어떤 생각이나 느낌이 드는가? 다시 코로 가져가 향을 맡고, 입술에 대어 감촉을 느껴본다.

이제 두 번째 조각을 베어 문다. 이번에는 혀를 이용해 입안에서 굴리거나 녹여본다. 씹어도 좋다. 입안에서의 맛, 촉감, 혀와 이의 움직임, 맛이 느껴지는 부위 등을 있는 그대로 알아차린다.

마지막 입: 초콜릿이 거의 사라졌다면, 마지막 남은 조각을 바라본다. 지금은 어떤 생각과 느낌이 드는가? 다시 향기를 맡고 입술에 대이본다.

이제 마지막 조각을 입에 넣고, 원하는 대로 음미하며 먹어본다. 맛의 변화, 목으로 넘어가는 느낌, 그리고 함께 떠오르는 생각들을 알아차린다.

마무리: 초콜릿이 완전히 사라질 때까지 먹는 행위에만 집중한다. 다 먹은 후, 방금 경험했던 모든 감각과 느낌, 생각을 잠시 떠올려본다. 준비가 되면 천천히 눈을 뜨고 현실로 돌아온다.

같은 초콜릿,
같은 시간, 다른 경험

어떤가? 평소라면 눈 깜짝할 사이에 사라졌을 초콜릿 한 조각을 10분 넘게 음미하는 경험은 꽤 낯설었을 것이다. '이렇게 천천히 '먹는 행위'에 집중해서 무언가를 먹어 본 적이 있던가?' 하는 생각이 들었을지도 모른다.

이 명상이 특별한 이유는, 우리가 '먹는 행위'라는 아주 일상적인 활동을 통해 마음이 세상을 어떻게 인식하고 반응하는지를 생생하게 목격할 수 있기 때문이다. 마음챙김은 조용히 앉아서 눈을 감고 하는 것만이 아니다. 걷고, 먹고, 설거지를 하고, 심지어 화장실에 가는 그 모든 순간이 알아차림의 무대가 된다. 지금 이 순간 일어나는 경험을 있는 그대로, 판단하지 않고 온전히 알아차리는 것, 그것이 마음챙김 명상이다.

우리는 세상을 감각을 통해 만난다. 눈, 귀, 코, 혀, 몸이라는 오감에 더해 불교에서는 '마음{의근(意根)}'까지 여섯 번째 감각으로 본다. 아주 신 레몬을 상상하기만 해도 입에 침이 고이는 것처럼, 생각이나 기억 역시 그 자체로 우리 몸과 마음에 직접적인 반응을 일으킨다. 우리가 하필 가나 초콜릿을 고른 이유도 여기에 있다. 많은 이에게 어린 시절 소풍이나 친구에게 건넨 선물 같은 기억과 연결되어 있어 포장지만 봐도 다양한 생각과 감정이 쉽게 떠오르기 때문이다.

이 여섯 감각을 통해 세상과 만나는 순간, 우리 마음에는 거의 동시에 두 가지 일이 벌어진다.

첫째는 그 경험에 대해 자동적으로 '좋다', '싫다', '좋지도 싫지도 않다'라는 딱지를 붙이는 작용, 즉 느낌{수(受), Vedanā}이다. 이때 '느낌'은 '달콤하다', '쓰다' 같은 구체적 감각이라기보다는 그 감각에 대한 본능적인 호불호 판단(감정가, valence)에 가깝다.

둘째는 그 경험이 무엇인지 인식하고 이름을 붙이는 작용, 즉 지각{상(想), Saññā}이다. '아, 이건 초콜릿이구나', 'LOTTE라고 쓰여 있네' 하고 알아차리는 것이다.

우리가 어떤 경험에 대해 '좋다, 싫다, 무덤덤하다'라고 즉각 느끼는 것은 생존을 위해 진화해 온 자연스러운 본능이다. 달콤한 과일은 영양분을, 썩은 냄새는 위험을 알리는 신호였을 테니 말이다. 하지만 현대 사회에서 이 자동 반응은 종종 우리를 불필요한 괴로움으로 이끌기도 한다. 마음챙김 명상을 통해 알아차림의 힘을 키운다는 것은, 바로 이 자동적으로 일어나는 느낌과 지각을 알아차리고, 그 이후의 반응을 스스로 선택할 수 있는 내면의 공간을 넓혀가는 일이다.

초콜릿 명상에 참여했던 사람들의 생생한 경험을 통해 이 '느낌'이라는 것이 얼마나 주관적이고 변화무쌍한지 함께 들여다보자.

"좋다"

어떤 참가자는 익숙한 가나 초콜릿 포장지에서 의외의 새로움을 발견하며 즐거워했다.

"어렸을 때부터 먹던 거라 다 안다고 생각했는데, 천천히 보니 디자인이 꽤 바뀌었네요. 신기해요."

또 다른 참가자는 껍질을 벗기다 초콜릿에 새겨진 'LOTTE' 로고를 보고 "어? 가나 초콜릿이 롯데 거였어요? 처음 알았네!"라며 작은 발견에 미소 지었다.

향기를 맡는 순간, 예상치 못한 풍부함에 놀라는 반응도 많았다. 한 참가자는 "와, 생각보다 향이 깊고 풍미가 좋은데요? 비싼 외국 초콜릿 못지않아요"라며 감탄했다. 어떤 참가자는 "쌉싸름한 향이 오히려 고급스럽게 느껴져서 좋았어요"라고 만족감을 표현했다.

입안에서의 경험은 더 즉각적이었다. "'와, 맛있다!' 소리가 절로 나왔어요. 그런데 너무 빨리 녹아 사라져서 아쉬웠어요."

평소 초콜릿을 매우 좋아한다는 한 참가자의 경험은 특히 강렬했다. "제가 단 걸 정말 좋아해서 이 작은 조각을 세 번에 나눠 먹으라니 처음엔 당황했어요. 손에 쥐자마자 그냥 입으로 가져가 와그작 씹어 먹고 싶은 충동이 엄청 강하게 올라왔어요. 어느 순간부터는 입

안에 침이 가득 고이다 못해 폭발하는 느낌이었죠. 초콜릿 맛 자체보다 '먹고 싶다'는 욕망에 완전히 사로잡힌 기분이라 스스로도 놀랐어요." 하지만 흥미롭게도 세 번째 조각을 먹을 때는 다른 경험을 했다. "신기하게도 마지막 조각을 먹을 때는 그 강렬했던 욕구가 많이 가라앉더라고요. 오히려 맛 자체에 집중하게 되면서 '더 먹고 싶다'는 생각보다 지금 느껴지는 맛이 더 중요하게 다가왔어요."

"싫다"

반면, 부정적 느낌을 경험한 참가자들도 적지 않았다. 특히 초콜릿이 손가락 사이에서 녹기 시작한 때의 끈적한 감촉에 대한 거부감이 컸다. "손가락에 찐득하게 묻어나니까 너무 싫었어요. 빨리 먹어 치우거나 닦아내고 싶다는 생각만 들었어요."

향기에 대한 반응도 엇갈렸다. 어떤 참가자는 "저는 약간 인공적인 향처럼 느껴져서 거부감이 들었어요. 맡자마자 '아, 이거 먹고 싶지 않다…'는 생각이 강하게 올라왔어요"라고 말했다. 같은 쌉싸름한 향을 두고도 "저는 그 쓴 향이 싫었어요"라고 말한 참가자도 있었다.

입안에서의 경험도 마찬가지였다. "입에서 너무 빨리 사라지는 건 둘째 치고, 텁텁한 뒷맛이 남아서 좀 별로였어요."

초콜릿을 별로 좋아하지 않는다는 참가자는 명상 과정 전체가 고역이었다고 털어놓았다. "제 돈 주고 초콜릿을 산 게 정말 오랜만이라 처음부터 어색했어요. 첫 조각을 입에 넣자마자 입천장에 딱 달라붙는데, 너무 기름진 것 같아 생뚱맞게 삼겹살이 생각나더라고요. 이 걸 끝까지 다 먹어야 한다는 생각에 솔직히 좀 괴로웠어요.”

처음에는 긍정적 느낌이었다가 점점 부정적으로 바뀌는 경우도 있었다. “첫입은 맛이 부드럽고 우유 향도 많이 나서 ‘오, 괜찮은데?’ 싶었어요. 그래서 두 번째는 기대를 더 하고 먹었는데, 이상하게 첫 입만큼 맛있지가 않더라고요. 세 번째 조각을 먹을 때는… 솔직히 좀 질려서 그만 먹고 싶다는 생각까지 들었어요.”

“좋지도 싫지도 않다”

초콜릿 포장지를 바라보는 것처럼 자극이 강하지 않을 때는 별다른 느낌 없이, 학교나 회사에서 있었던 일 같은 다른 생각에 빠져 있었 다는 참가자들이 많았다. 시각적 자극이 특별히 좋지도 싫지도 않은 중립적 경험이었기 때문이다.

안내에 따라 초콜릿을 먹기는 했지만 정작 무엇을 느껴야 할지 몰 라 당혹스러웠다는 반응도 있었다. 이들은 주로 “내가 지금 제대로 하고 있는 건가?”, “이걸 왜 하는 거지?”와 같은 과정 자체에 대한 생 각에 더 몰두했다.

반면, 감각을 뚜렷하게 알아차리면서도 감정적 동요 없이 담담하 게 관찰한 참가자들도 있었다. 한 참가자는 이렇게 말했다. “손에서 초콜릿이 미끈거리면서 녹기 시작하더라고요. 그래서 그냥 ‘아, 손에 묻었구나’ 하고 말았어요.”

끈적함을 좋고 싫음의 대상이 아니라, 그저 일어나는 현상으로 받아들인 것이다.

평소 단것을 잘 먹지 않는다는 한 참가자의 경험은 호기심 어린 관찰에 가까웠다. "단 걸 잘 안 먹어서 입에 넣자마자 단맛이 확 퍼질 줄 알았는데 생각보다 오래 걸리는 거예요. 혀랑 입천장 사이에 두고 녹이면서 '얘가 언제쯤 단맛을 보내주려나?' 하고 계속 기다리는 마음으로 지켜봤어요."

그는 초콜릿에 대한 강한 선호나 거부감 없이, 변화하는 감각 과정을 흥미롭게 탐색했다.

마음이 만드는 경험의 차이
: 느낌의 놀라운 유동성

초콜릿 명상에서 우리가 발견하는 가장 흥미로운 점은 이것이다. 같은 초콜릿에 대해 각자 다르게 반응하고 있으며 심지어 같은 사람이라도 불과 몇 분 사이에 전혀 다른 느낌을 경험한다는 사실. 이는 우리가 흔히 '이 음식은 맛있다', '저 감촉은 불쾌하다'처럼 고정불변이라고 믿는 반응이 실제로는 얼마나 유동적이고 변화무쌍한지를 생생하게 보여준다.

앞서 보았듯, 어떤 참가자는 똑같은 초콜릿에 대해 '맛있다 → 별로다 → 그만 먹고 싶다'는 극적인 감정 변화를 경험했다. 첫입의 감탄은 두 번째 입에서 시들해졌고, 세 번째에는 부담감으로 변했다. 초콜릿은 변하지 않았다. 변한 것은 오직 그 사람의 마음이었다. 또 다른 참가자는 처음에는 풍부한 향에 놀랐다가, 두 번째에는 달콤함, 쌉쌀함, 짭조름함이 섞인 복합적인 맛에 신기해했지만, 세 번째에는 그 복잡함이 갑자기 부담으로 다가왔다고 했다.

평소 초콜릿을 아주 좋아한다는 참가자의 변화도 흥미로웠다. 처음에는 빨리 더 먹고 싶다는 강렬한 욕구와 갈망을 느꼈지만, 마지막 조각에서는 맛 자체에 집중하자 '더 먹고 싶다'는 마음이 저절로 사라지는 경험을 했다. 그는 같은 초콜릿을 두고 '강렬한 욕구 → 욕구의 만족 → 욕구의 소멸'이라는 전혀 다른 느낌의 여정을 경험한 것이다.

심지어 과거의 경험과 현재의 경험이 완전히 뒤바뀌기도 했다. 한 참가자는 과거 스트레스가 심할 때는 고통스러울 정도로 달게 느껴졌던 똑같은 초콜릿이, 마음이 편안한 상태에서 다시 먹으니 '어? 이거 괜찮네?' 하고 느껴져 스스로도 놀랐다고 했다. 가장 극적인 변화는 손에서 녹는 감촉이 견딜 수 없이 싫었던 참가자의 경험일 것이다. 그 혐오감은 초콜릿 조각이 바닥에 떨어져 '최악의 상황은 지났다'는 안도감이 드는 순간, 놀랍게도 '어? 이거 맛있네?'라는 긍정적 느낌으로 바뀌었다.

이 모든 경험이 가리키는 것은 명확하다. 바로 '일체유심조(一切唯心造)', 모든 것은 오직 마음이 지어낸다는 불교의 핵심 통찰이다. 원효대사가 밤중에 마신 해골 물이 시원하고 달콤하게 느껴졌다가 아침에 진실을 알고 구역질했던 것처럼, 대상 그 자체가 아니라 그것을 받아들이는 우리의 마음 상태, 즉 우리의 해석과 판단이 경험의 색깔을 결정한다. 현대 신경과학의 '감정 구성 이론(theory of constructed emotion)'도 이와 맥을 같이 한다. 감정은 뇌에 미리 설정된 프로그램이 아니라, 뇌가 매 순간 신체 감각 정보와 과거 경험, 현재 상황 맥락을 종합하여 능동적으로 '구성'해 내는 것이라는 설명이다. 똑같이 심장이 빠르게 뛰는 신체 반응도, 데이트 상황에서는 '설렘'으로, 시험 전에는 '불안'으로, 놀이기구를 탈 때는 '스릴'로 다르게 해석(구성)되는 것처럼 말이다.

결국 초콜릿 명상은 단순히 초콜릿 맛을 음미하는 것을 넘어, 우리 마음이 세상을 어떻게 인식하고 경험을 만들어 내는지를 보여주는 강력한 거울이다. 그리고 우리에게 근본적 질문을 던진다.

내가 '나의 취향', '나의 성격'이라고 굳게 믿고 있는 것이, 정말 변하지 않는 당신의 본질일까? 아니면 그저 나의 마음이 끊임없이 써 내려가고 있는, 얼마든지 다시 쓸 수 있는 이야기는 아닐까?

내 마음의
색안경

: 탐욕, 혐오, 혼란

초콜릿 명상을 통해 우리는 마음이 세상을 '좋다', '싫다', '그저 그렇다'는 세 가지 색깔로 즉각 칠한다는 것을 보았다. 하지만 이야기는 여기서 끝나지 않는다. 이 첫 번째 '느낌'이라는 물감은 곧바로 우리의 생각과 행동이라는 붓을 움직여 마음 풍경 전체를 그려 나가기 시작한다.

2,500여 년 전, 붓다는 명상을 통해 이 마음의 연쇄 반응을 깊이 통찰했다. 감각기관이 세상을 만나는 순간 '느낌{수(受)}'과 함께 대상을 인식하는 '지각{상(想)}'이 일어나고, 그 직후에 '의도적인 마음 작용{상카라(Saṅkhāra), 行}'이 뒤따른다는 사실을 발견한 것이다. '상카라'는 단순히 느낌에 대한 자동 반응을 넘어, 과거의 경험과 습관에 물든 우리의 마음이 현재의 경험을 특정 방향으로 해석하고 반응하게 만드는 힘이다. '아, 맛있다!'는 느낌 뒤에 '더 먹고 싶다!'는 갈

망이 따라오거나, '끈적해서 싫다!'는 느낌 뒤에 '빨리 닦아내고 싶다!'는 회피 반응이 일어나는 것이 바로 이 상카라의 작용이다.

놀랍게도 이 고대의 통찰은 현대 뇌과학의 발견과도 맞닿아 있다. 우리가 어떤 맛이나 냄새를 경험할 때 뇌는 단순히 감각 정보만 처리하는 것이 아니다. 기억을 담당하는 해마와 감정을 처리하는 편도체가 즉각적으로 활성화되어, 과거의 좋았던 혹은 나빴던 기억과 감정을 현재의 경험에 덧씌운다.

뇌는 심지어 우리가 '아, 이건 초콜릿이구나'라고 의식적으로 인식하기도 전에 '과거 경험에 기반한 예측(predictive coding 이론)'을 통해 현재의 감각을 미리 해석하고 색칠하기 시작한다. 결국 우리가 '객관적 현실'이라고 믿는 세상은 상당 부분 과거 경험과 마음 습관(상카라)에 의해 '만들어진 현실'인 셈이다.

탐, 진, 치

이 자동적인 마음 작용은 크게 세 가지 방향으로 나타난다.

탐욕(탐(貪), Greed/Attachment): '좋다'는 느낌에 달라붙어 그것을 더 원하고 붙잡으려는 마음이다. 초콜릿 냄새를 맡고 '맛있겠다!'는 생각이 들자 '빨리 먹고 싶다', '더 많이 먹고 싶다'는 갈망이 일어나는 것이다.

혐오{진(瞋), Aversion/Anger}: '싫다'는 느낌을 밀어내고 거부하며 피하려는 마음이다. 초콜릿 냄새가 역겹게 느껴져 '이건 절대 안 먹어', '치워버리고 싶어'라고 반응하는 것이다.

혼란{치(癡), Delusion/Confusion}: '좋지도 싫지도 않은' 느낌에 무관심하거나, 지금 일어나는 일을 명확히 알아차리지 못하고 딴생각에 빠지거나 어찌할 바를 모르는 마음 상태다. 초콜릿 냄새를 맡으면서도 '이걸 왜 하고 있지?', '지금 뭘 느껴야 하지?'라며 멍하니 있거나 다른 걱정에 빠지는 것이다.

이 탐욕, 혐오, 혼란, 즉 탐진치(貪瞋癡)가 바로 불교에서 말하는 우리 고통의 근본 원인인 세 가지 독{삼독(三毒)}이다. 이 독들은 우리 마음에 끊임없이 번뇌와 망상을 일으키며, 세상을 있는 그대로 보지 못하게 만드는 강력한 색안경과 같다.

우리는 저마다 이 세 가지 색안경을 번갈아 쓰지만, 유독 특정 색깔의 안경을 더 자주, 더 오래 쓰는 경향이 있다. 잭 콘필드의 책《마음의 숲을 거닐다》를 보면 이 세 가지 유형을 바탕으로 한 재미있는 성격 유형 테스트가 나온다. 그것을 바탕으로 성격 테스트를 좋아하는 한국 사람들의 상황에 맞게 질문을 만들어 보았다. MBTI처럼 딱 떨어지는 분류는 아니지만, 내가 세상을 주로 어떤 안경으로 바라보는지 점검해보는 것은 매우 유용하다.

자, 다음 상황에서 당신은 주로 어떻게 반응하는가?

상황 1: 토요일 오후, 직장 동료의 신도시 집들이에 초대받았다.

휴일 신도시로 가는 길이다. 차는 막히고 주차는 힘들었다. 집에 들어서며 어떤 생각이 드는가?

① "와! 역시 신도시! 로비부터 다르네!" 집에 들어서자마자 눈이 바쁘다. 넓은 창, 고급 마감재, 멋진 그림⋯ '여기 얼마일까? 나도 이런 데 살고 싶다!' 마음속 계산기가 돌아간다. 음식 앞에서는 좋아하는 메뉴부터 스캔한다. "이거 어디 거예요? 진짜 맛있겠다!" 끊임없이 질문하며 좋은 정보를 놓치지 않는다.

② 오는 길부터 이미 짜증이 쌓였다. "주말에 왜 이렇게 먼 곳에서 해? 주차장은 또 왜 이 모양이야." 엘리베이터 안에서도 불평은 이어진다. "왜 이렇게 좁아?" 집 안에서도 단점부터 눈에 들어온다. '왜 이렇게 어둡지? 방향이 별론가?' 음식을 보고도 '에휴, 먹을 것도 없네.' 입에 넣고 나서도 '짜다', '싱겁다' 비판이 멈추지 않는다. 다른 사람들을 보며 '시끄럽다', '지루하다' 하고 속으로 평가한다.

③ 도착할 때부터 나올 때까지 어딘가 멍하다. 다른 사람들이 "집 좋다!" 해도 "아⋯ 네⋯" 하고 영혼 없이 대답한다. 딱히 뭐가 좋은지는 모르겠다. 어색함을 견디기 힘들어 자꾸 스마트폰을 만지작

거리며 다른 생각을 한다. 음식을 먹어도 맛있는지 잘 모르겠다. "집들이 어땠어?"라고 물으면 "그냥… 뭐…"라고만 대답한다. 구체적 기억이 별로 없다.

상황 2: 금요일 저녁, 친구의 소개로 오랜만에 소개팅에 나갔다.
당신은 약속 장소에 먼저 도착해 기다리고 있다. 상대방이 들어서는 순간, 어떤 레이더가 작동하는가?

① 상대방이 들어서는 순간 '스캔 시작!' 좋은 점 찾기 모드가 발동된다. '오, 옷 잘 입네', '목소리 괜찮은데?', '말투가 차분하네', '아는 게 많구나!' 매력 포인트를 착착 수집한다. 상대가 "요리하는 거 좋아해요" 하면 "와! 전 잘 먹어요! 우리 잘 맞겠는데요?"라며 김칫국부터 마신다. 헤어지자마자 주선자에게 전화한다. "완전 내 스타일! 그 사람은 뭐래?" 금방 사랑에 빠진다.

② 문이 열리는 순간부터 평가가 시작된다. '어? 사진이랑 다른데?', '말할 때 손짓이 좀…', '목소리가 생각보다…' 거슬리는 점들을 꼼꼼히 기록한다. 상대가 "영화 좋아해요"라고 물으면 속으로 '취미 한 번 진부하네'라고 생각하며 나와 다른 점, 안 맞는 점만 크게 보인다. 끝나고 주선자에게 한마디 한다. "다음엔 좀 제대로 알아보고 소개해줘."

③ 상대방이 무슨 말을 하든 "아… 네…" 리액션은 수동적이다.

취미를 물어도 "글쎄요… 딱히… 그냥 넷플릭스 봐요." 같은 자신감 없는 대답만 나온다. 상대방 이야기보다 '이 사람이 날 어떻게 생각할까?'에 온 신경이 쏠려 정작 상대에 대해 알아갈 기회를 놓친다. 주선자에게 연락이 오면? "그 사람이 좋다고 하면… 뭐…"라며 결정을 떠넘긴다.

상황 3: SNS 핫플 맛집, 한 시간 웨이팅 끝에 입장했다.

기대 반 피곤함 반으로 자리에 앉은 당신, 음식 앞에서 어떤 모습인가?

① "와, 사람 진짜 많다! 역시 핫플은 달라!" 기다림마저 즐겁다. 메뉴판을 정독하고 다른 테이블 음식까지 훔쳐보며 최고의 선택을 고심한다. 음식이 나오면 일단 인증샷부터 찍는다. 한 입 먹고는 감탄사를 연발한다. "대박! 여기 완전 내 스타일! 단골 예약!" 먹는 중간에도 SNS에 #맛집 #성공적 태그를 달아 이 경험을 널리 알려야 직성이 풀린다.

② 줄을 보자마자 한숨부터 나온다. "요즘 맛집들 다 마케팅 빨이야." 기다리는 내내 속으로 불평한다. '시간 아깝게 왜들 이러고 있지?' 겨우 앉아도 비판 모드는 계속된다. "서비스가 왜 이래?", "맛도 그냥 그렇구먼, 우리 동네가 더 낫겠다." 식당에 있는 동안 계속해서 마음에 안 드는 점, 불편한 점을 찾아내 지적한다.

③ 친구가 가자고 하니 그냥 따라왔다. 줄이 길어 힘들지만 딱히 대

안도 없다. 친구가 맛있다며 호들갑을 떨어도 '그런가?' 싶다. 맛은 있는 것 같기도, 없는 것 같기도 하다. 친구가 "다음에 또 올래?"라고 물으면 "음… 네가 오고 싶으면…"이라며 확실한 대답을 피한다.

눈치챈 분들도 있겠지만 ①번은 탐욕형, ②번은 혐오형, ③번은 혼란형의 반응을 보여준다.

세 가지 질문에서 가장 많이 나온 번호가 당신의 주된 마음 습관, 즉 세상을 바라보는 색안경일 가능성이 높다. 물론 우리는 모두 상황에 따라 세 가지 안경을 바꿔 쓰며, 시간이 지나면서 주로 쓰는 안경 색깔이 변하기도 한다. 나의 경우, 명상을 시작하기 전에는 혐오형 안경을 즐겨 썼지만, 요즘은 탐욕형 안경을 더 자주 쓰고 있음을 발견하곤 한다.

이 분류의 목적은 당신을 어떤 틀에 가두려는 것이 아니다. 오히려 평소 당신이 무심코 반복하고 있는 생각과 행동 패턴, 그 이면에 숨겨진 마음의 색안경을 '알아차리는 것'이 중요하다. 이 패턴을 알아차리기 시작하면, 당신의 행복을 가로막고 있던 고통의 실체가 서서히 그 모습을 드러내기 시작할 것이다.

세 가지 안경, 하나의 공통점
: 현실 부정

탐욕, 혐오, 혼란. 이 세 가지 성격 유형에 대해 오해하지 말아야 할 것이 있다. 어느 하나가 다른 것보다 더 좋거나 나쁜 유형이라는 뜻이 아니다. 이 세 가지 모두 현실을 있는 그대로 보지 못하는 무지(無知, Avijjā)의 다른 모습일 뿐이다. 마치 색깔 있는 선글라스를 끼고 세상을 보는 것과 같다. 탐욕형은 세상의 모든 것을 더 원하게 하는 필터를, 혐오형은 세상의 결점만 확대하는 필터를, 혼란형은 세상을 뿌옇게 보이게 필터를 끼고 살아가는 셈이다. 그런데 정작 본인은 자신이 필터를 끼고 있다는 사실조차 모른 채 살아간다.

붓다가 이 탐진치를 '삼독'이라고 부르며 우리 고통의 근본 원인이라고 지목한 이유는 이 독들이 우리 마음에 끊임없이 번뇌와 망상을 일으켜 현실을 왜곡하고 고통을 만들어 내기 때문이다.

탐욕형은 지금 가진 것에 만족하지 못하고 끊임없이 남과 비교하며 '더, 더, 더!'를 외친다. 새로 산 휴대폰에 잠시 만족하다가도 친구의 최신 모델을 보면 금세 시들해진다. "나는 저것보다 더 좋은 것을 가져야 해." 이 마음 때문에 현재의 만족은 늘 짧고, 결핍감은 길게 이어진다. 현실의 풍요로움을 보지 못한 채, 늘 부족한 미래만 좇게 된다.

혐오형은 지금 이 순간의 현실을 끊임없이 밀어낸다. 더우면 덥다고, 추우면 춥다고 불평한다. 딱 좋은 날씨에는 "날씨가 좋은데 놀러도 못 가고…"라며 또 다른 불평거리를 찾는다. 늘 지금의 상황에 대해 꼬투리를 잡고 저항한다. 있는 그대로의 현실을 거부하는 것이다.

혼란형은 현실 자체를 제대로 느끼거나 마주하기 어려워한다. 자신이 뭘 좋아하고 싫어하는지, 지금 어떤 감정을 느끼는지조차 모호하다. 현실 감각이 희미하니 외부 자극이나 다른 사람의 의견에 쉽게 휩쓸리거나, 아예 자기 머릿속 생각에만 빠져 멍하니 시간을 보낸다. 현실과 단단히 연결되지 못하고 붕 떠 있는 상태다.

마음챙김 명상의 길은 바로 이 필터를 벗는 여정이다. 알아차림이라는 빛이 밝아지면, 마치 깜깜한 방에 불을 켜는 것처럼, 우리는 비로소 자신이 어떤 필터를 쓰고 세상을 바라보는지 깨닫게 된다. 그리고 그 안경 때문에 현실을 얼마나 왜곡해서 보고 있었는지 알게 된다.

'아, 내가 세상을 이렇게 판단하고 있었구나. 세상은 그냥 이런 모습인데, 내가 '세상은 이래야만 해!'라고 고집하며 괴로워하고 있었구나.'

초콜릿은 그냥 초콜릿일 뿐이다. 손에서 녹는 것도 자연스러운 현상이다. 그런데 우리는 '녹으면 안 돼!', '왜 이렇게 빨리 녹는 거야?',

'떨어지면 어떡하지?' 하며 마음속으로 온갖 드라마를 쓰고 스트레스를 받는다.

하지만 알아차림의 공간 속에서 우리는 볼 수 있다. 초콜릿은 녹는다. 그것이 현실이다. 녹아서 떨어지면? 그냥 닦으면 된다. 현실을 받아들이는 순간, 불필요한 괴로움이 사라지고 있는 그대로의 현실이 펼쳐진다.

고통 =
통증 × 저항

알아차림의 힘이 깊어지면 우리는 경험을 더 생생하게 느낀다. 초콜 릿의 단맛, 쓴맛, 질감이 더 선명해지고, 그에 따른 '좋다, 싫다, 좋지 도 싫지도 않다'는 자연스러운 느낌 반응도 여전히 일어난다.

하지만 하나가 달라진다. 그 첫 번째 느낌에 자동적으로 딸려 나오 던 탐욕, 혐오, 혼란이라는 습관적 반응을 알아차리게 되는 것이다. 그 반응조차 "아, 이런 마음이 일어나는구나" 하고 있는 그대로 지켜 보는 순간, 마음은 비로소 현실과 싸우기를 멈추고 평온함을 되찾기 시작한다.

선불교에서는 이런 말이 전해진다.

"몇천 년 동안 어두웠던 동굴이라 할지라도 횃불 하나만 켜면 그 어둠은 순간에 사라진다."

알아차림이 바로 그 횃불이다.

마음챙김 명상을 통해 우리의 마음 동굴을 비추기 시작하면, 오랫동안 그곳에 숨어 있었거나 스스로도 몰랐던 마음의 습관, 즉 반복적인 반응 패턴이 모습을 드러낸다. 마치 오랫동안 무심코 반복해 온 습관적인 말버릇이나 행동을 문득 깨닫는 순간과 같다.

예를 들어, 누군가에게 비판이나 지적을 받았을 때, 자신도 모르게 방어적으로 날카롭게 대답하거나 상대방을 탓하는 반응이 튀어나오는 경험을 해본 적이 있을 것이다. '나는 왜 항상 이런 식으로 받아치지?'라고 스스로에게 물어본 적이 있을지도 모른다. 그것이 바로 오랫동안 내 안에 숨겨져 있던, 어쩌면 어린 시절부터 나를 보호하기 위해 만들어졌을지도 모르는 마음의 습관이다.

그런데 알아차림이라는 훈련을 시작하는 순간, 마치 어두운 방에 불을 켜는 것처럼 그동안 의식하지 못했던 내 마음의 습관, 그 방어 기제가 작동하는 순간을 명확하게 알아차릴 수 있게 된다. 그리고 그 순간부터 우리는 과거의 자동적인 반응에서 벗어나 잠시 멈추어 서서 '정말 지금 화를 내야 할까? 다르게 반응할 수는 없을까?'라고 스스로에게 묻고 새로운 선택을 할 자유를 얻게 된다.

층간소음, 저항,
그리고 깨달음

마보 과정 초기에 만났던 가연 님의 이야기는 이 알아차림의 힘을 극적으로 보여준다.

공무원 시험을 준비하며 집에 머물던 그녀는 윗집의 층간 소음 때문에 극심한 고통을 겪고 있었다. 처음에는 단순한 소음 방해였지만 점점 소리에 예민해지면서 그녀의 마음은 온통 소리에 대한 경계와 분노로 가득 찼다.

'또 시작이네! 일부러 저러는 거 아니야?', '저 사람들은 나를 전혀 배려하지 않아. 나를 무시하는 게 틀림없어!', '왜 나만 이렇게 괴로워야 하지?'

이런 생각이 꼬리에 꼬리를 물고 이어졌다. 이 생각들은 불안과 분노를 눈덩이처럼 키웠고, 결국 소화불량, 불면, 심장 두근거림 같은 명백한 신체 증상으로까지 이어졌다. 윗집 소음이라는 외부 자극이 그녀의 내면에서 '저항'이라는 강한 반응과 만나면서, 그녀의 삶 전체를 잠식하는 거대한 '고통'으로 증폭된 것이다.

그러던 중 그녀가 '느낌에 대한 마음챙김'을 연습하면서 변화가 시작되었다.

그녀는 '쿵' 하는 소리(자극)와 그 소리가 불러일으키는 가슴의 답답함이나 불쾌한 느낌, 그리고 곧이어 자동적으로 떠오르는 '나를 무시한다', '이건 부당하다'는 생각과 분노(혐오 기반의 반응)를 분리해서 알아차리기 시작했다.

소음에 대한 부정적 느낌이 마법처럼 사라진 것은 아니었다. 그러나 소리에 대해 끊임없이 저항하고 싸우던 마음을 '아, 내가 지금 이렇게 저항하고 있구나', '화가 나고 있구나' 하고 있는 그대로 알아차리자, 놀랍게도 마음에 작은 틈, 즉 여유 공간이 생겨났다. 그 여유 속에서 그녀는 이어폰을 끼거나 잠시 카페로 자리를 옮기는 등 현실적인 대처 방안을 선택할 힘을 되찾았다. 신기하게도 마음의 저항이 줄어들자 그녀를 괴롭히던 신체 증상들도 함께 완화되기 시작했다.

이 경험은 구글의 '내면 검색' 프로그램에서도 강조하는 공식을 떠올리게 한다.

고통(Suffering) = 통증(Pain) × 저항(Resistance)

우리는 윗집의 소음이나 몸의 통증 자체를 당장 없앨 수는 없다. 하지만 그 통증에 대해 '이러면 안 되는데!', '왜 하필 나에게!'라고 저항하는 마음은 알아차림을 통해 변화시킬 수 있다. 고통의 총량을 결정하는 것은 바로 이 '저항'이라는 곱셈 인자다. 가연 님에게 극심했던 고통의 총량을 줄여준 것은 다름 아닌 그 저항을 알아차린 힘이었다.

이 알아차림의 힘은 거창한 사건에서만 발휘되는 것이 아니다. 오히려 평범한 일상의 사소한 순간 속에서 우리는 끊임없이 탐진치의 자동 반응에 걸려 넘어진다. 그리고 바로 그 순간들이 알아차림을 연습할 절호의 기회다.

진우 님은 어느 날 출근길에, 갑자기 휙 하고 자기 옆으로 날아든 비둘기를 보고 자신도 모르게 얼굴을 잔뜩 찌푸리고 손사래를 치는 자신을 알아차렸다고 했다. 평소 같았으면 찜찜해서 아침부터 기분이 나빴을 것이라고 했다.

하지만 그날은 달랐다. 자신의 혐오스러운 표정과 과장된 손짓을 알아차린 순간 '아, 내가 지금 혐오감을 느끼고 있구나!' 하고 깨달았다. '내가 비둘기 한 마리가 스쳐 지나갔다고 이렇게까지 격렬하게 반응하고 있었단 말이야?'

그 순간, 상황의 심각성은 사라지고 자신의 반응이 조금 우스꽝스럽게 느껴졌다고 했다. 고작 비둘기 한 마리에 온몸으로 혐오를 표현하며 아침부터 기분을 망치고 있었다는 사실이 우스웠던 것이다. 그 마음을 알아차리자 부정적 감정은 눈 녹듯 사라졌고, 오히려 '내가 내 마음을 또렷이 봤다!'는 알아차림의 기쁨으로 기분 좋게 하루를 시작할 수 있었다. 혐오라는 자동 반응의 스위치를 알아차림이 꺼버린 셈이다.

길을 걷다 귀여운 인형이나 액세서리만 보면, 필요하지 않은데도 '이 정도 가격이면 괜찮은데…' 하며 습관적으로 집어 들던 숙영 님도 있었다. 그녀는 맛있는 음식 하나에 꽂히면 질릴 때까지 그것만 먹는 패턴이 있었다.

마음챙김을 연습하면서 그녀는 이러한 집착(탐욕)의 이면에 있는 미묘한 불안감, 즉 무언가를 소유하거나 먹는 행위를 통해 마음의 허전함을 달래려는 패턴을 알아차리기 시작했다.

'아, 내가 또 불안해서, 허전해서 뭔가를 사려고(먹으려고) 하는구나.'

그 알아차림 이후, 그녀는 물건이나 음식 앞에서 잠시 멈추어 자신의 진짜 마음을 들여다보는 연습을 시작했다. 그 결과 불필요한 소비나 폭식 충동이 눈에 띄게 줄어들었다고 말했다. 알아차림이 탐욕의 뿌리에 숨어 있던 불안을 비춰준 것이다.

나 역시 비슷한 경험이 있다. 몇 년 전, 잘 보이고 싶었던 중요한 약속을 앞두고 한껏 신경 써서 옷을 입고 화장을 했다. 마지막으로 10분 정도 시간 여유가 있어서 그날 옷차림에 어울리는 가는 목걸이를 하려고 서랍을 열었는데, 아뿔싸, 목걸이 줄이 심하게 엉켜 있었다. 약속 시간은 다가오는데 마음이 급해졌다. 핀셋까지 동원해 풀어보려 했지만 줄은 풀리기는커녕 더 단단히 꼬여만 갔다. 조바심에 입이 바짝 마르고 손에는 땀이 배었다. 5분쯤 지나자 얼굴이 시뻘게지고 목까지 뻣뻣하게 굳는 것이 느껴졌다. 결국 화가 머리끝까지 치밀어 올라 목걸이를 바닥에 내동댕이치고 싶은 충동이 이는 바로 그 순간, 문득 이런 생각이 섬광처럼 스쳤다.

'나 지금 뭐 하고 있는 거지?'

그리고 놀랍게도, 그 생각과 함께 걷잡을 수 없는 웃음이 터져 나왔다.

'내가 이게 뭐라고, 목걸이가 엉켰다고 이렇게까지 에너지를 낭비하고 있는 건가?'

마치 잔뜩 부풀어 있던 분노의 풍선에 누군가 바늘을 콕 찌른 것처럼, 팽팽했던 마음이 서서히 말랑말랑해지기 시작했다.

살면서 우리는 얼마나 자주 이런 '엉킨 목걸이' 때문에 화를 내는가? 차가 막힌다고, 지하철에 사람이 많다고, 비둘기가 갑자기 날아들었다고. 하지만 차가 막히고, 대중교통이 붐비고, 목걸이 줄이 엉키는 것은 그냥 일어나는 일일 뿐이다. 누구의 잘못도 아니다. 그럼에도 우리는 그 현실에 끊임없이 화를 내며 저항한다.

만약 당신이 그 순간 "내가 지금 이게 뭐라고 이렇게까지 화를 내고 있지?"라고 알아차린다면, 정말 신기하게도 풍선에 바람 빠지듯 마음의 긴장이 스르르 풀리고, 어쩌면 나처럼 웃음이 터질지도 모른다. 그리고 비로소 지금 이 순간 가장 현명한 선택이 무엇일지 스스로에게 물어볼 수 있을 것이다.

일상에서 느낌 관찰하기

이번 연습은 일상에서 '좋다', '싫다', '좋지도 싫지도 않다'는 세 가지 느낌이 얼마나 빠르게 일어났다가 사라지는지, 그리고 그 느낌에 내가 어떻게 자동적으로 반응하는지를 일주일 동안 관찰하는 것입니다. 이를 통해 내가 세상을 주로 어떤 마음의 필터(탐욕, 혐오, 혼란)로 바라보고 반응하는지 그 패턴을 알아차리는 것이 목표입니다. 이 연습의 핵심은 나의 마음속에서 일어나는 미세한 변화를 알아차리는 데 있습니다.

- **매일 밤 간단한 마음 일기를 써보는 것을 권합니다.**

'좋다', '싫다', '좋지도 싫지도 않다'는 느낌이 하루 중 언제 일어났는지, 그리고 그때 마음속에는 어떤 생각과 판단이 스쳐 지나갔는지, 어떤 행동 충동이 느껴졌는지 등을 자유롭게 기록합니다. 명상을 시작하고 나서 발견한 충격적인 사실 중 하나는 내가 평소에 사람들을 얼마나 많이 판단하는지 모르고 살았다는 것입니다. '이 사람은 이런 면이 좋고, 저런 면은 싫고' 하는 평가를 마음속으로 끊임없이 내리고 있었습니다. 바로 이런 자동적인 반응 패턴을 알아차리는 것이 이 연습의 중요한 부분입니다.

- **또한 일주일 동안 식사 시간을 활용해 연습할 수 있습니다.**

대부분의 사람은 식사 시간에 스마트폰이나 TV를 보며 기계적으로 음식을 입에 넣습니다. 음식의 맛과 식감, 온도, 향을 전혀 의식하지 못한 채 말입니다. 하지만 의식적으로 먹는다는 것은 음식의 색깔, 냄새부터 시작해서 입안에서 펼쳐지는 맛의 변화, 씹는 느낌과 넘어가는 감각까지 모든 것을 알아차리는 것입니다. 적어도 하루 한 끼, 첫 세 입 만이라도 앞에서 했던 초콜릿 명상처럼 의식적으로 먹어봅니다. 음식의 맛과 향, 식감을 온전히 느끼며 먹을 때, 우리는 몸이 보내는 포만감 신호를 더 빨리 알아차리게 되어 자연스럽게 과식을 방지할 수 있습니다. 실제로 이것은 가장 효과적인 다이어트 방법이기도 합니다. 동시에 평소 무의식적으로 하던 식사 패턴도 함께 관찰해 봅니다. 국그릇에 먼저 손이 가는지, 밥부터 먹는지, 여러 반찬 중 어떤 것에 가장 먼저 젓가락이 향하는지, 유독 선호하는 맛(짠맛, 단맛, 매운맛 등)은 무엇인지 등을 알아차려 봅니다.

이 일주일간의 관찰 연습은 단순히 나의 호불호를 파악하는 것을 넘어섭니다. 우리는 보통 좋아하는 것은 더 가지려 하고(집착), 싫어하는 것은 밀어내려 하며(혐오), 좋지도 싫지도 않은 것은 무시하거나 지루해합니다(혼란). 이 모든 반응이 사실은 자동적으로 일어나는 조건반사에 불과하며, 이 무의식적인 조건반사가 나의 기분과 행동, 그리고 삶의 경험 전반에 얼마나 큰 영향을 미치는지 깨닫는 시간이 될 것입니다.

Chapter 5

자주 걸려 넘어지는 생각 알아차리기

명상 수행자가
겪는

진짜 여정의
시작

마보 중반에 이르게 되면, 많은 참가자가 일상에서 '알아차림'의 순간을 직접 경험하기 시작한다. 마치 흐릿했던 세상이 조금씩 선명해지는 느낌이랄까.

우리가 마음챙김을 배우고 삶에 적용하는 과정은 보통 세 단계를 거친다.

첫째는 듣고 이해하는 단계다. 책을 읽거나 강의를 들으며 지식으로 배우는 것이다. '아, 마음챙김이 이런 거구나' 하고 머리로 이해하는 단계다. 다른 사람에게 설명할 정도가 되면서 꽤 많이 안다고 생각하지만, 아직은 내 것이 아닌 지식이다.

둘째는 수행을 통해 직접 체험하는 단계다. 머리로 아는 것을 넘어, 명상을 통해 실제로 경험하는 것이다. 예를 들어 '모든 것은 변한다'는 사실을 모르는 사람은 없다. 하지만 명상 중에 방금 전까지 나를 사로잡았던 강렬한 감정이나 생각이 어느새 스르르 사라지는 것을 직접 목격할 때, 우리는 이 진리를 직접 느끼기 시작한다.

한 참가자는 흥분해서 이렇게 말했다. "마보지기 님, 진짜 신기해요! 아까는 너무 화가 나서 미칠 것 같았는데, 가만히 지켜보니까 글쎄, 그 화가 온데간데없이 사라졌어요! 진짜 모든 게 변하네요!"

셋째는 온전히 경험을 통해 체득하는 단계다. 한두 번의 경험을 넘어, 그 진리가 완전히 내 것이 되어 삶의 관점 자체가 바뀌는 단계다. 마치 자전거 타는 법을 완전히 익히면 더 이상 페달을 어떻게 밟을지 생각하지 않아도 자연스럽게 나아가는 것처럼, 세상이 돌아가는 이치를 몸과 마음으로 깊이 체화하는 것이다.

두 번째와 세 번째 단계에 들어선다는 것은 마음챙김, 즉 '알아차림'이 더 이상 명상 방석 위에서만 일어나는 특별한 경험이 아니라 삶의 모든 순간과 통합되기 시작했다는 신호다. 그런데 바로 이 지점에서 많은 수행자가 예상치 못한 어려움에 부딪히곤 한다.

처음 몇 주간은 명상을 통해 몸이 이완되고 마음이 고요해지는 것을 느끼며 '아, 명상이 정말 좋구나' 하고 만족감을 느낀다. 하지만 알아차림의 힘이 깊어질수록, 그동안 애써 외면했거나 무의식 깊숙이 묻어두었던 불편한 생각, 기억, 감정이 수면 위로 떠오르기 시작할 수 있다. 마치 잔잔했던 연못의 바닥을 휘젓자 흙탕물이 피어오르는 것처럼 말이다. 참가자들은 종종 이렇게 말하곤 한다. "명상을 시작하고 알아차림이 생기니 예전에는 모르고 지나쳤던 많은 것이 보이기 시작했어요. 길가의 꽃이 이렇게 예뻤는지, 하늘이 이렇게 파랬는지 새삼 알게 돼서 좋았어요. 그런데… 제 안의 못난 생각들, 다른 사람들에 대한 끊임없는 판단이 너무 선명하게 보여서 괴로울 때도 많아요. 제가 이렇게 옹졸한 사람이었나 싶어서요."

이 단계에 들어섰다는 것은 우리의 수행이 잘못되고 있다는 것이 아니라 오히려 '진짜' 수행의 길에 들어섰다는 신호일지도 모른다. 이제 현실을 있는 그대로 보기 시작했기 때문이다.

라식 수술과
명상의 공통점

대학교 3학년 때, 당시로서는 꽤 큰 금액을 들여 라식 수술을 받았다. 안경만 벗으면 만화 주인공처럼 예뻐질 거라는 기대를 품고 수술대에 올랐다. 수술 직후, 안경 없이도 저 멀리 앞차 번호판까지 선명하게 보이자 세상을 다 얻은 기분이었다.

'세상을 있는 그대로 본다는 게 이런 거구나!'

하지만 그 기쁨은 오래가지 못했다. 며칠 후 부기가 가라앉고 선명해진 시력에 익숙해질 무렵, 매일 아침 화장실 거울 앞에서 깜짝 놀랐다. 너무 예뻐져서가 아니라, 너무 적나라하게 보여서였다. 전에는 안경을 벗으면 모든 게 흐릿해서 잘 보이지 않던 눌린 베개 자국, 잡티, 미세한 주름 같은 내 민낯의 모든 결점이 고해상도 화면처럼 또렷하게 드러났기 때문이다. 그때의 당혹감이란!

마음챙김 명상을 시작한 뒤 겪었던 과정이 바로 이 라식 수술 경험과 너무도 닮아 있었다. 처음에는 '알아차림'이라는 새로운 렌즈를 통해 세상을 보는 것이 그저 신기하고 즐거웠다. 영화 〈매트릭스〉에서 네오가 빨간 약을 먹고 진짜 현실을 보게 되는 장면처럼, 모든 것이 새롭고 경이롭게 느껴졌다. '이 경험이 내 인생을 완전히 바꿔놓을 거야!' 하는 기대감에 부풀기도 했다.

하지만 마음챙김이라는 선명한 렌즈는 세상의 아름다움만 비추지 않았다. 그동안 보지 못했던, 혹은 애써 외면해 왔던 나 자신의 결점과 세상의 불편한 진실까지도 무자비할 만큼 또렷하게 드러냈다. 아침에 막 깨어난 부스스한 얼굴처럼, 꾸밈없고 때로는 스스로도 보기 싫은 마음의 민낯과 정면으로 마주하게 되었다. 예전에는 무심코 지나쳤을 내 마음의 질투심, 오만함, 지질함이 또렷이 보이고, 다른 사람들의 사소한 말과 행동 속에서 숨겨진 의도(혹은 내가 그렇다고 지레짐작한 의도)까지 느껴지니 마음은 오히려 더 복잡하고 힘들어졌다.

'명상을 하면 마음이 평화로워진다는데, 나는 왜 더 까칠하고 예민해진 걸까?'

솔직히 말하자면, 처음 찾아온 기쁨과 환희가 지나간 뒤 한동안은 이전보다 더 자주 우울하고 염세적인 기분에 빠지기도 했다. 그런데 시간이 흐르면서, 이 불편한 민낯을 반복해서 마주하다 보니 이상하게도 점점 익숙해지기 시작했다. 매일 아침 거울을 통해 내 얼굴의 모공과 점에 익숙해지듯, 나의 지질함, 수치심, 질투심 같은 감정도 '아, 이런 것도 내 안에 있구나' 하고 받아들이는 힘이 조금씩 생겼다.

그러자 더 중요한 변화가 일어났다. 나의 결점을 너그럽게 받아들이기 시작하자, 다른 사람들의 결점에도 훨씬 여유로워진 것이다. 잡지 표지 속 모델의 완벽해 보이는 피부가 사실은 수많은 보정의 결과이듯, 인격적으로나 도덕적으로나 흠결 없는 완벽한 인간이란 애초에 존재하지 않는다는, 어쩌면 너무 당연해서 놓치고 있던 사실을 비로소 가슴으로 받아들이게 되었다.

잭 콘필드는 그의 책 《깨달음 이후 빨랫감》에서 이렇게 말한다. 결국 우리는 인간일 뿐이라고. 우리가 인간이라는 존재로 태어났으므로 우리의 인간적인 면들을 부정하는 건 우리를 부정하는 일이라고.

인간으로서의 삶은 한결같이 불완전하다. 점 하나, 모공 하나 없는 피부가 애초에 존재하지 않는 것처럼 말이다. 피부라는 것은 원래 점과 모공이 있는 것이니까.

나는 오늘도 나의 온갖 지질한 모습, 성마름, 질투심, 짜증, 우월감, 분별심을 마음챙김하며 마주한다.

그리고 이제는 안다. 내가 완벽하지 않기에, 인간으로서 겪는 고통

또한 삶의 일부로 인정할 수 있게 되었다는 것을. 이 못난 부분을 덮어버리거나 무시하지 않고, 있는 그대로 바로 바라보기 위해 우리는 마음챙김 명상을 통해 마음의 힘을 기른다. 그리고 그 시작은 바로 우리의 마음 본성을 보는 것이다.

하늘과 구름 명상

: 마음의 본성 알아차리기

앞서 붓다가 설파한 네 가지 마음챙김의 대상을 말했다. 첫째는 몸에 대한 알아차림, 둘째는 느낌에 대한 알아차림이었다.

이제 우리는 세 번째 대상인 '마음과 생각에 대한 알아차림'으로 나아가, 마음의 본성을 경험해보고자 한다.

느낌과 생각 구분해보기

'생각'에 대한 마음챙김을 연습할 때는, 앞에서 살펴본 '느낌(Vedanā)'에 대한 마음챙김과 구분하는 것이 도움이 된다.

느낌이 감각 경험에 대한 '좋다, 싫다, 좋지도 싫지도 않다'라는 즉각적이고 기본적인 반응이라면 생각은 그 느낌 뒤에 이어지는 해석, 판단, 이야기, 연상 등 더 복잡한 마음의 작용이다.

예를 들어, 한 참가자는 상사가 습관적으로 다리를 떠는 모습을 볼 때(감각 입력), 즉각적으로 '싫다'(느낌)는 반응이 올라왔다고 했다.

그리고 곧이어 이런 부정적 생각이 연쇄적으로 떠오르는 것을 알아차렸다. '어휴, 저 사람은 왜 저렇게 정신 사납게 다리를 떨지? 예의도 없고 배려심도 없어. 내 일에 방해되잖아!'

이처럼 우리는 흔히 느낌과 생각을 혼동하거나, 느낌에 따른 자동적인 생각의 흐름에 속수무책으로 휩쓸리곤 한다.

생각에 대한 알아차림 명상은, 호흡이나 몸의 감각처럼 주의를 하나의 대상에 집중하는 훈련(집중 명상, Samatha)과는 조금 다르다. 오히려 지금 이 순간 마음에 떠오르는 모든 것 – 생각, 감정, 감각, 소리 등 – 을 판단 없이 그저 알아차리는 열린 알아차림(Open Awareness) 또는 통찰 명상(위빠사나, Vipassanā)에 가깝다. 넓은 하늘이 그 안에 떠다니는 모든 구름을 거부하지 않고 받아들이듯, 마음의 공간을 활짝 열고 그 속에서 일어나는 모든 현상을 조용히 관찰하는 연습이다. 이 열린 알아차림을 익히는 데 도움이 되는 방법 중 하나가 바로 '하늘과 구름 명상'이다.

하늘과 구름 명상
: 생각의 본성 알아차리기

- 먼저 명상 자세로 편안하게 앉는다. 이번에는 특별히 눈을 뜨고 하는 명상이다.

  이것은 티베트에서 전해 내려오는 '스카이 게이징(Sky Gazing) 명상'으로, 하늘을 바라보며 마음의 본성을 발견하는 수행 방법이다.

- 눈을 편안하게 뜬다. 마치 봄날 오후 공원 벤치에 앉아 멍하니 하늘을 올려다보듯, 눈에 힘을 빼고 편안하게 뜬다. 그냥 부드럽게, 자연스럽게 눈을 뜨고 시야 정면에서 살짝 위쪽을 응시해 보자. 만약 실제로 하늘을 볼 수 있다면 가장 좋겠지만, 어렵다면 벽과 나 사이의 허공을 바라봐도 된다. 어떤 특정한 물체에 초점을 맞추는 것이 아니라 눈의 초점을 살짝 풀어 그 사이의 공간, 허공 자체를 바라보는 느낌으로 둔다.

- 숨을 편안하게 들이마시고 천천히 내쉰다.

- 생각을 알아차리기 시작하기

  이제 어떤 생각이나 감정, 느낌이 떠오르는지 그저 가만히 알아차려 본다. 애써 생각하려고 하지 않아도 괜찮다. 언제나 생각과 느낌, 감정은 저절로 떠오른다.

  '이렇게 하는 게 맞나?' – 그것도 생각이다. 알아차린다.

  '움직여도 되나?' – 그것도 생각이다. 알아차린다.

'별로 재미없는데…' – 그것도 생각이다. 알아차린다.

만약 마음이 과거의 일('오늘 그 사람이 한 말이 기분 나빴는데…')이나 미래의 걱정('내일 그 일을 어떻게 처리하지?')으로 가 있다면 그것도 그저 알아차린다.

- 생각의 변화하는 모습 관찰하기

이 생각을 알아차리면 또 다른 생각이 떠오른다. 마치 팝콘처럼 이 생각 저 생각이 튀어 오르거나, 거대한 뭉게구름처럼 마음을 가득 채울 수도 있다.

하지만 자세히 보면, 아무리 무겁고 커 보이는 생각 덩어리라도 끊임없이 변하고 있다. 생각은 꼬리에 꼬리를 물고 이어지기도 하고('오늘 저녁 뭐 먹지?' → '어제 먹은 거 맛있었는데…' → '내일 미팅 준비는?'), 갑자기 전혀 다른 주제로 건너뛰기도 한다.

눈을 감고 하는 하늘과 구름 명상

- 이제 눈을 편안하게 감아본다.
- 깊은 호흡으로 현재로 돌아와 마음을 가장 아름답고 맑은 파란 하늘이라고 상상한다.
- 그리고 그 하늘에 떠오르는 생각을 하얀 구름이라고 여긴다. 지금 마음 하늘에는 어떤 구름이 떠 있는가? 작은 조각구름? 큰 뭉게구름? 아니면 구름 한 점 없는 맑은 하늘인가?

어떤 생각이 떠오르면 '아, 이 생각이 떠올랐구나' 하고 알아차린다. 마치 하늘에 구름이 뜨는 것을 바라보듯 말이다.

- 구름의 변화 지켜보기

그 생각을 가만히 지켜본다.

그 생각은 어떻게 되는가? 그대로 머물러 있는가, 다른 생각으로 이어지는가, 흩어지는가, 아니면 사라져 버리는가?

또 다른 구름(생각)이 떠오르면 그것도 알아차린다. 때로는 후회나 자책 같은 먹구름이 떠오를 수도 있고 ('그때 왜 그랬을까…'), 기대나 즐거움 같은 솜사탕 구름이 떠오를 수도 있다('주말여행 기대된다…'). 어떤 구름이든 그저 지켜본다.

- 파란 하늘 자체를 발견하기

이제 주의를 구름이 아니라 하늘 자체로 가져와 본다. 구름 뒤, 구름 사이에 보이는 파란 하늘을 본다. 생각이 떠오르는 그 자리, 그 공간 자체를 느껴본다. 그 공간은 어떤 느낌인가? 넓고 광활한가? 고요하고 평화로운가? 텅 빈 듯한가?

- 마음의 본성 경험하기

생각이 떠오르는 그 자리를 알아차렸는가? 파란 하늘처럼 넓고 무한한 그 공간을 경험했는가? 그 파란 하늘과 같은 마음의 공간에서는:

- 어떤 생각이 떠올라도 하늘이 더러워지지 않는다.
- 아무리 먹구름이 끼어도 파란 하늘 자체는 변하지 않는다.
- 구름은 일시적이지만 하늘은 항상 그 자리에 있다.

– 하늘에는 중심도 없고 끝도 없다

이것이 바로 우리 마음의 본성이다.

- 일상으로 돌아오기

  잠시 후 눈을 뜰 때 이 경험을 기억한다. 일상에서 부정적인 생각이나 감정이 떠오를 때 '아, 이것도 하늘에 떠오른 구름이구나', '이 구름도 변하고 사라지겠지', '내 마음의 본성인 파란 하늘은 변하지 않아'라고 상기해 본다. 우리는 구름 하나에 갇힌 존재가 아니라, 그 모든 것을 품는 광활한 하늘과 같다.

- 이제 천천히 눈을 뜨고 지금 여기 앉아 있는 몸과 주변 공간을 새롭게 느껴본다.

  방금 우리는 생각이 일어나는 자리, 마음의 본성을 경험했다.

생각한다는 착각
: 생각의 속성

우리는 생각을 마치 나의 '소유물'처럼 여기는 데 익숙하다.

'이건 내 생각이야. 그러니까 내가 마음 먹으면 바꿀 수 있어. 이제부터는 좋은 생각만 할 거야.'

하지만 정말 그럴까? 우리가 진정으로 자신의 생각을 통제할 수 있다면, 왜 우리는 원치 않는 생각에 사로잡혀 그토록 괴로워하는 것일까?

이 생각은 도대체
어디서 오는 걸까?

생각의 속성을 온몸으로 체험했던 강렬한 순간이 있었다. 명상을 시작하고 얼마 지나지 않아 참가했던, 열흘간의 묵언 명상 리트릿에서였다.

리트릿의 일과는 매우 단순하다. 아침에 눈을 떠서 잠들 때까지 말하지 않고, 하루에 두 번 가르침을 받는 시간을 제외하고는 온종일 앉고 걷는 명상만 반복했다. 늘 외부 자극에 시달리던 현대인에게 침묵과 고요가 한꺼번에 주어지자, 예상대로 맹렬한 졸음이 밀려왔다. 리트릿의 절반은 몽롱한 졸음과 싸우며 보냈다고 해도 과언이 아니다.

그러던 어느 날, 꾸벅꾸벅 졸다 명상 종소리에 정신이 번쩍 뜨이는 찰나, 아주 묘한 경험을 하게 되었다. 잠과 현실의 경계에서 나는 일종의 백일몽을 꾸고 있었다. 꿈속의 나는 사람들과 함께 큰 TV화면으로 공공장소에서 스페인 뉴스를 시청하고 있었는데, 앵커가 외계인의 출현을 긴급 속보로 전하고 있었다. 화면에는 외계 우주선이 떠 있었고, 나는 스페인어로 된 그 보도를 생생하게 지켜보며 '와, 정말 외계인이 오는구나. 착한 외계인일까? 나쁜 외계인일까?'라고 스페인어로 생각하고 있었다.

그때 명상의 종료를 알리는 종소리가 들렸다. 잠에서 깨야 한다는 것을 알면서도, 마음 한편에서는 이 기묘하고 흥미진진한 이야기의 결말이 너무나 궁금했다.

'조금만 더 보고 싶다. 도대체 어떻게 끝나는지 알고 싶다.'

그 생각이 떠오른 순간, 나는 잠에서 완전히 깨어났다. 그리고 곧

이어 두 가지 경이로운 자각이 동시에 밀려왔다.

첫 번째, 나는 스페인어를 거의 하지 못한다는 사실이다. 여행지에서 화장실이 어디인지 묻는 정도가 전부다. 그런데 꿈속의 나는 스페인 뉴스를 유창하게 알아듣고 있었을 뿐만 아니라, 아예 스페인 사람인 것처럼 스페인어로 생각하고 있었다. 게다가 외계인이라니. 단 한 번도 진지하게 고민해본 적 없는 주제였다.

문득 이런 질문이 떠올랐다.

"이 생각은 도대체 어디에서 온 것일까?"

"이건 과연 '누구의' 생각일까?"

두 번째 깨달음은 더 놀라웠다. 꿈속에서 황당한 사건에 몰입하고 있는 '나'와 그 장면을 마치 영화처럼 구경하던 또 다른 '나' 그리고 그 영화를 계속 보고 싶어 하던 '현실의 나'가 동시에 존재하고 있었다는 사실이다.

꿈의 주인공이었던 나, 그 꿈을 관람하던 나, 그리고 그 관람을 이어가고 싶어 하던 나. 이 모든 것을 알아차리고 있던 나는 그저 어리둥절할 뿐이었다.

그렇다면 진짜 '나'는 도대체 누구인가?

감각도, 생각도 '내가 만든다'기보다
'일어날 뿐'

이러한 통찰은 비단 생각에만 국한되지 않는다. 몸의 감각도 마찬가지다. 고엔카의 위빠사나 명상 리트릿에서 몸의 감각을 느끼는 수행을 할 때였다. 몸의 감각에 민감해지면 간지러움이 자주 느껴진다.

명상 스승들은 간지러움이 올라올 때 바로 긁지 말고, 세 번 정도 깊게 호흡하면서 그 감각을 그냥 지켜보라고 가르친다.

처음에는 정말 미칠 것 같다.

'아, 가려워. 이걸 어떻게 세 호흡이나 참지? 당장 긁고 싶어.'

하지만 마음속 아우성을 배경음처럼 흘려 보내면서, 묵묵히 그 간지러움이라는 현상 자체를 관찰하고 있으면 놀라운 일이 벌어진다. 강렬했던 감각이 서서히 힘을 잃고 사라져 버리기도 하고, 왼쪽 허벅지를 괴롭히던 간지러움이 어느새 이마로 자리를 옮기기도 한다.

이렇게 몸에서 떠오르는 감각을 끈기 있게 지켜보다 보면, 모든 감각이 머무르지 않고 계속 이동하며 변한다는 사실을 깨닫게 된다. 그렇다면 이 감각은 누가 만드는 것일까? 내 몸이니 내가 만들고 있을까?

아니다. 감각은 그저 조건에 따라 일어났다가 사라질 뿐이다.

호흡도 마찬가지다. 우리는 "숨을 쉰다"고 말하지만, 엄밀히 말하면 숨은 내가 '쉬는' 것이라기보다 몸이 살아 있기 때문에 스스로 일어나는 현상에 가깝다. 우리가 잠들어 의식이 없을 때도 몸은 쉴 새 없이 숨을 쉰다. 태어나고 싶어서 태어난 것이 아니듯, 우리의 생명 활동 상당수는 애초에 의지의 영역 너머에 있다.

생각의 속성도 이와 같다. 생각은 내가 '하는' 것이 아니라 그저 떠오르는 것이다. 명상하려고 앉을 때마다 온갖 잡다한 생각이, 허락도 없이 밀려드는 경험을 거의 모든 사람이 해 봤을 것이다. "내가 왜 이런 생각을 하고 있지?"라는 생각마저도 저절로 떠오른다.

그래서 티베트 불교에서는 마음의 본질과 생각의 관계를 '파란 하늘과 구름'에 자주 비유한다. 우리이 본성은 시시각각 모양을 바꾸는 구름 같은 생각이 아니라, 그 모든 구름이 떠오르고 사라지는 배경이 되어주는 파란 하늘 그 자체다. 하늘은 좋고 나쁨의 판단이 없는, 텅 비고 광활한 공간이다.

여러분이 파란 하늘을 느낄 수 있다면, 생각이 일어나는 그 자리를 느낄 수 있다면, 그때부터 여러분과 생각의 관계는 서서히 달라지기 시작한다. 이것은 꽤 큰 패러다임 전환이다. '내가 한 생각이니까 책임져야 해', '이 생각에 끌려갈 수밖에 없어'라고 믿어 왔던 자리에서 '생각은 그냥 일어났다 사라지는구나. 내가 붙잡지 않으면 그대로 지나갈 수도 있겠구나'라는 깨달음으로 옮겨가기 때문이다.

하늘과 구름 명상을 함께 한 참가자는 이런 경험을 들려주었다. 명상 중에 눈이 아프다는 생각, 내일 해야 할 일에 대한 생각이 번갈아 떠올랐다고 했다.

그래서 내가 이렇게 물었다.

"그 생각이 일어나는 자리를 볼 수 있었나요?"

그 참가자는 이렇게 답했다.

"그 생각에 너무 몰두해서 다른 건 들어오지 않았어요."

우리가 어떤 생각에 사로잡혀 있을 때의 마음 상태는 마치 양쪽 눈에 망원경을 끼고 있는 것과 같다. 드넓은 하늘 전체가 아니라, 그중 아주 작은 한 귀퉁이만 확대해 들여다보는 셈이다. 마음이 한 생각에 꽂히는 순간, 우리는 그 생각이 전부인 것처럼 느끼며 그 안에 갇히고 만다.

하늘 전체에 비하면 구름 한 점은 정말 작은 점 하나에 불과하다. 하지만 우리는 그 작은 구름만을 확대해 바라보며 마음의 본성인 광활한 하늘을 잊어버린다.

명상 중에 혹은 일상에서, 한 생각에서 또 다른 생각으로 넘어가는 그 사이, 찰나의 빈 공간을 단 한 번이라도 발견했다면 당신은 이미 생각이 일어나는 자리를 본 것이다.

그것은 눈으로 볼 수 있는 것이 아니고, 손으로 가리킬 수도 없다.

그것은 바로 마음이다.

마음에는 형태가 없다. 눈으로 볼 수도, 손으로 쥘 수도 없다. 그런데도 우리는 마음 안에서 생각이 일어나는 자리를 경험할 수 있다.

이것은, 내가 지금 붙잡고 있는 생각보다 훨씬 더 넓은 어떤 공간이 마음 안에 존재한다는 사실을 알아차리는 일이다.

명상을 시작하기 전에는 어떤 생각이 일어나면 그 생각만이 전부인 줄 알고 끌려 다녔다면, 지금은 스스로의 경험을 통해 '생각은 그냥 일어났다가 사라지는구나. 내가 붙잡지 않으면 그저 지나갈 수도 있겠구나'라고 직접 깨닫는 것이다.

현대 신경과학이 밝히는 '생각'의 정체

신경과학 분야의 최근 연구는 붓다가 2500년 전 가르친 생각에 대한 통찰을 과학적으로 뒷받침하고 있다. 신경과학자이자 명상가인 샘 해리스(Sam Harris)는 그의 저서 《자유의지는 없다(Free Will)》에서 우리가 의식적으로 생각과 행동을 통제한다는 느낌 자체가 사실은 뇌가 만들어 낸 매우 설득력 있는 '환상'이라고 말한다.

이 말을 이해하기 위해 지금 바로 간단한 실험을 하나 해보자. 다음에 무슨 생각을 할지 미리 결정하는 것이다.

아마 불가능하다는 것을 곧바로 깨닫게 될 것이다.

다음 생각을 '미리' 결정하려면, 그 생각을 하기 전에 '이미' 그 생각을 떠올려야만 한다. 하지만 그 순간, 그것은 더 이상 '다음 생각'이 아니다. 이는 논리적으로 불가능한 일이다.

샘 해리스는 바로 이 지점을 파고든다. 우리의 생각은 우리가 의식적으로 '꺼내 오는 것'이라기보다, 어디선가 알 수 없는 어둠 속에서 갑자기 의식의 표면 위로 '툭' 떠오르는 것에 가깝다는 것이다.

그는 이렇게 표현한다.

"당신은 내가 다음에 무슨 말을 할지 알지 못하는 것만큼이나 당신이 다음에 무슨 말을 할지도 알지 못한다."

우리가 어떤 생각을 '나의 생각'이라고 인지하는 순간은, 그 생각이 이미 우리 뇌의 복잡한 신경 작용을 거쳐 저절로 만들어진 후다. 우리는 생각의 창조주라기보다 내 마음이라는 무대에서 상영되는 생각이라는 영화의 '첫 번째 관객'일 뿐이다. 이 사실을 머리로 이해하는 것과 명상을 통해 가슴으로 체험하는 것은 전혀 다른 차원이다. 명상을 통해 고요히 앉아 마음을 들여다보고 있으면, 수많은 생각이 내 의지와는 상관없이 떠올랐다가, 잠시 머물고, 이내 사라지는 장면을 실제로 목격하게 된다. 강물 위를 떠내려가는 나뭇잎을 바라보듯, 어떤 생각도 '내 것'이라기보다 잠시 나타났다 사라지는 '하나의 현상'일 뿐이라는 사실을 조금씩 체감하게 되는 것이다.

이러한 깨달음은 우리를 무기력하게 만드는 것이 아니라, 오히려 '진짜 자유'로 이끈다. 더 이상 원치 않는 생각이 떠올랐다는 이유만으로 나 자신을 자책할 필요도 없고, 그 생각의 내용에 휩쓸려 허우적댈 필요도 없다. 우리는 생각을 완벽하게 통제하려는 헛된 싸움 대신, 일어나는 생각을 있는 그대로 알아차린 뒤 '어떤 생각에 힘을 실어줄 것인가, 어떤 생각은 그냥 흘려보낼 것인가'를 선택할 지혜를 기를 수 있다. 결국 진정한 자유는 모든 생각을 내 마음대로 통제하는 능력에서 오지 않는다. 어떤 생각이 떠오르더라도, 그 생각의 노예가 되지 않을 힘, 바로 그 알아차림에서 비롯된다.

자꾸 나를 걸려
넘어지게 하는 생각

서양인 최초의 티베트 불교 비구니 스님 중 한 분인 페마 초드론(Pema Chödrön)은 널리 존경받는 스승이다. 그분은 지혜와 자비라는, 새가 날기 위해 반드시 필요한 두 날개를 활짝 펴고 매 순간을 사는 분처럼 느껴진다. 그녀의 저서 《모든 것이 산산이 무너질 때》는 제목만으로도 깊은 위로를 건네는 책이다. 명상을 시작한 사람이라면 꼭 읽어볼 만한 책이기도 하다. 페마 초드론의 가르침 가운데 자주 등장하는 표현이 있다. 바로 'hooked', 직역하면 '갈고리에 걸린' 상태라는 말이다. 이는 우리를 자꾸 같은 지점에서 걸려 넘어지게 만드는 느낌이나 생각을 가리킨다.

페마 초드론은 이렇게 말한다.

"먼저 당신이 '걸려 넘어졌다(hooked)'는 사실을 인정해야 합니다. 보통 우리는 습관적인 방식으로 계속해서 같은 것에 걸려 넘어집니다. 한 번으로 끝나는 일이 아니에요. 매일, 어쩌면 몇 시간마다 우리를 걸려 넘어지게 하는 특정한 영역이 있습니다. 그러면 당신은 계속해서 같은 방법으로 그 상황을 벗어나려고 하죠. 불안하고 화가 나는 마음을 느끼지 않으려고 말입니다. 하지만 그 방법은 절대 효과가 없어요. 그래서 이번 가르침을 통해 당신이 정말로 '걸려 넘어진' 상태를 '걸려 넘어진' 상태로 인식할 때, 그것을 다루는 방법은 외부 상황이 아니라 당신의 마음을 통해서라는 것을 깨달았으면 합니다."

페마 초드론은 우리가 '습관적 방식'으로, 그것도 '반복해서 몇 번이고' 똑같은 갈고리에 걸린다고 말한다. 이것은 가끔 일어나는 예외적 사건이 아니다. 우리 각자에게는 유난히 자주 떠오르는 생각의 패턴이 있어서, 거의 매일, 혹은 몇 시간 간격으로 비슷한 갈고리가 어김없이 모습을 드러낸다.

더 큰 문제는, 그 갈고리에 걸릴 때마다 우리가 취하는 대응 방식마저 대개 습관적이라는 점이다. 하기 싫은 생각에서 도망치기 위해 늘 하던 방식대로 스마트폰을 집어 들고, 게임을 하거나, 술을 마시고, 뭔가를 먹거나, 다른 일에 자신을 몰아넣는다.

하지만 그 오래된 방식은 단 한 번도 우리를 진정한 자유로 이끌어주지 못했다. 페마 초드론은 이 지점에서 분명하게 강조한다. 해결책은 바깥이 아니라, 결국 내 마음을 들여다보는 것에서 시작해야 한다고.

세 가지 대표적인
'생각의 갈고리'

이 수업에서 나는 마보 과정 참가자들에게 이런 숙제를 내곤 한다.

"한 주 동안 자신의 마음을 지켜보면서, 나는 주로 어떤 생각에 걸려 넘어지는지 관찰해보세요."

참가자들의 이야기에서, 우리를 반복적으로 괴롭히는 생각의 '갈고리'를 크게 세 가지 유형으로 나눌 수 있다.

첫 번째 유형은 미래에 대한 불안과 과도한 통제 욕구다.

많은 사람들이 아직 일어나지도 않은 일에 대해 머릿속에서 최악의 시나리오를 끊임없이 돌려보며 시간을 보낸다. 마치 머릿속에서 24시간 위기 상황 시뮬레이션이 돌아가는 것처럼, '만약 ~하면 어떡하지?'라는 걱정이 꼬리에 꼬리를 문다. 실제로 그 걱정이 현실이 되는 경우는 드물지만, 우리는 미래에 대한 불안 때문에 오늘 쓰고 누려야 할 에너지를 소진해 버리곤 한다.

불확실한 미래를 어떻게든 통제하려는 마음은 과도한 계획 세우기로 이어지기도 한다. 계획을 세우는 행위 자체에서 잠시 안도감을 느끼지만, 현실이 계획대로 흘러가지 않으면 쉽게 좌절하고, 자신이나 타인을 탓하는 패턴이 반복된다.

두 번째 유형은 과거에 대한 후회와 끝없는 곱씹음이다.

이미 끝나버린 일에 대한 미련과 후회가 오래도록 마음을 떠나지 않는다. 끝난 연애에 대한 아쉬움, 직장에서 겪었던 억울한 상황, 그때 했던 선택, 놓쳐버린 기회가 마치 어제 일처럼 생생하게 떠올라 현재의 감정을 좌우한다. '그때 만약 다르게 행동했더라면…', '왜 나는 그것을 몰랐을까?' 하는 생각이 머릿속을 맴돌며, 미묘한 슬픔이나 분노, 억울함 같은 감정이 지금 이 순간의 삶을 물들인다. 과거의 그림자가 현재에 짙게 드리워진 셈이다.

세 번째 유형은 현재 자신에 대한 끊임없는 비판과 불만족이다.

지금의 자신을 있는 그대로 받아들이지 못하고, 가혹한 잣대로 평가하며 스스로를 몰아세운다. 마음속에는 이런 목소리가 끊이지 않는다. '이것만으로는 부족해', '더 잘해야 해', '왜 나는 이것밖에 안 될까?' 완벽주의적 성향 때문에 스스로 매우 비현실적인 기준을 세워 놓고, 그 기준에 닿지 못할 때마다 깊은 자책감에 빠진다. 다른 사람과 끊임없이 비교하면서 자신의 가치를 깎아내리기도 한다. 실패하거나 남들에게 비난받을까 봐 걱정이 앞서 새로운 시도를 미루고, 아예 꿈꾸는 것조차 포기해 버리기도 한다 .

이처럼 우리를 계속 걸려 넘어지게 하는 생각에는 공통점이 있다. 마음이 과거나 미래를 헤매느라 지금 이 순간으로부터 분리된 상태라는 점이다. 그 순간 우리 마음의 본성이 드넓은 하늘이라는 것을 잊고, 작은 구름에 갇혀버린다. 그날 내 마음 하늘에 어떤 구름이 떠 있는가, 어떤 생각이 마음에 떠오르는가가 곧 그날의 '마음 날씨'를 결정한다. '나는 안 될 거야', '내가 왜 그랬을까' 같은 자기 비난의 먹구름, 타인에 대한 원망, 미래에 대한 걱정의 안개가 하늘을 뒤덮고 있는 날에는 우리의 하늘도 온종일 흐리고 축축해지기 쉽다. 그 구름에서 한 발자국만 걸어나오면 이미 맑게 갠 하늘이 있다는 사실을 우리는 너무 자주 잊어버린다.

유익한 생각과
유익하지 않은 생각 구분하기

명상을 하면서 떠오르는 생각들을 알아차리기 시작하면 문득 이런 질문이 떠오르기도 한다.

"생각을 막을 수가 없다고 했는데, 그럼 도대체 무슨 생각을 하라는 거지? 그냥 좋은 생각만 하라는 건가?"

붓다는 생각을 좋고 나쁨으로 판단하라고 하지 않았다. 대신 그 생각이 유익한지 유익하지 않은지를 꼼꼼하게 살펴보라고 가르쳤다.

붓다의 가르침에 따르면, 진정으로 '유익한 생각'은 다음의 조건을 모두 충족해야 한다.

첫째, 나에게 이로워야 한다.

둘째, 타인에게도 이로워야 한다.

셋째, 지금 이 순간에 이로워야 한다.

넷째, 그 결과가 미래에도 이로워야 한다.

이 중 하나만 어긋나도 그 생각은 '유익하지 않은 생각'에 속한다.

당장 나에게는 이로운 것 같지만 남에게 해를 끼치는 생각, 혹은 남을 위한 것 같지만 나 자신을 소모시키는 생각 역시 결국 유익하지 않은 생각이다.

나는 어떤 생각이 유익한가 유익하지 않은가를 살펴볼 때 가장 먼 저 몸의 감각부터 확인한다. 대부분 유익하지 않은 생각에 빠져 있을 때는 '가슴이 꽉 조이는 느낌이 들고, 미간이 찌푸려지며, 어깨와 목 이 단단하게 굳는다.' 마음의 두려움이나 불안이 곧바로 신체 반응으 로 나타나는 것이다. 아무리 중요한 문제에 대해 고민하고 있더라도 몸에서 이런 신호가 올라오는 순간, 그 고민은 지금 이 순간 나에게 이롭지 않은 고민이 된다. 스트레스 호르몬은 지금 이 순간 내 몸에 이롭지 않기 때문이다

명상을 시작하기 전 30대 초반, 컨설턴트로 일하며 야근에 시달릴 때 내 유일한 스트레스 해소법은 늦은 밤 퇴근 후 공원을 걷는 일이 었다. 어느 날 밤, 집에서 가족과 크게 부딪히고는 홧김에 문을 박차 고 나왔다. 귀에는 이어폰을 꽂고 시끄러운 음악을 틀어놓은 채, 분 노와 짜증으로 가득 차 공원 트랙을 맹렬한 속도로 걷고 또 걸었다.

'어떻게 이럴 수 있지?', '왜 나만 힘들어야 하지?'

이런 생각에 사로잡혀 정신없이 앞만 보고 걷고 있었다.

서너 바퀴쯤 돌았을까, 문득 가로등 불빛 아래 환하게 피어난 꽃들

이 눈에 들어왔다. 일에 치여 살다 보니 계절이 바뀌는 줄도 몰랐는데, 어느새 봄이 와 있었던 것이다.

"어머, 꽃이 피었네."

나도 모르게 화단으로 다가가 몸을 숙여 꽃향기를 맡았다. 가로등 불빛 아래 분홍빛 진달래가 유난히 선명했다. 그 순간, 잠시 모든 분노를 잊고 지금 이 순간의 생생함 속에 머물렀다.

하지만 다음 순간, 번개처럼 이런 생각이 스쳤다.

'아니야, 내가 지금 이럴 때가 아니지. 이렇게 심각한 문제가 있는데 한가하게 꽃이나 보고 있다니. 어서 해결책을 고민해야 해.'

그 생각이 떠오르자마자 나는 다시 표정을 굳히고, 아까 그 무거운 고민을 어깨에 '장착'한 채 트랙 위를 좀비처럼 다시 맹렬하게 걷기 시작했다.

그 일이 벌써 15년도 더 지난 일이다. 신기한 것은, 그때 내 머리를 터질 듯하게 만들었던 그 '심각한 고민'이 무엇이었는지 이제는 전혀 기억나지 않는다는 사실이다. 그저 가족과 다투고 화가 났었다는 감정의 잔향만 희미하게 남았을 뿐이다. 반대로, 그날 가로등 아래에서 마주쳤던 분홍빛 진달래, 그 꽃을 바라보며 잠시나마 '살아 있음'을 또렷이 느꼈던 찰나의 경험은 아직도 생생하게 기억난다.

우리는 흔히 '고민'을 어깨 위 필수 짐처럼 짊어지고 산다. 이 고민을 놓아버리면 큰일이라도 날 것처럼, 책임을 다하지 않는 것처럼 느끼기 때문이다. 하지만 대부분의 경우, 그 생각을 내려놓는다고 해서 정말로 큰일이 나는 일은 거의 없다. 오히려 그 반대인 경우가 훨씬 많다.

우리가 생각에 대해서 하는 가장 큰 착각 중의 하나는 '이 문제에 대해 더 많이 생각하면 더 좋은 해결책을 찾을 수 있을 거야'라고 믿는 것이다. 하지만 달라이 라마 존자는 이렇게 말씀하셨다.

"고민해서 해결되면 왜 고민하는가? 고민해서 해결되지 않을 일이면 또 왜 고민하는가?"

우리 역시 사실은 알고 있다. 달라이 마라 존자의 말씀처럼 생각만으로 해결되는 고민은 없다는 것을. 오히려 유익하지 않은 생각의 루프에 빠져 있을 때 우리는 현실을 있는 그대로 보지 못하고 최악의 결론 쪽으로만 치닫기 쉽다.

유익하지 않은 생각은
몸에도 그대로 각인된다

5세기 존경받는 불교 승려 붓다고사는 이와 관련해 석탄의 비유를 들었다. 화가 난 사람이 다른 사람에게 던지려고 뜨거운 석탄을 손에 꽉 쥐고 있으면 그 석탄에 가장 먼저 화상을 입는 것은 바로 자기 자신이라는 것이다. 유익하지 않은 생각도 마찬가지다. 그 생각을 계속 붙들고 있으면, 그 생각으로 인해 가장 먼저 다치는 사람은 바로 나다. 유익하지 않은 생각을 하는 동안 내 몸에서 스트레스 호르몬이 계속 분비되기 때문이다. 우리가 화를 내거나 불안해하거나 걱정에 잠겨 있을 때, 뇌의 편도체는 이를 위험 신호로 받아들인다. 그리고 즉각 스트레스 반응을 활성화한다. 이때 부신에서는 코르티솔이라는 스트레스 호르몬이 분비되고, 아드레날린이 혈류로 들어간다. 단기적으로는 이런 반응이 생존에 도움이 될 수 있다. 하지만 이 상태가 만성적으로 지속되면 문제가 시작된다. 유익하지 않은 생각을 반복하면 몸은 마치 실제 위기 상황이 계속 이어지는 것처럼 오해하고, 스트레스 호르몬을 계속 쏟아낸다. 높은 코르티솔 수치가 오래 유지되면 면역 시스템이 약해지고, 염증 반응이 증가하며, 심혈관 질환의 위험이 커진다. 또한 소화 기능이 저하되고, 수면의 질이 떨어지며, 기억력과 집중력에도 문제가 생긴다.

앞서 이야기한, 내가 가족과 다투고 화가 나서 공원 트랙을 맹렬하게 돌고 또 돌던 그날을 떠올려보자. 그때 나는, 가족의 문제를 해결하기 위해 치열하게 '생각 중'이라고 믿었다. 하지만 실제로는 분노와 짜증이라는 감정에 휩싸인 채 같은 생각만 계속 재생하고 있었을 뿐이다. 내 생각은 문제 자체에도, 나와 가족 관계에도 아무런 도움이 되지 못했다.

진짜 문제는 그런 상태에서 우리가 내리는 결정들이다. 감정에 휩

쏠려 있을 때 우리는 상황을 객관적으로 보기 어렵고 종종 주변 사람을 탓하거나 상황을 더 꼬이게 만드는 선택을 하기도 한다. 화가 난 상태에서 보낸 메시지나, 불안에 떨며 내린 급작스러운 결정 때문에 후회해본 경험, 한 번쯤은 있을 것이다.

스트레스 반응이 켜져 있을 때는 뇌의 전전두엽, 즉 합리적 사고를 담당하는 부분의 기능이 떨어진다. 대신, 감정을 담당하는 편도체가 과활성화되며 판단력이 흐려진다. 이런 상태에서는 아무리 오래 고민해도 현명한 해답을 찾기 어렵다.

그렇다면 이처럼 우리를 소진시키는 유익하지 않은 생각의 늪에서 어떻게 빠져나올 수 있을까?

이제부터는 그 방법을 하나씩 구체적으로 살펴보려고 한다.

유익하지 않은 생각에 대처하는

다섯 가지 단계

유익한 마음과 유익하지 않은 마음에 대한 유명한 체로키 인디언의 우화가 있다.

어느 날 현명한 할아버지가 손자에게 말했다.

"애야, 우리 마음속에는 두 마리의 늑대가 살고 있단다. 그리고 이 두 마리 늑대는 항상 싸우고 있지."

손자가 물었다.

"왜 싸워요?"

할아버지가 답했다.

"둘의 성격이 정반대라서 그렇단다. 검은 늑대는 화, 질투, 슬픔, 후회, 욕심, 오만, 자기 연민, 죄책감, 억울함, 열등감, 헛된 자존심, 우월감을 품고 있지. 하얀 늑대는 기쁨, 평화, 희망, 평온함, 겸손, 동정심, 친절, 자비, 공감, 너그러움, 진실, 연민을 품고 있단다. 이 두 마리 늑대의 싸움이 우리 마음 안에서 언제나 일어나고 있단다.”

손자가 다시 물었다.

“그럼 어떤 늑대가 이기나요?”

할아버지가 미소 지으며 말했다.

“네가 먹이를 주는 늑대란다.”

생각에 대한 알아차림을 경험하고 나면, 우리는 그동안 얼마나 자주, 얼마나 많이 검은 늑대에게 먹이를 주고 있었는지 깨닫게 된다. 그렇다면 검은 늑대가 나타났을 때 그것을 어떻게 다룰 수 있을까?

지금 바로 시도해볼 수 있는 다섯 가지 단계가 있다.

부정적 생각에 대처하는 다섯 가지 단계

1단계: 알아차림

가장 중요한 단계는 알아차림이다.

마음챙김 명상을 해왔다면 대부분 이런 경험을 한 번쯤은 해봤을 것이다. 유익하지 않은 생각이라는 익숙한 친구가 찾아왔을 때 ‘아 내가 또 이런 생각을 하고 있군. 네가 또 왔구나’라고 알아차리는 것이다.

나의 경우, 알아차림에 익숙해질수록 유익하지 않은 생각을 하고 그것을 알아차리는 간격이 점점 짧아졌다. 예전에는 생각을 한참 하고, 몸에서 스트레스 반응까지 다 겪은 뒤에야 '에고, 내가 또 이러고 있네…'라고 뒤늦게 알아차렸다면 지금은 그런 생각이 스멀스멀 떠오르기 시작할 때 비교적 빨리 알아채기 시작한 것이다. 신기하게도 어떤 생각은 그저 '내가 지금 이런 생각을 하고 있구나'라고 알아차리기만 해도 힘을 잃고 스르르 사라지곤 한다. 마치 아침 이슬이 풀잎 위에 맺혀 있다가, 해가 떠오르면 자연스럽게 증발해 버리는 것처럼.

2단계: 생각의 패턴 관찰

하지만 알아차렸다고 해서 생각이 바로 멈추는 것은 아니다. 유익하지 않은 생각이 꼬리에 꼬리를 물고 이어질 때가 있다. 그럴 때는 그 생각의 사슬을 호기심을 가지고 지켜본다.

유명한 식당에 갔는데 주문을 받으러 온 직원이 메뉴에 대한 질문에도 단답형으로 대답하고, 표정도 무뚝뚝하고, 목소리에도 약간의 짜증이 섞여 있다고 해보자. 그럴 때 우리는 보통 이런 생각을 떠올리기 쉽다. '내가 뭘 실수했나?' 혹은 곧바로 '아니, 왜 이렇게 불친절한 거야? 너무한 거 아니야?'라는 생각과 함께 화가 치밀어 오를 수도 있다.

그러면 주문하는 당신의 목소리도 점차 딱딱하고 퉁명스러워지고, 같이 온 일행은 차가워진 분위기에 당신의 눈치를 보기 시작한다. 그 모습을 본 당신은 괜히 일행에게 미안해지면서도 더 기분이 나빠지고, 속으로는 아까 그 직원이 얼마나 무례했는지, 자신이 얼마나 부당한 대우를 받았는지 계속 되뇌며 화를 정당화한다.

일행이 당신의 기분을 풀어주려고 다른 화제로 돌려도 그 이야기는 귀에 잘 들어오지 않는다. 머릿속에서는 여전히 억울하고 분하다는 생각이 돌아가고, 얼굴은 굳어지고, 어깨는 딱딱해지며, 심장은 두근거린다.

그러다가 문득 알아차림이 찾아온다.

'아, 그래 내가 또 이렇게 화를 내고 있구나.'

알아차렸다고 해서 화가 바로 사라지는 것은 아니다. 오히려 '명상까지 한다면서, 이렇게 작은 일에 여전히 화를 내고 있다니…'라는 생각에 자괴감이 들 수도 있다. 그럴 때는 그저 이런 감정을 느끼는 것이 인간으로서 자연스러운 일이라는 것을 먼저 스스로에게 허락해준다. 그리고 머릿속에 떠오르는 생각을 억지로 막거나 밀어내려 하지 않고, 호기심을 가지고 바라본다.

'왜 이렇게 기분이 나쁜 거지? 아, 내가 지금 저 사람이 나를 무시한다고 생각해서 화가 났구나. 아까 회의 시간에도 내 이야기를 들어주지 않은 상사 때문에 정말 화가 났는데, 여기서도 또 누군가가 내 얘기를 가로막는 것처럼 느껴져서 더 화가 나는 거구나.'

이렇게 내 생각의 흐름이 보이기 시작하면, 마음이 조금씩 차분해진다. 그러고 나서야 비로소 주문받는 직원의 상황이 눈에 들어온다. 식당 안은 만원인데 주문과 서빙을 맡은 직원은 단 두 명뿐이다. 계속 손님들이 들어와 "언제까지 기다려야 하냐"고 묻고 있다. 나에게 불친절했던 직원은 이미 에너지가 다 소진된 듯, 다른 테이블에서도 똑같이 비슷한 표정과 말투로 주문을 받고 있다.

그제야 깨닫는다. 그 직원이 '나에게만' 무례했던 것이 아니라는 것을. 그 상황이라면 누구라도 그렇게 할지 모른다는 것을. 그다음에 어떤 일이 일어날까? 갑자기 그 직원에 대한 화가 모두 사라지고 기분이 확 좋아지지는 않더라도 분명 마음이 조금 가벼워질 것이다.

우리는 어깨에 하얗고 부드러운 감정이라는 목화솜을 이고 나니는 지게꾼과 비슷하다. 처음 목화솜은 아주 가볍다. 하지만 우리가 부정적 생각을 반복할 때마다 그 솜 위로 물방울이 하나씩 떨어진다.

"저 사람이 나를 무시했어." 한 방울.

"정말 기분 나빠." 또 한 방울.

"왜 나한테만 이러는 거야." 또 한 방울.

이렇게 부정적 생각을 할 때마다 목화솜은 점점 더 많은 물을 머금게 되고, 처음에는 가볍던 짐이 어느새 어깨를 짓누르는 무거운 부담으로 변해 버린다.

그런데 어느 순간 '아, 내가 지금 하고 있는 이 생각이 목화솜에 떨어지는 비와 같구나' 하고 알아차리게 되면, 마치 구름 사이로 따뜻한 햇빛이 스며드는 것처럼 알아차림의 빛이 젖은 목화솜을 비추기 시작한다.

목화솜 안의 물이 바로 증발하지는 않는다. 하지만 알아차림이라는 햇빛이 천천히 그 습기를 말려가기 시작하고, 어느 순간 축축했던 마음이 다시 보송보송해지는 순간을 경험하게 된다.

3단계: 주의 돌리기

유익하지 않은 생각에서 빠져나오는 방법으로, 우리가 명상을 배우기 훨씬 전부터 이미 일상에서 자주 사용한 것이 있다. 바로 '주의 돌리기'다. 머리가 복잡할 때 그 생각을 하지 않기 위해 무심코 유튜브를 켜거나, 술을 마시거나, 게임을 하는 식이다. 명상을 하고 있는 우리 역시 '주의 돌리기'를 사용할 수 있다. 다만 차이가 있다면, 이제는 '알아차림'과 '의식적 선택' 위에서 한다는 점이다.

예전에는 내가 어떤 생각을 하고 있는지, 지금 감정 상태가 어떤지 잘 모른 채 '아, 머리 아파. 아무것도 하기 싫어. 그냥 유튜브나 볼래'라며 무작정 다른 데로 도망쳤다면, 알아차림이 생긴 후에는 먼저 인식하게 되었다. '아, 지금 나는 과거의 일을 후회하고 있구나', '지금 내 어깨에 긴장이 잔뜩 올라와 있구나', '화가 나는 감정이 떠오르고 있구나.'

그러고 나서 '그래, 지금 이 생각을 계속해 봤자 같은 자리만 빙빙 돌겠지'라고 인식한 뒤, 의도적으로 주의를 다른 곳으로 돌린다.

나의 경우, 마보팀 미팅 후 불안이 올라오거나 팀원들과 가벼운 의견 충돌이 있으면 운동화를 신고 마보홈 뒤에 있는 인왕산에 오른다. 내가 '명상바위'라고 이름 붙인 바위까지 올라갔다가 내려오는 루틴이다. 걷는 동안 새소리, 나무 냄새, 그날그날의 바람과 날씨를 느끼다 보면 어느새 마음이 조금씩 가벼워진다. 명상바위는 산등성이 근처에 있다. 그곳까지 올라가면, 날씨가 좋을 때는 멀리 잠실 롯데타워까지 한눈에 들어온다. 그 바위에 앉아 장난감 집처럼 작아진 고층 빌딩과 아파트들을 내려다보면서, 멀리서 들려오는 도시의 소음을 듣고 있으면, 조금 전까지 나를 짓누르던 고민이 아득히 멀고 작게 느껴진다.

고민이 더 크고 무거울 때는 하루를 잡아 넷플릭스에서 보고 싶었던 드라마나 영화를 몰아 보기도 한다. 카페에 가서 책을 읽는 것도 좋다. 물론 일상에서 틈틈이 유튜브 쇼츠나 인스타그램 유머 계정을 보며 피식 웃는 것 역시 빼놓을 수 없는 소소한 기분 전환 방법이다.

이쯤에서 누군가는 이렇게 반박하고 싶을 수도 있다.

"그 정도 고민이라면 그래도 되겠죠. 그런데 저는 정말로 심각한 걱정이 많아요. 당장 취업이 안 돼서 힘들고, 사업이 어려워서 힘들고, 아이가 학교에 적응하지 못해서 힘든데, 좀 걷고 영화 한 편 본다고 뭐가 달라지겠어요?"

맞는 말이다. 유튜브를 보고 있어도, 영화를 보고 있어도, 머릿속에서 계속 고민이 튀어나와 내용이 하나도 귀에 안 들어오는 경우가 있다. 그럴 때 내가 자주 쓰는 방법 중 하나는, 아예 그 모든 생각의 빗줄기를 정면으로 맞고 앉는 것이다. 눈을 감고 앉아서 명상한다는 생각도 잠시 내려놓고, 떠오르는 생각의 흐름을 끝까지 쫓아가보는 것이다. 내가 상상하는 최악의 상황이 어떤 모습인지, 그 지점까지 가보는 것이다.

4단계: 최악의 상황 상상하기

2024년 중반, 내가 운영하는 명상 앱 스타트업 '마보'는 상당히 힘든 시기를 겪고 있었다. 투자를 받지 못하고, 정부 지원사업도 연달아 떨어졌다. 당시 회사에 남아 있는 현금으로는 팀원들 전체의 월급을 몇 달이나 버틸 수 있을지 계산하는 것이 일상이었다. 그 무렵 나는 나름대로 스트레스를 잘 견디고 있다고 생각했지만, 그때 찍힌 사진을 보면 정수리 쪽으로 흰머리가 유난히 많이 올라와 있다. 명상 자세로 앉기만 하면, 머릿속에서는 자동으로 같은 생각이 재생되었다. '회사에 남은 돈으로 몇 달이나 버틸 수 있지?', '이젠 진짜 안 되겠구나', '오래 함께해준 팀원들에게 뭐라고 말해야 하지?', '그들은 잘못한 게 하나도 없는데…' 무능력한 대표라는 자괴감과, 앞으로 다가올 일에 대한 막연한 두려움이 고장 난 라디오처럼 반복 재생되고 있었다.

그러던 어느 날, 이런 생각으로부터 도망치거나 딴 데로 주의를 돌리는 것이 너무 지긋지긋하다는 생각이 들었다. 그래서 결심했다.

'좋아, 한 번 끝까지 가보자.'

명상 자세로 앉아, 회피하지 않고 이 생각의 끝을 보기로 했다.

생각을 끝까지 따라가자, 내가 떠올린 최악의 시나리오는 마보가 망하는 것이었다.

'그래, 마보도 망할 수 있지.'

그렇다면 마보가 망한다는 것은 구체적으로 어떤 일일까?

먼저, 직원들에게 정리해고를 알려야 한다. 함께 꿈을 꾸며 일했던 동료들과 우리를 믿고 투자해 준 투자자들의 실망한 얼굴을 마주해야 한다. 오랫동안 마보를 사용해 준 마보 가족들에게도 미안하다고 인사해야 한다. 그다음에는 사무실을 정리해야 한다. 정든 마보홈을 떠나, 매물을 내놓고, 남은 빚을 정리해야 한다.

그리고 나는? 40대 후반의 나이에 다시 이력서를 써야 한다. '전 직장: 명상 어플 마보'라고 적어 넣으면서. 당장 살 곳이 마땅치 않아 부모님 댁으로 들어가야 할지도 모른다.

"마보 요즘 어때요?"라는 안부 인사가 두려워 한동안 지인들을 일부러 피하게 될 수도 있다. 몇 억의 빚을 안고 새로운 직장을 구하거나, 프리랜서로 일하면서 매달 일정 금액을 조금씩 갚아야 할 것이다. 그것도 몇 달, 몇 년이 아니라 어쩌면 몇십 년 동안.

여기까지 생각이 닿았을 때, 신기하게도 이런 생각이 스쳤다.

'음… 생각보다 괜찮겠는데?'

물론 쉽지는 않을 것이다. 힘들고 버거운 시간이 길게 이어질 것이다. 하지만 곰곰이 따져 보니, 그것이 인생의 끝은 아니라는 사실이 보이기 시작했다.

'사업이 망한 거지, 인생이 끝난 건 아니잖아. 투자자들과 동료들에게는 끝까지 할 수 있는 도리를 다하면 되지. 빚은? 갚아야지. 나만 빚 있나? 몇십 억 빚도 갚는 사람들이 있는데, 나도 언젠가는 갚을 수 있겠지. 십 년, 이십 년 걸리더라도 갚으면 되는 거고. 그래도 건강하면, 어떻게든 살아지겠지.'

생각의 끝을 보고 나니, 그 끝에는 그저 현실이 있었다. 장밋빛 미래는 아닐지라도, 누구나 겪을 수 있고, 누군가는 이미 살아내고 있는 그런 현실 말이다. 막연한 공포였을 때는 덩어리진 어둠처럼 느껴졌던 미래가, 구체적으로 그려지는 순간 "내가 감당할 만한 수준의 어려움"으로 조금씩 바뀌어갔다.

마크 트웨인은 이렇게 말했다고 한다.

"나의 삶은 끔찍한 일로 가득했다. 그 대부분은 실제로 일어나지 않았지만."

우리는 늘 인생에서 최악의 시나리오를 상상하며 살지만, 정작 그런 일들은 거의 일어나지 않는다.

그리고 설사 정말로 어려운 일이 닥친다 하더라도, 기억해야 할 것이 하나 있다. 우리는 스스로 생각하는 것보다 훨씬 강하다.

5단계: 삶의 유한성에 대한 생각

4단계까지 모두 시도해 봤는데도 아직 떠나지 않는 고민이 있다면 이제 우리는 삶의 본질을 정면으로 마주해야 한다.

바로 삶의 유한성, 즉 내가 곧 죽을 존재라는 사실 말이다. 자신에게 이렇게 물어볼 수 있다. '내가 100년 안에, 50년 안에, 20년 안에, 10년 안에 죽을 수도 있는데, 이 고민이 정말 지금 내 삶의 한 부분을 차지할 정도로 중요한 일인가?'

구글의 마음챙김 명상 프로그램을 한국 기업들에 알리는 일을 해 보겠다고 마음먹고 본격적으로 나섰던 2013년 당시, 그 이야기를 주변에 전했을 때 사람들은 명상에 대한 선입견 때문에 대부분 고개를 저었다. 나 역시 어디서부터 무엇을 어떻게 시작해야 할지 몰라 막막했다.

대학 졸업 후, 회사에 다니며 매달 정해진 월급을 받는 삶에 익숙해져 있던 내게, 통장 잔고가 점점 줄어드는 경험은 그 자체로 큰 두려움이었다. 30대 중반, 불확실한 미래에 대한 걱정으로 힘들었을 때, 그리고 해결되지 않은 미움과 원망이 계속 떠오를 때마다 아이러니하게도 나에게 위로가 되었던 것은 "나는 언젠가 죽고 사라질 작은 존재"라는 사실을 인정하는 일이었다.

그즈음 녹음했던 마보의 콘텐츠 〈고민이 있을 때 걸으면서 하는 명상〉은 바로 그런 깨달음에서 탄생한 것이었다. 이 명상은 도심 거리를 걸을 때나 운전을 할 때, 혹은 앉아 창밖 풍경을 바라볼 때도 할 수 있다.

방법은 단순하다. 평소처럼 걸으면서 내 시선이 닿는 모든 살아 있는 것들, 사람이 만든 것들을 바라본다. 그러고 나서 마음속으로 조용히 말한다.

"지금 내 눈앞에 보이는 대부분의 것은 100년 전에는 없었고, 앞으로 100년 후에도 여기 없을 것이다."

길을 걸으며 스쳐 지나는 사람들을 둘러본다. 100년, 50년, 30년 뒤에는 이곳에 없을지도 모른다.

나 역시 마찬가지다.

이런 생각이 올라올 때 어떤 마음이 드는가?

저항감일 수도 있고, 두려움일 수도 있다. 어떤 마음이 올라와도 괜찮다. 그저 있는 그대로 느껴본다.

이 글을 읽고 있는 우리 대부분은 100년 후에는 이 자리에 없다. 사실 50년 후에도, 심지어 내일 이 시간에도 여기에 있을지 아무도 모른다. 그렇다면 지금 붙잡고 있는 이 고민도 결국은 사라질 것이다. 이 지구상에 왔다 간 수많은 사람이 100년도 안 되는 짧은 시간 동안 많은 고민과 좌절, 실망을 겪었지만, 그 어떤 고민도, 좌절도, 실망도 영원히 계속된 것은 없었다.

우리에게 주어진 시간이 한정되어 있듯, 우리의 고민도 마찬가지다. 아무것도 영원하지 않다. 내 눈앞에 보이는 모든 것이 지금 이 순

간에는 분명 존재하지만, 언젠가는 사라질 것이라는 사실을 느끼며
걷다 보면 지금 이 순간이 전혀 다른 결로 다가온다.

그때 문득 이런 마음이 들 수도 있다.
'어차피 한 번뿐인 인생인데, 두려움 때문에 아무것도 하지 않고
서 있느니, 그냥 내 마음이 시키는 대로 한 번 해보자.'
마음챙김 명상을 통해 현실의 본질을 보기 시작하면, 삶을 대하는
관점이 서서히 넓어지기 시작하며 "모든 조건 지어진 것은 조건이
사라지면 함께 사라진다"는 붓다의 가르침을 조금씩 이해하게 된다.
삶을 대하는 관점이 넓어진다는 선 마치 작은 찻잔에 검은 잉크 한
방울을 떨어뜨리는 것과, 큰 냄비에 같은 잉크 한 방울을 떨어뜨리는
것의 차이와 같다. 똑같은 잉크 방울이지만, 그것이 담긴 그릇의 크
기에 따라 우리가 보게 되는 색의 진함은 완전히 달라진다.
우리의 고민도 마찬가지다. 삶 전체라는 더 큰 그릇에서 바라보면,
지금 당장 나를 숨 막히게 만드는 고민이 그리 절대적인 것이 아닐지
도 모른다.

5단계 모두 기억해야 할 것
: 호박고구마의 지혜

마지막으로, 지금까지 이야기한 5단계를 모두 거치며 우리가 함께 기억하면 좋을 마음가짐이 있다. 바로 삶에 대한 약간의 유머 감각이다.

과거 인기 시트콤의 한 장면이 아직도 기억에 남는다.

시어머니가 '호박고구마'를 자꾸 '고구마호박'이라고 부르자, 이성적이고 완벽주의적인 며느리가 결국 참지 못하고 말한다.

"어머님, 호박고구마예요. 호-박-고-구-마!"

한 글자씩 또박또박 교정해준 것이다.

평소 며느리가 얄미웠던 시어머니는 감정이 북받쳐 결국 참다못해 "호박고구마!"라고 소리치며 숟가락을 내던지고, 아이처럼 엉엉 울음을 터뜨린다.

온 가족이 어찌할 바를 몰라 황당하고 어색한 공기 속에 굳어 있던 바로 그 순간, 놀라운 일이 벌어진다.

눈물을 터뜨린 지 10초도 채 지나지 않아, 시어머니가 언제 그랬냐는 듯 훌쩍 울음을 멈추고 다시 태연한 얼굴로 숟가락을 들어 밥을 먹기 시작한 것이다.

우리 인생의 수많은 고민이 사실 이런 '호박고구마' 같은 장면일지도 모른다. 그 순간에는 정말 세상이 끝날 것처럼 심각하고, 나의 존재와 가치 전체가 걸린 문제처럼 느껴진다. 상사가 나를 미워하는 것 같다는 생각, 친구가 메시지 답장을 늦게 보내 서운한 마음, 아이의 성적이나 태도 때문에 드는 걱정들.

그때는 모두가 인생의 전부인 것처럼 무겁게 다가온다. 하지만 시간이 조금 흐르고 나면, 문득 이런 생각이 든다.

"내가 그때 왜 그렇게까지 심각했을까?"

그리고 결국 웃게 된다. 그저 인생을 스쳐 지나가는 해프닝 중 하나였음을 깨닫게 된다.

그러니 이런 생각들이 나를 사로잡을 때 이렇게 말해보면 어떨까?

"음… 내 생각이 지금 '호박고구마'네."

이 한마디만으로도 머릿속이 조금 시원해질 수 있다. 방금 전까지 진지하게 고민하던 내 모습이 조금 우스꽝스럽게 느껴지기도 한다. 나를 짓누르던 생각의 무게가 순간 툭, 가벼워지기도 한다.

그래서 나는 마보 참가자들에게 종종 이렇게 말하곤 한다.

"지금 고민하는 당신을 떠올려 보세요. 마치 드라마의 주인공 같지 않나요? 그 장면 뒤에 어떤 배경음악이 흐르고 있을지 한 번 상상해보세요. 당신은 시트콤의 주인공이 될 수도 있고, 막장 드라마의 주인공이 될 수도 있고, 잔잔한 멜로 드라마의 주인공이 될 수도 있어요."

결국 호박고구마든, 고구마호박이든 맛있게 먹으면 그만이다. 그 시트콤 속 시어머니처럼, 잠시 울컥했다가도 10초 뒤에는 다시 숟가락을 들고 밥을 먹을 수 있는 것.

그게 바로 인간의 놀라운 회복력이다.

작은 상자 같은 머릿속 생각에만 갇혀 고통받기보다는, 때로는 그 생각들을 '호박고구마'라고 부르며 한 번 웃어보자. 그러면 어느새 마음이 한결 가벼워져 있을 것이다.

자주 걸려 넘어지는 생각의 패턴 발견하기

이 연습에는 특별한 공간이 필요하지 않습니다. 일상생활에서, 특히 걷거나 이동할 때, 혹은 잠시 창밖을 바라볼 때 시도할 수 있습니다.

이 연습은 우리가 무의식적으로 반복하는 생각의 패턴을 알아차리고, 그 생각들과 건강한 거리를 두는 법을 배우는 훈련입니다.

◆ 내 마음의 날씨 관찰하기

우리는 얼마나 자주 우리 마음속 생각의 날씨를 들여다볼까요? 혹시 과거에 대한 후회의 먹구름이나 미래에 대한 불안의 안개 속에서 살고 있지는 않은지 살펴봅니다.

마음챙김을 알기 전, 저는 고민이 생기면 늘 습관처럼 '일단 밖으로 나가 걷는 것'을 선택했습니다. 걷다 보면 복잡했던 생각이 정리되는 것 같았습니다. 나중에야 그것이 일종의 걷기 명상이었다는 것을 알게 되었습니다. 하지만 고민이 너무 클 때는 걷는 동안에도 오히려 그 생각에 더 깊이 빠져들어 마음이 더 무거워질 때도 있었습니다.

이 연습은 생각 속으로 빠져드는 대신, 생각의 본질을 꿰뚫어 보는 훈련입니다. 특히 반복적으로 떠오르는 유익하지 않은 생각들, 즉 페마 초드론 스님이 말한 '갈고리'에 걸렸을 때 아주 유용합니다. 이 연습을 통해 우리는 생각의 굴레에서 한 발 물러나, 삶을 더 큰 관점에서 바라보는 법을 배울 수 있습니다.

- 앞으로 한 주 동안, 당신의 생각을 계속 바라보고 관찰하며 알아차려 보세요.
  - 어떤 생각은 유익했는지
  - 어떤 생각은 유익하지 않았는지 구분해보고
  - 그 기준은 무엇이었는지도 떠올려봅니다.

유독 당신을 자주 '걸려 넘어지게 하는' 생각의 패턴을 발견하게 될지도 모릅니다.
매일 잠들기 전, 그 생각들이 무엇이었는지, 그리고 그 생각들이 떠올랐을 때 당신의 몸과 마음은 어떻게 반응했는지 일기를 써보는 것도 좋습니다.

유익하지 않은 생각이 계속 떠올라 마음이 힘들 때, 이제 소개할 '걷기 명상 가이드'를 따라 걸어보거나 그 내용을 조용히 떠올리며 마음속으로 되새겨볼 수 있습니다. 연습이 끝난 뒤, 내 마음이 어떻게 달라졌는지 몇 줄이라도 글로 남겨보는 것 역시 스스로에 대한 깊은 통찰을 키우는 데 큰 도움이 됩니다.

◆ **명상 가이드**

: 고민이 있을 때 걸으면서 하는 명상

- 자, 만약 산책하러 나왔다면 평소 걷는 방식대로 걸어봅니다.

  이 연습은 발바닥의 감각에만 집중하는 전통적인 걷기 명상이 아닙니다.

- 걷고 있는 몸의 감각에 주의를 두되, 특히 지금 내 시야에 들어오는 모든 것을 의식적으로 바라봅니다.

  길을 걸으면서 스쳐 가는 사람들, 자동차, 건물, 나무, 하늘 … 내 눈앞에 펼쳐진 이 모든 장면을 천천히 둘러봅니다. 그러고 나서 마음속으로 조용히 말해봅니다.

  "지금 내 눈앞에 보이는 이 모든 것은 100년 전에는 대부분 없었던 것입니다. 그리고 앞으로 100년 후에도 여기 없을 것들입니다."

  다시 한번 말해봅니다.

  "이 모든 것은 100년 전에는 여기 없었습니다. 그리고 앞으로 100년 후에도 여기 없을 겁니다."

- 이번에는 주변 사람들을 둘러봅니다.

  100년 후, 아니 50년 후에는 여기 있는 이들 대부분이 이 자리에 없을 것입니다. 30년 후에도 누군가는 이곳에 없을 것입니다.

  나도 마찬가지입니다.

- 이때 내 안에서 어떤 생각이 떠오르는지 살펴봅니다.

  어떤 생각이 올라오나요? 저항감? 두려움? 허무함? 어떤 마음이 올라와도 괜찮습니다. 그저 있는 그대로 느껴봅니다.

그리고 다시 생각해 봅니다.

'우리는 모두 100년 후에는 여기 없을 겁니다. 사실 50년 후에도 여기에 있을지 없을지 알지 못합니다. 당장 내일이라도 여기 있을지 없을지 아무도 알지 못합니다.'

그렇다면 지금 내 마음을 짓누르는 이 고민 역시 결국에는 사라질 것입니다. 이 지구 위를 지나간 수많은 사람이 100년도 안 되는 시간 동안 수많은 걱정과 좌절, 실망을 겪고 살았지만, 어떤 걱정도, 어떤 좌절도, 어떤 실망도 영원히 계속되지는 않았습니다.

지금 내 눈앞에 보이는 모든 것이 이 순간에는 분명히 존재하지만, 언젠가는 사라질 것이라는 사실을 느끼며 이 길을 걸어봅니다. 그리고 이렇게 스스로에게 물어봅니다.

"이렇게 생각하고 이 풍경을 바라볼 때, 지금 이 순간이 나에게 어떻게 다가오는가?"

그 느낌을 조용히 느껴봅니다. 그리고 마음속으로 다짐해 봅니다.

"나는 이 경험을 기억하며, 앞으로 남은 순간들을 조금 더 의식적으로, 조금 더 넓은 마음으로 살아가보겠다."

고통의 원인 들여다보기: 핵심 믿음

끈질기게
떠오르는

생각의 근원

지금까지 수행을 이어오며 끊임없이 생각이 떠오른다는 것을 알아 차렸는가? 그리고 생각의 물줄기를 어느 정도 바꿀 수 있다는 것도 경험했는가? 가벼운 생각은 대개 그냥 떠올랐다가 사라진다는 것을 느꼈을 것이다. 그러나 어떤 생각은 다르다. 계속해서 되돌아오고, 유난히 무겁고 끈적거려 강력한 자석처럼 우리의 주의를 붙잡아 깊은 감정의 소용돌이 속으로 끌고 들어간다.

왜 그럴까?

그 생각들이 우리 마음 깊은 곳에 뿌리내린, 더 근원적인 생각에서 뻗어 나온 가지들이기 때문이다. 불교심리학에서는 우리 마음 가장 깊은 곳에 거대한 '창고' 같은 층이 있다고 본다. 이 '감추어진 의식' 은 우리가 태어나 지금까지 경험한 모든 말과 생각, 행동의 '씨앗'을 빠짐없이 저장하는 무의식의 영역이다. 우리가 어떤 말, 생각, 행동을 할 때마다 그에 상응하는 씨앗이 이 창고에 심어진다. 그리고 같은 종류의 씨앗이 반복해서 심어지면, 그 씨앗은 점점 더 강력한 힘을 갖게 되고, 습관이 된다. 습관의 힘이 강력해지면, 우리가 세상을 인식하는 방식을 결정짓는 필터가 된다. 이것이 현대 심리학에서 말하는 '핵심 믿음(Core Belief)'의 불교적 설명이다.

핵심 믿음
: 나와 세상을 보는 안경

핵심 믿음이란 나와 타인 혹은 이 세상이 돌아가는 방식에 대해 우리가 갖고 있는 확고한 생각이며, 자기 자신과 다른 사람들 그리고 세상을 바라보는 근본적인 관점이자 안경이다. 이 안경은 대부분 우리가 아주 어렸을 때, 세상에 대한 정보가 거의 없던 시기에 만들어진다. 부모님이나 주변 어른들의 말 한마디, 어떤 특정한 경험, 혹은 사회와 문화가 우리에게 주입한 가치가 모여 '나는 이런 사람이야', '세상은 이런 곳이야', '사람들은 나를 이렇게 대할 거야'와 같은 무의식적인 기본값(default setting)을 설정하는 것이다.

예를 들어, 아이가 어떤 일을 '잘 해냈을 때만' 칭찬과 사랑을 주는 부모 밑에서 자랐다면, 아이의 마음속에는 '나는 잘해야만 사랑받을 수 있다'는 믿음이 새겨진다. 늘 비판적이고 엄격한 부모에게 양육되었다면 '나는 늘 부족한 사람이야'라는 믿음을 갖기 쉽다. 불안이 높은 부모가 세상을 위험한 곳으로만 묘사했다면, 아이는 '세상은 믿을 수 없는 위험한 곳'이라는 안경을 쓴 채 세상을 보게 된다.

이렇게 형성된 믿음은 단순한 생각을 넘어, 세상을 경험하고 해석하는 무의식적 운영체제가 된다. 특히 어린 시절의 고통스러운 경험, 즉 트라우마는 핵심 믿음을 형성하는 데 결정적 역할을 한다. 트라우마 연구의 세계적 권위자 베셀 반 데어 코크(Bessel van der Kolk) 박사는 《몸은 기억한다》에서 트라우마가 단순히 과거의 슬픈 기억이 아니라, 뇌의 구조와 기능을 실제로 바꾸는 생물학적 사건임을 강조했다. 트라우마는 뇌의 경보 시스템인 편도체, 즉 '연기 감지기'를 극도로 예민하게 만든다. 이로 인해 트라우마로 각인된 경험은 사소한 자극에도 쉽게 경보를 울리게 만든다. 반면, 이성적 판단과 감정 조절을 담당하는 전전두피질, 즉 경보가 진짜인지 가짜인지 판단하는 '관제탑'의 기능은 약화된다.

그 결과, 머리로는 '지금 안전하다'는 사실을 알면서도, 몸은 계속해서 과거의 위협이 재현되는 것처럼 느끼고 반응하게 된다. 바로 이 지점에서 '나는 안전하지 않아', '세상은 위험한 곳이야'라는 핵심 믿음이 현실처럼 펼쳐진다.

또 다른 트라우마 전문가 가보르 마테(Gabor Maté) 박사는 아이에게 가장 중요한 생존 조건은 부모와의 '애착'이라고 말한다. 아이는 자신의 진정한 감정을 표현했을 때 부모가 그것을 받아주지 못하고

힘들어 하면, 부모와의 애착 관계를 유지하기 위해 자신의 감정을 억
누르는 법을 배운다.

예를 들어, 아이가 화를 냈을 때 부모가 불안해하거나 거부하면,
아이는 생존을 위해 이렇게 결론 내린다. '화는 나쁜 감정이야. 나는
화를 내면 안 돼. 착하게 행동해야만 사랑받을 수 있어.' 이것이 바로
스스로를 보호하기 위해 만들어 낸 핵심 믿음이다.

문제는 이런 핵심 믿음이 우리가 성인이 된 후에도 마치 자동 조
종 장치처럼 작동한다는 점이다. 우리는 스스로 선택한다고 생각하
지만, 실제로는 어린 시절 형성된 이 무의식적 프로그램에 따라 살아
가는 경우가 많다. 어떤 사람과 관계를 맺을지, 어떤 일을 선택할지,
어떤 상황에서 어떻게 반응할지까지도 이 핵심 믿음의 영향을 받는
다. 이 믿음들은 원래 어린 시절의 나 자신을 보호하기 위해 만들어
졌지만, 성인이 된 후에는 오히려 우리의 성장과 행복을 가로막는 보
이지 않는 감옥이 된다. 마치 정원을 가꿀 때 잡초의 잎만 잘라내면
금세 다시 자라나는 것처럼, 우리를 괴롭히는 생각을 잠시 잠재운다
해도 그 뿌리가 되는 핵심 믿음을 들여다보지 않으면 비슷한 고통은
계속해서 반복될 수밖에 없다. 그래서 마보 과정에서는 명상을 통해
알아차림의 힘이 어느 정도 길러졌을 때, 함께 용기를 내어 우리의
삶을 지배해왔던 이 뿌리 깊은 핵심 믿음을 함께 들여다보는 작업을
시작한다.

고통의 순간에 피어나는 지혜
: 레인(RAIN) 명상

이 깊은 여정을 안내할 훌륭한 지도가 있다. 존경하는 미국의 명상 스승이자 임상심리학자인 타라 브랙(Tara Brach) 박사가 대중화시킨 '레인(RAIN)'이라는 마음챙김 명상법이다.

'레인'은 우리가 고통스러운 감정과 생각에 압도될 때, 그것을 회피하거나 억누르는 대신 자비로운 알아차림으로 마주하도록 돕는 네 단계의 과정을 의미한다.

이는 단순히 심리적 기법을 넘어, 초기 불교 경전에서 강조하는 통찰(Vipassanā)과 자비(Mettā) 수행의 정수가 현대적으로 녹아 있는 지혜의 실천법이다. 이 명상에 대한 자세한 설명은 타라 브랙의 책《삶에서 깨어나기》에 잘 정리되어 있다.

레인(RAIN)은 다음 네 가지 영어 단어의 첫 글자를 딴 것이다.

• R – Recognize(알아차리기): 지금 일어나고 있는 것을 인식하라

지금 내 안에서 무슨 일이 일어나는지 인식하는 단계다.

'아, 불안감이 올라오는구나', '가슴이 답답하네', '나는 쓸모없다는 생각이 또 드는구나' 하고 명확하게 알아차린다.

• A – Allow(허용하기): 있는 그대로 허락하라

알아차린 경험을 밀어내거나 바꾸려 하지 않고, 그냥 그대로 있도록 허용하는 것이다. 우리는 불편한 감각이나 감정을 느끼기 싫어서 즉시 다른 생각으로 도망치거나 외면하곤 한다.

허용은 이렇게 말해주는 것과 같다. '괜찮아, 지금은 불안해도 괜찮아. 이 느낌, 잠시 여기에 머물러도 좋아.' 이것은 고통에 동의하거나 굴복하는 것이 아니라, 불필요한 저항을 멈추고 현실을 있는 그대로 마주하는 첫걸음이다.

• I – Investigate(탐색하기): 내면의 경험을 다정하게 조사하라

친절하고 호기심 어린 태도로 그 경험을 탐색하는 단계다. 이것은 분석하거나 비판하는 것과는 다르다.

'이 불안감은 몸의 어디에서 가장 강하게 느껴질까?'

'이 감각과 함께 떠오르는 생각은 무엇이지?'

'이 경험의 가장 힘든 부분은 무엇일까?'

'이 순간 내가 믿고 있는 것은 무엇인가?'

뒤에서 더 다루겠지만 이 단계에서 우리는 스스로에게 질문을 던지며 부드럽고 친절하게 자신의 핵심 믿음을 탐색하게 된다.

• N – Nurture/Non-Identification(보살피기 / 동일시하지 않기):
스스로의 여리고 연약한 부분을 자비심으로 돌보아라

탐색을 통해 드러난 내면의 연약한 부분에 따뜻한 보살핌을 보내주는 것이다.

내 안의 상처받은 아이에게 '많이 힘들었구나' 하고 다정한 말을 건네거나, 스스로를 부드럽게 안아주는 상상을 할 수도 있다. 그리고 이 모든 경험이 '나'라는 존재의 전부가 아님을 깨닫는 것이다. 나는 분노 그 자체가 아니고, 불안 그 자체가 아니며, '나는 쓸모없다'는 믿음 그 자체도 아니다.

나는 이 모든 것을 알아차리고 있는, 더 크고 고요한 의식, 저 파란 하늘과 같다는 것을 기억해 내는 것이다.

양파 껍질처럼 쌓여 있는
나의 핵심 믿음 마주하기

나에게 '깨달음'의 경험은, 명상 중 일어나는 신비한 경험이 아니라 오히려 RAIN작업을 통해 겹겹이 쌓인 수많은 핵심 믿음을 발견해 나가는 과정이었다. 나는 이것을 '양파 껍질 벗기기'라고 표현한다. 최근 마보 수업에서 참가자들에게 "부정적 생각의 소용돌이로 걸려들게 하는 생각을 관찰해보라"는 숙제를 내드린 바로 다음날, 나에게 또 깨달음의 기회가 찾아왔다.

남편의 생일날, 조촐하게 가족 모임으로 우리 부모님을 모시고 점심을 먹기로 했다. 남편이 싱가포르 사람이기 때문에, 장소 선정부터 음식까지 대부분 내가 정하고, 통역 역할도 해야 한다. 그래서 부모님과의 만남은 늘 '뭔가 잘 해내야 한다'는 부담감을 안겨주곤 한다.

그날은 남편이 좋아하는 북촌의 작은 한식당에서 부모님을 뵙기로 했다. 점심시간이라 대기 손님도 많았고, 식당 앞에 딱히 기다릴 곳도 없어 부모님께서 앉아 계실 자리를 찾느라 우왕좌왕했다. 강한 햇볕 아래에서 20분 정도를 서서 기다린 뒤에야 겨우 자리를 잡았다.

자리에 앉은 뒤, 어머니가 주문 전 화장실을 다녀오시고는 이렇게 말씀하셨다.

"에고, 화장실이 그렇게 깨끗하지는 않네."

그 순간부터 '괜히 여기서 뵙자고 했나?'라는 생각이 올라오면서 가슴이 답답하고 불편해졌다. 그러던 중이었다. 주문하고 근황 이야기를 나누다 어머니가 웃으면서 건네신 한마디가 나에게 딱 걸려버렸다. 평소 같으면 웃음으로 넘길 말이었는데, 그날은 이미 쌓여있던 심리적 긴장 때문이었는지, 나를 비난하는 것처럼 들리는 그 말 한마디에 폭발하고 말았다.

나는 정색하며 어머니께 물었다.

"엄마는 꼭 그렇게 얘기하셔야 돼요?"

어머니는 나의 강한 반응에 놀라신 듯했다. 우리 사이에는 몇 번의 날카로운 말이 오갔고, 겨우 식사를 마친 뒤 어색하게 식당을 나섰다. 아버지는 어머니 옆에, 남편은 내 옆에, 그렇게 따로 떨어져 사람들로 붐비는 거리를 걸으며, 나는 내 안에서 일어나는 소용돌이를 관찰하기 시작했다.

누군가와의 갈등의 순간, 우리 내면에서는 대개 이런 대화의 패턴이 반복된다.

먼저 나의 화를 정당화하는 소리가 계속 들려온다.

'엄마가 어떻게 나에게 이런 말을 할 수 있어.', '우리 엄마는 옛날에도 이랬어.'

그러면서 예전에 어머니에게 상처받았던 기억까지 줄줄이 떠오른다. 그 기억들이 지금의 분노를 뒷받침해주며, 나의 화를 정당화하는 생각의 회로가 쉼 없이 돌아간다.

그 물결이 한번 지나가고 나면, 이번에는 후회가 밀려온다.

'그래도 내가 거기서 그런 말을 하면 안 됐을 텐데.', '남편 생일이라고 엄마 아빠가 용인에서 버스 타고 여기까지 오셨는데 내가 또 예민하게 굴었네. 그냥 웃으며 넘길걸.'

후회가 지나가면, 이어서 수치심이 올라온다.

'나는 명상하는 사람인데… 심지어 명상을 안내하는 사람이기도 한데…'

그런데 재미있는 것은 이 수치심을 느끼기 싫어서 우리는 다시금 방어 태세를 즉시 갖춘다는 점이다.

'아니야, 그래도 이건 내 잘못이 아니야.'

수치심이 전환되면서 다시 상대방을 원망한다.

'아니야, 그래도 엄마는 나한테 그런 말을 하면 안 돼.'

이 사이클이 반복되며 싱크대의 물이 배수구로 빨려 들어갈 때 소용돌이치며 내려가듯, 생각의 소용돌이가 부정적 갈고리에 딱 걸려 계속 아래로, 더 아래로 빠져들어 간다. 가슴이 답답해지고, 몸이 떨리고, 남편이 다정하게 나를 달래는 말조차 잘 들어오지 않는다. 이미 기분은 바닥을 쳤고, 너무나 우울하고 화가 난 상태다. 이럴 때 그나마 다행인 것은, 그래도 명상을 어느 정도 해온 덕분에 이 상황을 애써 모면하거나 도망치려 하지 않고, 정면으로 마주 보며 RAIN을 할 수 있다는 점이다. 우선 지금 이 순간 내 안에서 일어나는 일을 알아차린다.

R-알아차리기

원망과 분노 때문에 몸이 떨리고 심장이 두근거린다.

'엄마가 나에게 그런 말을 하면 안 된다고 생각하는구나.'

'비난받고 있다는 느낌이 드는구나.'

몸에서 일어나는 감각으로 돌아와, 그것이 어떤 감각이든 알아차린다. 그리고 떠오르는 생각과 감정도 알아차린다.

A-허용하기

어떤 생각이나 감정도 밀어내지 않는다.

'내가 이러면 안 되지.'

'이 순간에 이렇게 화를 내다니, 넌 또 망치고 말았어.'

이런 판단이 올라오면 그 판단조차도 받아들인다.

'그래, 지금 내가 화가 났구나.'

'답답하구나.'

'이 느낌, 그냥 여기에 있어도 괜찮아. 이렇게 느껴도 괜찮아.'

이때 숨을 한 번 크게 들이쉬고, 천천히 내쉬는 것이 도움이 된다.

I-탐색하기

이제 본격적으로 내 안에서 일어나는 생각과 감정의 소용돌이를 바라볼 차례다.

스스로에게 질문을 던진다.

"지금 이 순간, 내가 믿고 있는 것은 무엇인가?"

"엄마는 나에게 이런 말을 하면 안 된다."

이것이 바로 나를 고통스럽게 만든 첫 번째 '핵심 믿음'이었다.

나는 이 문장을 가지고 미국의 영적 스승 바이런 케이티(Byron Katie)가 만든 '네 가지 질문(The Work)'을 스스로에게 던져보았다. 이 질문들은 핵심 믿음의 실체를 파고드는 강력한 탐색 도구다.

1. 그것은 진실인가?

"엄마는 나에게 이런 말을 하면 안 된다."

이게 진실인가?

처음에는 '당연히 진실이지!'라고 생각한다. 하지만 질문의 진짜 의미를 곱씹어보자.

'진실'이란 '현실' 그 자체를 의미한다. 해가 동쪽에서 뜨는 것처럼, 누구도 부정할 수 없는 사실 말이다. 그런 관점에서 보니, 그 문장은 진실이 아니다. 왜냐하면 현실에서 어머니는 이미 나에게 그렇게 말했기 때문이다. '말하면 안 된다'는 것은 나의 바람이자 당위일 뿐 현실 그 자체가 아니었다. 현실과 싸우고 있었기에 내가 고통스러웠던 것이다.

2. 내가 그 생각을 믿을 때, 나는 어떻게 반응하는가?

'엄마는 그러면 안 된다'는 생각을 굳게 믿을 때, 나는 어머니에게 화를 내고 짜증을 냈다. 마음속으로 어머니를 '나를 늘 비난하고 이해하지 못하는 사람'이라고 규정하고 공격했다. 멀리서 내 남편의 생일을 축하해주러 온 어머니의 노력을 무시하고, 그 순간 어머니와 나 사이에 벽을 쌓고 관계를 스스로 멀어지게 했다. 나의 몸은 긴장했고, 마음은 온통 소란스러웠다. 이 믿음이 나의 삶에 미치는 영향은 고통, 그 자체였다.

3. 그 생각이 없다면 나는 누구일까?

만약 내 머릿속에 '엄마는 그러면 안 된다'는 생각이 없다면?

　상상만으로도 마음이 평온해졌다. 어머니가 내가 정한 모든 것을 좋아할 필요도 없고, 나 역시 어머니를 늘 만족시킬 수도 없다. 어머니는 자신이 생각하는 대로 말할 수 있고 나는 그 말에 동의하지 않을 수 있다. 어머니는 나를 비난하려는 의도보다 걱정되는 마음에 그런 말을 했을 수도 있다.

4. 그럼에도 불구하고 나는 왜 이 믿음을 놓지 못하는가?(혹은 애초에 가지게 되었는가?)

이 질문 앞에서, 어린 시절의 장면들이 떠올랐다. 어머니가 나를 비난했던 기억들, 내가 하는 일에 의구심을 보이실 때마다 '나를 지지해주지 않고 이해해주지 않는다'고 느꼈던 순간들.

　그럴 때마다 나는 어머니가 나를 무조건적으로 지지하고 이해해주기를 바랐다.

　네 번째 질문에 대한 나의 대답에, 다시 첫 번째 질문을 던진다. 그래서 핵심 믿음을 '양파 껍질'이라고 부른다.

　내 마음속에는 '사람들은 나를 이렇게 대해야 한다', 혹은 '세상은 이렇게 돌아가야 한다'라는 프레임이 존재한다. 현실이 이 프레임을 벗어나는 순간 내 마음에서는 괴로움이 일어나기 시작한다.

그날 내가 본 프레임은 어머니에게서 '무조건적인 지지와 인정'을 받고 싶어 하는 내 마음이었다.

1. 그것은 진실인가?

'어머니가 나를 무조건 지지하고 이해해주어야 한다'는 나의 생각은 진실인가?

→ 진실이 아니다.

2. 그것이 진실이 아니라는 것을 어떻게 아는가?

누구든 다른 사람을 '무조건 지지하고 이해하는 것'은 불가능하기 때문이다.

이 사실을 더 직관적으로 보기 위해, 문장의 주어와 목적어를 바꿔본다.

"엄마는 나를 무조건적으로 지지하고 이해해주어야 한다."

이 문장에서 주어와 목적어를 바꾸어보자.

"나는 엄마를 무조건 지지하고 이해해야 한다."

맞다. 나 역시 어머니에게 그렇게 하지 못한다. 나도 어머니의 어떤 행동은 이해가 가지 않아 반대하고, 잔소리를 하기도 한다. 그러므로 이 문장은 진실이 아니다.

N-보살피기

이 모든 과정을 거치자 어머니를 향했던 원망은 서서히 미안함으로 바뀌었고, 어머니의 인정을 구하며 상처받아 왔던 나 자신을 향한 연민이 올라왔다.

어렸을 때부터 사랑받고 인정받고 싶어 했던 작은 아이가, 아직도 내 안에 그대로 있었다. 그 아이에게 나는 이렇게 말해주었다.

"괜찮아, 이제 내가 너를 인정하고 지지해줄게."

그리고 그 연민의 눈으로 어머니를 바라보자, 나와 똑같이 딸에게서 지지와 인정을 구하는, 나이가 들며 점점 작아지고 있는 어머니의 모습이 보였다.

잠시 어색한 시간을 지나, 나는 어머니께 죄송하다고 말씀드렸다.

어머니는 "그래, 됐다. 우리 어디 들어가자"라고 말씀하시며 분위기를 가볍게 돌려주셨다.

우리는 인사동의 테라스가 있는 카페에 들어갔다. 그늘 속의 바람은 시원했고, 테라스에 앉아서 바라본 도시의 고층 빌딩과 푸른 산의 풍경은 청량했다. 함께 팥빙수와 커피, 아이스크림을 나누어 먹었다. 그해 처음 먹은 그 팥빙수는, 어린 시절 어머니와 함께 먹었던 가장 맛있던 팥빙수의 추억을 불러왔다. 남편은 아버지와 어머니에게 지금까지 배운 한국어를 뽐냈고, 우리는 헤어질 무렵 서로를 안아주며 웃을 수 있었다.

나의 생각은
진실입니까?

앞에서 나눈 나의 사례처럼 레인 작업의 세 번째 단계, 즉 '탐색하기 단계'에서 우리는 "지금 이 순간 믿고 있는 것은 무엇인가?"라는 질문을 통해 핵심 믿음을 발견하게 된다. 우리가 어떤 일로 괴로워하고 있다는 것은 지금 일어나는 일에 대해 '이런 일이 일어나면 안 돼'라며 마음속으로 저항하고 있다는 뜻이다.

예를 들어 '사람들은 나를 좋아해야 한다'는 믿음이 있다고 해보자. 이것은 진실일까? 사람들이 다 나를 좋아해야 할까? 아니다. 왜냐하면 나 역시 모든 사람을 좋아하지 않기 때문이다. 우리도 살면서 '저 사람은 좀 별로인 것 같아'라고 얼마나 많이 평가해 왔는가? 나는 늘 마음속으로 다른 사람들을 평가하면서, 정작 누군가 내 뒷담화를 하거나 악플을 달면 심장이 두근거리며 피해자 모드로 전환하곤 한다. 나 역시 이런 이중적 잣대를 가지고 있었다는 것을 깨닫게 해준 강력한 경험이 있다. 바로 앞서 언급한 미국의 영적 스승 바이런 케이티의 '더 워크(The Work)' 워크숍에서였다.

내가 만난 가장 강력한 빌런과
바이런 케이티의 네 가지 질문

미국 캘리포니아 빅서(Big Sur)의 아름다운 해안가에 있는 에살렌 연구소. 그곳에서 열린 바이런 케이티의 '더 워크' 워크숍에 참여했을 때의 일이다.

바이런 케이티는 10년간 심각한 우울증을 앓다가, 어느 요양원 다락방에서 맞은 어느 날 아침, '나'라는 개념 자체가 사라지는 깊은 깨달음을 얻었다. 그녀는 우리가 고통받는 이유가 현실 그 자체가 아니라 '현실은 이래야만 한다'는 우리의 '생각'에 집착하기 때문임을 발견했다. 그녀가 창시한 '더 워크'는 우리가 굳게 믿는 고통스러운 생각을 네 가지 단순한 질문으로 탐구하는 강력한 방법이다.

워크숍이 시작되고, 케이티는 참가자들에게 최근 자신을 가장 괴롭혔던 생각이나 사람을 떠올려보라고 했다. 그리고 그 생각이 여전히 '진실'이라고 느껴지는 사람이 있다면 손을 들어보라고 말했다. 나는 쭈뼛거리며 손을 들었다. 유일한 동양인 참가자였다.

그때 내 마음을 사로잡고 있던 생각은 아주 명확했다.

'그 사람은 그 인턴에게 절대 그런 말을 하면 안 됐다.'

그 생각은 워크숍에 참가하기 직전 마친 한 컨설팅 프로젝트에서 비롯되었다. 구글의 내면 검색 프로그램을 한국에 도입한다고 바쁘게 뛰어다녔지만, 거의 수입이 없었을 때, 마침 전 직장에서 연락이 와 프리랜서로 참여하게 된 프로젝트였다. 그곳에서 나는 컨설팅 경력 중 손꼽히는 '빌런'을 만났다.

그 프로젝트는 4~5명의 남자 컨설턴트와 나, 그리고 젊은 여자 인턴 한 명으로 구성되어 있었다. 문제의 그 중년 남성 컨설턴트는 머리부터 발끝까지 명품을 두른 채, 틈만 나면 자신의 롤렉스 시계를 보여주며 자랑하곤 했다. 그 남자 컨설턴트와 인턴이 한 팀이었는데, 점심식사 후 잠깐 커피라도 마시러 나가면 그는 인턴에게 "어디야?", "언제 들어와?"라며 끊임없이 문자를 보내며 자신이 직속 상사임을 반복해서 각인시키려 했다.

불편함이 쌓여가던 어느 날, 나는 내 귀를 의심하는 말을 듣고 말았다. 그가 늘 그렇듯 또 인턴을 붙들고 신변잡기를 늘어놓던 와중, 갑자기 이런 말을 하는 것이다.

"○○씨는 인턴 끝나고 뭐 할 생각이야? 아이고, 무슨 취업을 해. 내가 여자라면 이런 시계 예물로 해주는 집에 시집가기 위해 신부 수업이나 받겠어. 그게 훨씬 남는 장사 아니야?"

순간 피가 거꾸로 솟았고 나도 모르는 사이 벌떡 일어나 말했다.

"지금 뭐라고 하신 거죠? 저랑 얘기 좀 하시죠."

나의 큰 목소리에 그는 흠칫 놀랐고, 방 안은 순식간에 얼어붙었다. 그는 "내가 뭘요?"라며 대화를 피했고, 우리는 그 이후에도 서로를 없는 사람처럼 대하며 프로젝트를 마쳤다. 하지만 그에 대한 분노와 '그는 그런 말을 하면 안 됐다'는 생각은 캘리포니아의 워크숍에 앉아 있는 순간까지도 나를 사로잡고 있었다.

케이티는 손을 든 나를 무대 위로 불렀다. 영어 울렁증과 무대 공포증이 밀려왔지만, 나는 그녀의 앞에 마주 앉았다. 내가 상황을 설명하자 객석에서는 야유가 터져 나왔다. 그들의 공감에 용기를 얻은 나에게 케이티가 물었다.

"네, 그 순간 당신은 화가 났군요. 그때 당신은 무엇을 믿고 있나요?"

"그 사람은 그렇게 말하면 안 된다."

"그것은 진실인가요?"

"네, 그것은 진실이에요. 그는 그렇게 얘기하면 안 돼요."

"그것이 정말로 진실인가요?"

그녀의 거듭된 질문에 나는 말문이 막혔다. 우리가 '절대 ~하면 안 된다'고 말할 때, '진실'은 무엇인가? 진실은, 즉 현실은, 그가 이미 그 말을 했다는 것이다. '하면 안 된다'는 것은 현실이 아니라 나의 바람일 뿐이었다.

"아…, 맞네요. 그건 진실이 아니에요. 그는 그 말을 이미 했으니까요."

"그런데 '그가 이런 말을 하면 안 된다'라는 생각을 믿을 때, 당신은 어떻게 반응하나요?"

"화가 나요. 그 사람이 자신의 잘못을 사과해야 한다고 생각하고, 내 마음은 너무 불편해져요."

"이 생각이 없다면 나는 누구일까요?"

가장 어려운 질문이었다. 이미 생각이 있는데, 어떻게 그 생각이 '없는' 상태를 상상할 수 있을까? 나는 "그래도 그 사람이 잘못한 것 같은데, 어떻게 그 생각을 버리죠?"라며 끝까지 내 생각을 고집했다.

그때 바이런 케이티는 살짝 웃으며 결정적인 질문을 했다. '더 워크'의 마지막 단계인 '턴어라운드(Turnaround)'였다.

"자, 주어와 목적어를 바꿔보세요 '그는 그 인턴에게 그런 말을 하면 안 됐다'를 '나는 그에게 그런 말을 하면 안 됐다'로요."

그 순간 머릿속이 띵하고 울리며 내가 "뭐라고 하셨어요?"라고 소리치며 그에게 다가갔을 때 그가 지었던 표정이 떠올랐다. 나는 순간 너무 화가 나 옳은 일을 한다고 생각하며 다른 사람들이 보는 앞에서 즉각적으로 나섰다. 그러자 그는 분명 당황했고 수치스러워하고 있었다.

나는 케이티에게 차분히 말했다.

"이제 알겠어요. 나는 그가 인턴을 존중하지 않았다고 생각했는데, 나도 그 사람을 존중하지 않고 있었네요. 만약 다시 그 상황에 있다면 그를 따로 불러서 말했을 것 같아요. 그의 말이 부적절했다는 것은 분명히 전달하되, 그 방식이 공개적인 망신은 아니었을 거예요.”

　이것이 바이런 케이티의 네 가지 질문이 주는 통찰이었다. 모든 핵심 믿음이 틀렸다는 말이 아니다. 어떤 핵심 믿음은 옳을 수도 있다. 다만 나의 핵심 믿음이 ‘진짜로’ 옳으려면 다른 사람과 나의 위치를 바꾸어도 그 핵심 믿음이 그대로 유지되어야 한다. 내가 존중받기를 바라는 만큼 상대 역시 존중받기를 바라는 존재이기 때문이다.

우리의 핵심 믿음이
가장 잘 드러나는 곳, 가족

　　　　　　　　　　　명상 안내자로서, 많은 분과 마음에 관한 이야기를 나누며 발견한 것이 있다. 나이가 몇 살이 되었든, 사회적으로 성공했든, 겉으로는 성숙해 보이든 간에, 사실 우리 모두의 마음 안에는 상처받은 작은 아이가 있다는 것이다.

　마보 앱에는 일주일 동안 진행하는 〈상처받은 내면 아이를 위한 명상〉 챌린지가 있다. 이 챌린지에 참여한 많은 마보 가족이 명상을 마친 뒤, 어린 시절 부모와의 관계에서 받은 상처와 충족되지 못한 욕구에 대한 명상 일기를 남겨주었다. 그 일기들을 읽고 있으면, 작고 무력했던 나의 어린 시절 순간들이 사실 나만의 것이 아니라 우리 모두의 공통된 경험이었음을 깨닫게 된다.

　부모와 자식 간의 관계에서 반복되는 상처는 어쩌면 인류에게 대물림되는 전통 같은 것인지도 모른다. 우리는 모두 어떤 형태로든 부모에게 상처를 받는다. 마보 과정의 한 참가자는 늘 사랑이 넘치고 지지해주는 부모님을 만나 부모에게 상처받은 기억은 없다고 말했다. 하지만 부모님을 너무 사랑한 나머지 인생의 거의 모든 결정을 부모님께 의존해 왔고, 언젠가 홀로 남겨질 것이라는 두려움에 고통받고 있는 자신을 발견했다.

　아이러니하게도 이것이 바로 '가족'의 본질이기도 하다. 너무 가까워서, 혹은 너무 멀어서 상처를 받고, 또 상처를 준다. 부모는 자식에게 상처를 주고, 자식도 부모에게 상처를 준다. 앞서 이야기했던 남편의 생일날 나는 어머니에게서 상처받았다고 생각했지만, 핵심 믿음 작업을 통해 나 역시 어머니에게 상처를 주고 있었음을 알아차리게 되었다.

　때로는 '완벽한 가족'이라는 환상이 우리를 더 고통스럽게 한다. 어린 시절 나는 '코스비 가족' 같은 미국 시트콤을 보며 다정하고 유머러스한 부모를 꿈꿨다. 늘 나의 잘못을 먼저 혼내고 칭찬에는 인색했던 부모님과 비교하며 나는 불행하다고 느꼈다. 하지만 훗날, 그 '완벽한 아빠' 빌 코스비가 실제 삶에서는 자신의 부와 명예를 이용해 수많은 여성을 성폭행했다는 사실이 드러났다.

　텔레비전 속 완벽한 가족, 나의 모든 것을 지지하고 이해해주는 아버지와 어머니라는 환상을 현실의 가족과 비교할 때 우리는 종종 현실을 밀어내고 스스로를 피해자로 만들며, 우리가 직접 그려낸 불행의 시나리오 속에 갇히고 만다.

현실의 가족 관계는 TV 속 완벽한 가족보다 훨씬 복잡하다. 그리고 바로 그 안에서 우리의 가장 깊은 핵심 믿음이 형성되고 작동한다. 이제 마보 과정 참가자들의 용기 있는 고백을 통해, 이 보이지 않는 감옥이 어떻게 작동해 왔는지, 들여다보자.

보이지 않는
감옥

: 핵심 믿음 사례

사례 1: 혁진 님의 이야기
- '옳고 그름'이라는 함정

혁진 님은 아버지와 서로 다른 정치 성향으로 힘들다고 말했다. 가족들과 오랜만에 함께한 저녁 식사 자리에서 정치 이야기가 나왔는데, 아버지가 유튜브에 떠돌고 있는 가짜 뉴스들을 굳게 믿고 있었던 것이다. 혁진 님은 아버지의 이야기를 듣는 순간, 짜증이 확 치밀어 오르는 것을 느꼈다. 가슴이 답답해지고 얼굴이 화끈거렸다고 했다.

'어떻게 저런 터무니없는 이야기를 저렇게 확신에 차서 말씀하실까? 존경하는 우리 아버지가 어쩌다 저렇게 되셨을까?'

혐오감 비슷한 감정까지 들었다고 고백했다. 우리는 그 이 불편한 마음을 가지고 함께 'RAIN'을 시작했다.

R-알아차리기

"혁진 님, 아버지가 그렇게 말씀하셨을 때 무슨 일이 일어났나요?"

"아버지에 대한 분노와 짜증, 그리고 답답함이 느껴져요. 가슴이 꽉 막힌 느낌이고 얼굴이 달아올라요."

A-허용하기

"좋습니다. 그 느낌을 밀어내지 말고 가만히 지켜보세요. 머릿속에 떠오르는 생각들도 마찬가지입니다. 그저 '그래, 지금 내가 화가 났구나. 답답하구나. 이 느낌, 그냥 여기에 있어도 괜찮아'라고 말해주세요."

I-탐색하기

"이제 이 단계에서 우리는 핵심 믿음에 다가간다. 가장 중요한 질문을 던지겠습니다. 이 고통스러운 순간, 혁진 님이 믿고 있는 것은 무엇인가요?"

"우리 아버지는 유튜브에 떠도는 가짜 뉴스를 믿으면 안 된다."

이것이 바로 혁진 님을 고통스럽게 만든 '핵심 믿음'이었다. 나는 이 문장을 가지고 바이런 케이티의 '네 가지 질문'을 혁진 님에게 던져보았다.

1. 그것은 진실인가요?

"우리 아버지는 가짜 뉴스들을 믿으면 안 된다."

이게 진실인가? 처음에는 '당연히 진실이지!'라는 생각이 들 수 있다. 하지만 여기서 말하는 '진실'이란 '현실 그 자체'를 의미한다. 해가 동쪽에서 뜨는 것처럼, 누구도 부정할 수 없는 사실 말이다. 그런 관점에서 보니, 그 문장은 진실이 아니다. 현실에서 아버지는 이미 그것을 믿고 있기 때문이다. '믿으면 안 된다'는 것은 혁진 님의 바람이자 당위일 뿐, 현실 그 자체가 아니었다. 결국 혁진 님은 현실과 싸우고 있었고, 그래서 고통스러웠던 것이다.

2. 내가 그 생각을 믿을 때, 나는 어떻게 반응하나요?

'우리 아버지는 가짜 뉴스들을 믿으면 안 된다.'

이 생각을 굳게 믿을 때, 혁진 님은 아버지에게 화를 내고 짜증을 냈다. 마음속으로 아버지를 '판단력이 흐려진, 대화가 통하지 않는 사람'이라고 무시하고 판단했다. 사랑하는 아버지와의 사이에 거대한 벽을 쌓고, 관계를 스스로 멀어지게 했다. 그의 몸은 긴장했고, 마음은 온통 소란스러웠다. 이 믿음이 혁진 님의 삶에 미치는 영향은 고통, 그 자체였다.

3. 그 생각이 없다면 나는 누구일까요?

만약 혁진 님의 머릿속에 "아버지는 그러면 안 된다"는 생각이 없다면? 상상만으로도 마음이 평온해졌다고 했다. 그는 아버지를 그냥 '나와 다른 정치적 견해를 가진 한 사람'이자, 그럼에도 불구하고 '내가 사랑하는 아버지'로 볼 수 있을 것 같다고 했다. 아버지가 하는 모든 말에 날카롭게 반응하는 대신, "아, 아버지는 저렇게 생각하시는구나" 하고 그저 들어줄 것 같다고도 했다. 정치 이야기는 피하더라도 함께 밥을 먹고 영화를 보는 순간들을 훨씬 더 온전히 즐길 수 있었을 것이다. 그 믿음이 없다면 그는 훨씬 더 자유롭고, 평화롭고, 아버지와 연결된 아들이었을 것이다.

N-보살피기

이 모든 과정을 거치자, 아버지를 향했던 혁진 님의 분노는 서서히 연민으로 바뀌었다. 그리고 그 연민은 다시 자기 자신을 향했다. '옳고 그름'이라는 잣대로 아버지와 자신을 동시에 힘들게 했던 마음을 부드럽게 보듬어주었다.

사례 2: 진우 님의 이야기
- '의무감'이라는 감옥

진우 님의 이야기는 가족 사이에서 '해야만 한다'는 의무감이 어떻게 우리 삶을 보이지 않는 감옥에 가두는지 생생하게 보여준다.

진우 님은 비교적 이른 나이에 아버지를 여의고, 장남으로서 어머니와 형제를 부양해야 한다는 책임감을 안고 살아온 분이었다. 30대 초반의 청년이었던 그는 자기 일을 사랑하고 열심히 자리를 잡으려고 노력하고 있었지만, 늘 부족하다는 생각을 품고 있었고, 무언가 더 해야 할 것 같다는 무거운 의무감에 짓눌려 있었다. 지방에 계신 어머니를 뵈러 가는 일조차 큰 부담으로 느껴졌다. 사랑하는 마음과 별개로, '가장'이라는 역할의 무게가 그의 어깨를 짓눌렀고, 그 압박감은 때로 가족을 향한 원망으로까지 이어졌다. 우리는 그의 마음을 함께 들여다보기 시작했다.

R-알아차리기

"진우 님, 가족들을 떠올릴 때마다 가슴이 답답하고 고통스럽다고 이야기했죠. 그게 어떤 느낌인가요? 몸의 어디에서 느낄 수 있나요?"

"가슴이 답답하고 목이 꽉 막힌 듯한 느낌이 들어요. 내가 뭔가 부족하다는 느낌에 얼른 이 생각과 느낌에서 도망가고 싶어요."

진우 님은 먼저 자신의 고통이 몸에서 어떻게 느껴지는지 분명히 인식했다. 어머니께 전화를 드려야겠다고 생각할 때마다 가슴에 내려앉는 묵직한 돌덩이 같은 느낌, '아직 나는 어머니가 자랑스러워할 만한 아들이 아니야'라는 생각과 함께 올라오는 짜증과 부담감. 그는 이 모든 것이 '부양의 의무'라는 거대한 압박감에서 비롯되고 있음을 알아차렸다.

A-허용하기

"좋습니다. 그 느낌을 밀어내지 말고 가만히 지켜보세요. 머릿속에 떠오르는 생각들도 마찬가지입니다. 그저 '그래, 지금 내가 이렇게 느끼고 있구나. 이 느낌, 그냥 여기에 있어도 괜찮아'라고 말해주세요."

그동안 그는 이런 감정을 느낄 때마다 '장남이 그러면 안 되지', '어머니가 나를 이렇게 믿어주고 계시는데 이러면 안 되지'라며 스스로를 다그치곤 했다. 하지만 이번에는 달랐다. 우리는 그 부담감과 짜증, 원망스러운 마음을 밀어내거나 판단하지 않고, 그냥 '아, 내가 지금 이렇게 느끼고 있구나' 하고 있는 그대로 허용했다. '착한 아들'이 되어야 한다는 생각에 늘 억눌리었던 그 불편한 감정들을, 처음으로 그저 '있어도 괜찮다'고 허락하기 시작한 것이다.

I-탐색하기

마음이 조금 고요해지자, 우리는 탐색의 여정을 시작했다. 그를 가장 고통스럽게 하는 핵심 믿음은 두 가지였다.

"가족을 부양해야 한다는 의무 때문에 나는 불행하다."

이 두 믿음 때문에 그가 가족을 위해 하는 모든 일은 기쁨이 아닌 무거운 의무로 다가왔다. 그는 자신이 이 '부양의 의무' 때문에 억눌려 있으며, 만약 이 의무가 없다면 훨씬 더 자유롭고 행복한 삶을 살 수 있다고 굳게 믿고 있었다.

나는 그에게 물었다.

"'가족을 부양해야 한다는 의무 때문에 나는 불행하다.' 이것이 정말 진실인가요?"

질문 앞에서 그는 오랫동안 침묵했다. 그리고 천천히, 그러나 분명하게 자신의 마음을 들여다보기 시작했다. 그는 이내 놀라운 사실을 깨달았다. 자신의 삶을 불행하게 만든다고 믿었던 그 '의무'라는 것이, 사실은 자신이 '스스로 좋아서 한 일'이었다는 사실이다.

현실을 조금 더 자세히 들여다보니, 어머니도 일을 하고 계셨고, 아버님이 남기신 유산도 조금 있었다. 그가 가족의 모든 것을 떠받쳐야만 하는 절박한 상황은 아니었다.

그렇다면 그는 왜 이 믿음을 내려놓지 못했을까? 그 믿음이 '가장'이라는 정체성을 그에게 주고 있었기 때문이다. 그 역할을 완수했을 때 느끼는 뿌듯함도 있었기에, 고통스럽지만 익숙한 자리였다. 그는 '해야만 한다(must)'는 의무감과 '하고 싶다(want)'는 마음의 선택을 구분하지 못하고 있었다.

N-보살피기

진실을 마주한 순간, 그의 마음에는 큰 변화가 일어났다.

그는 아버지의 부재 속에서 너무 일찍 어른이 되어야 했던 어린 자신을 향한 깊은 연민이 올라왔다. 그리고 가족을 사랑하는 마음으로 기꺼이 그 짐을 짊어온 자신의 책임감을 좀 더 믿게 되었다. 무엇보다, 자신이 일방적으로 돌봐왔다고 생각한 가족이 사실은 그를 지탱해 온 삶의 원동력이었으며, 자신 역시 가족으로부터 돌봄을 받고 있다는 사실을 깨달았다.

상황 자체는 변하지 않았다. 여전히 그는 가족의 든든한 버팀목이었다. 하지만 관점이 바뀌는 순간, 기적 같은 변화가 일어났다. '해야만 한다'는 의무감이 '내가 사랑하기에 하고 싶다'는 선택으로 바뀌자 그의 어깨를 짓누르던 짐의 무게가 거짓말처럼 가벼워졌다. 스스로를 가두고 있던 '가장'이라는 감옥이, 사실은 자신의 머릿속에만 존재하는 허상임을 깨달은 것이다. 그 감옥을 만든 것도, 그 안에 머물러 있던 것도 바로 자기 자신이었음을 알아차리는 순간, 그는 비로소 자유와 사랑을 함께 느낄 수 있었다.

사례 3: 민지 님의 이야기
- '잘못된 존재'라는 낙인

때로는 우리의 핵심 믿음은 너무도 아프고 근원적이어서, 그것을 입 밖으로 꺼내는 것만으로도 엄청난 용기가 필요하다. 민지 님의 이야기는 우리 중 많은 이들이 평생의 숙제처럼 안고 살아가는, 부모와의 관계에서 비롯된 깊은 상처와 맞닿아 있다.

민지 님은 수업 시간이 다가오는 것이 "너무 무서워서 빠지고 싶었다"고 고백할 만큼, 자신의 깊은 마음을 들여다보는 것을 두려워했다. 수업이 시작되고 명상으로 잠시 마음을 가라앉힌 뒤, 민지 님은 떨리는 목소리로 "이제는 자유로워지고 싶다"며 자신의 보이지 않는 감옥에 관해 이야기하기 시작했다.

R-알아차리기

"민지 님의 고통을 함께 들여다보겠습니다. 그 고통은 몸의 어디에서 느껴지나요? 그 고통은 어디에서 오나요?"

나의 질문에 민지 님은 잠시 숨을 골랐다. 그녀는 자신의 고통이 하나의 믿음이 아니라, 서로 얽혀 있는 여러 믿음의 연쇄 반응임을 어렴풋이 알아차리고 있었다.

"저는… 제가 부모님의 부모 역할을 해야 한다는 생각이 들어요. 그리고 그 밑에는 부모님은 나를 사랑하지 않는다는 믿음이 있어요."

부모님의 '부모 역할'을 해야 한다는 것은 단순히 효도의 차원을 넘어서, 부모님의 감정 상태까지 책임지고, 그들의 모든 기대를 충족시켜야 한다는 압박감이었다. 그 밑바탕에는 더 깊고, 더 슬픈 믿음이 자리 잡고 있었다.

"부모님은 나를 사랑하지 않는다."

이 믿음은 결국 자기 자신을 향한 가장 파괴적인 결론으로 이어졌다.

"이런 생각을 하는 나는 뭔가 근본적으로 잘못된 존재, 이 세상에 부적절한 존재다.”

이 생각의 소용돌이에 빠져들 때마다 민지 님은 몸의 모든 에너지가 한순간에 빠져나가는 듯한 극심한 무기력감을 느꼈다. 그녀는 이것을 '에너지 누수'라고 표현했다. 마치 배에 구멍이 뚫린 것처럼, 일상을 살아갈 힘 자체가 고통스러운 생각의 틈새로 줄줄 새어 나가는 느낌이었다. 숨 쉬는 것조차 버거워지는, 존재 자체가 견디기 어려워지는 그 순간들. 이것이 그녀가 알아차린 고통의 생생한 현장이었다.

A-허용하기

“괜찮습니다. 그저 그 느낌과 머물러 봅니다. 그럴 수 있나요?”

우리는 잠시 그 자리에 함께 머물렀다. 판단이나 분석 없이, 그녀가 느끼는 무력감과 슬픔을 그저 허용하는 공간을 만들었다. 깊은 아픔이 어둠 속에서 조금씩 수면 위로 떠오르도록 고요히 지켜보았다.

눈가에서 조심스럽게 흘러내리기 시작한 눈물은, 오랫동안 억눌려 있던 슬픔이 마침내 허용되고 있음을 보여주는 증거였다. 그녀는 “이러면 안 되는데요, 죄송해요”라며 당황하고 쑥스러워했지만, 그 눈물은 그녀가 용기를 내고 있다는 표시였다.

억지로 강해져야 할 필요도, 괜찮은 척 가면을 써야 할 필요도 없는 공간에서, 그녀는 자신을 있는 그대로 지지해주는 사람들 앞에서 자신의 연약함과 상처를 있는 그대로 온전히 허락했다.

감정의 파도가 조금 잦아들었을 때, 우리는 조심스럽게 탐색의 여정을 시작했다. 모든 고통의 뿌리가 되는 가장 근원적인 믿음. 나는 그 믿음을 다시 한번 수면 위로 꺼내 물었다.

"'부모님은 나를 사랑하지 않는다.' 민지 님, 그것이 정말 진실인가요? 해가 동쪽에서 뜬다는 사실만큼이나, 100% 절대적인 진실이라고 말할 수 있나요?"

민지 님은 잠시 멈춰 서서 자기 내면을 살폈다.

"잘 모르겠어요. 옛날에는 확실하게 '사랑하지 않는다'라고 믿었는데요. 이제 제가 나이가 들고, 마흔이 넘어서 여러 삶의 과정을 겪어보니 그냥 그분들의 삶이 고단하셨던 것 같아요. 그래서 제가 원하는 방식의, 무조건적인 내가 원하는 방식의 사랑은 아니지만⋯."

그녀의 목소리가 잠시 흔들렸다.

"그분들이 할 수 있는 사랑은 하셨던 것 같아요. 근데 이것이 진실인지⋯ 사실 잘 모르겠어요."

나는 그녀가 조금 더 명료하게 자신이 마음을 들여다볼 수 있도록 질문을 던졌다.

"민지 님, '해가 동쪽에서 뜬다', '사람은 누구나 죽는다'는 우리가 모두 알고 있는 진실입니다. 그러면 '부모님은 나를 사랑하지 않는다'가, 해가 동쪽에서 뜨고 사람이 누구나 죽는다는 사실만큼의 진실일까요?"

그 순간 민지 님의 눈에서 또다시 눈물이 흘러내리기 시작했다.

"아, 또 왜 이렇게 눈물이 나지? 웃기네요. 이러면 안 되는데요."

"괜찮습니다, 민지 님. 저의 스승이셨던 잭 콘필드 선생님은 명상하면서 한 번도 울어본 적 없는 사람은 아직 명상을 시작하지 않은 사람이라고 하셨어요. 눈물을 흘릴 수 있다는 건 참 용기 있는 일입니다."

나는 그녀의 반응을 인정해주며 이야기를 이어갔다.

"아까 민지 님이 '부모님은 나를 사랑하지 않는다'가 진실인지 아닌지 잘 모르겠다고 하셨죠. 그렇다면 '내가 원하는 방식대로는 아니었지만, 부모님은 그분들이 할 수 있는 방식으로 나를 사랑했다'기 민지 님께는 더 진실에 가까운 문장이 아닐까요?"

민지 님이 조용히 대답했다.

"네. 제일 진실에 가장 가까운 답인 것 같아요."

나는 두 번째 질문으로 넘어갔다.

"그럼 다음으로 가보겠습니다. '부모님이 나를 사랑하지 않는다'고 생각할 때, 나는 어떻게 반응하나요? 나에게 어떤 일이 일어나나요?"

민지 님은 깊이 생각해보더니 천천히 입을 열었다.

"저를… 부모님이 원하시는 자격 요건에 맞춰서 개조해야 될 것 같아요. 제가 원하지 않아도 착한 딸이 되어야 할 것 같고, 잘못된 습관이나 부정적 반응 같은 건 하면 안 될 것 같고… 가장 완벽한 존재가 되어야 할 것 같아요."

마침내 나는 세 번째, 가장 핵심적인 질문을 던졌다.

"그럼 그 생각이 없을 때 나는 누구인가요?"

민지 님의 대답은 놀라울 정도로 단순하고 진실했다.

"그냥 보통의, 아주 보통의 평범한 사람인 것 같아요. 그냥 엑스트라 1, 2 이렇게 나오는 그런 사람처럼. 그냥 되게 보통의 평범한 사람."

"'부모님이 나를 사랑하지 않는다'는 생각이 없을 때, 나는 보통의 평범한 사람이라고 느껴지나요?"

"네. 그… 뭐라고 했지… 아까 말했던, 뭔가 부적절한 존재, 뭔가 이상한 사람, 혹은 반드시 고쳐져야 하는 사람. 그런 게 아니라, 그런 게 필요 없는, 그냥 아주 보통의 평범한 사람."

나는 마지막으로 몸의 감각을 확인해 보았다.

"지금 '나는 보통의 평범한 사람이야. 굳이 개선되지 않아도 되는 사람이야'라고 느낄 때, 몸에서는 어떤 감각이 느껴지나요?"

민지 님의 얼굴이 점점 풀어지며 환하게 밝아졌다.

"엄청… 엄청 안도감이 커요. 안도감과 편안함. 네, 엄청난 안도감과 편안함."

"그렇군요, 민지 님, 그런 안도감과 편안함을 충분히 느껴보세요. 너무 잘하셨습니다. 우리는 우리의 존재를 누군가에게 증명할 필요가 없습니다. 그냥 존재하기 때문에 충분해요. 그냥 그렇게, 나 사신으로서 편안하게…."

민지 님이 이제 수줍게 웃으며 말했다.

"아우. 조금 창피하네요."

"이건 정말 용기 있는 일이고, 아주 아름답고 소중한 일이에요. 지금 마흔이라고 하셨죠? 이 사실을 마흔에라도 알게 된 게 얼마나 다행이에요. 내가 누구에게도 내 존재를 증명하지 않아도 된다는 것을요. 대부분의 사람은 죽을 때까지 모른 채 살 수도 있어요. 그게 부모든 누구든, 우리는 스스로가 아닌 다른 누군가에게 나의 존재를 증명할 필요가 없습니다."

민지 님의 목소리에는 떨림과 동시에 해방감이 섞여 있었다.

"사실 저는 오늘 이 시간이 너무 두려웠어요. 그런데 제 두려움의 실체를 알게 되니 이제 너무나 편하고 자유롭네요. 저는 해냈습니다!"

N-보살피기: 평범함이 주는 깊고 따뜻한 안도감

그 말을 하는 순간, 민지 님의 얼굴에는 편안한 미소와 생동감이 번졌다. 오랜 상처의 치유가 막 시작된, 아주 소중한 순간이었다. 수십 년간 자신을 '부적절하고 근본적으로 잘못된 존재'로 규정하며 짊어져 온 무거운 믿음의 돌멩이를 마침내 내려놓는 순간, 그녀는 스스로에게 가장 깊고 진실한 보살핌을 선물했다. 더 이상 부모에게 자신의 존재를 증명하기 위해 안간힘 쓸 필요도, 완벽한 딸이 되기 위해 끊임없이 자신을 개조하고 비판할 필요도 없었다.

그녀는 그저 '보통의 평범한 사람'으로서, 이미 충분히 온전했다.

무서웠던 여정을 용기 있게 통과해 낸 민지 님에게 그 깊은 안도감은 긴장으로 굳어 있던 몸 전체를 부드럽게 이완시켰고, 오랫동안 계속되던 '에너지 누수'가 멈추면서 따뜻하고 생명력 있는 기운이 다시 온몸에 차오르는 듯한 깊은 평화로 이어졌다.

RAIN 작업을 마친 뒤, 그녀는 환하게 미소 지으며 "저는 해냈습니다"라고 말하며 자리에 돌아갔다. 그것은 수십 년 동안의 고통의 감옥에서 스스로 걸어 나온 한 사람의 조용한 선언이었다.

사례 4: 균형 님의 이야기
- 아들에게서 나를 보다

해결되지 못한 핵심 믿음은 나를 통해 주변 사람들에게, 특히 가족에게 전해질 수 있다. 부모가 되고 나서야, 우리가 아이에게 느끼는 기대나 불편함이 사실은 자신에 대한 거부감에서 비롯된다는 걸 깨닫는 경우도 많다. 마보 과정에서 만난 균형 님이 바로 그런 사례였다.

균형 님은 두 아들의 아버지다. 그는 수업 중 자신의 마음 깊은 곳에 숨어 있던 불편한 진실을 조심스럽게 꺼내 놓았다. 둘째 아들에게는 관대하고 부드럽지만, 첫째 아들에게만은 유독 엄격해지고 화가 많이 난다는 것이었다. 그것도 단순한 짜증이 아니라, 스스로도 제어할 수 없는 강렬한 반응이었다.

"첫째가 소심하게 굴거나 숫기 없는 모습을 보이면 너무 답답하고 화가 나요. 둘째는 실수를 해도 '괜찮다, 괜찮다' 하고 넘어가는데, 첫째한테는… 왜 그렇게 행동하느냐고 소리를 지르게 돼요. 그러고 나서는 상처받은 아들의 얼굴을 보며 늘 후회하죠. '내가 왜 그랬을까' 하면서요."

균형 님의 목소리에는 자책감과 혼란이 뒤섞여 있었다. 사랑하는 아들에게 자꾸만 화를 내는 자신을 이해할 수 없었던 것이다. 더 고통스러운 것은 화를 낸 후 밀려오는 깊은 죄책감이었다. 우리는 함께 이 불편한 감정의 뿌리를 찾아보기로 했다.

R-알아차리기: 판단의 순간을 들여다보다

균형 님은 먼저 첫째 아들을 볼 때마다 자신 안에서 일어나는 일련의 반응을 명확히 알아차리기 시작했다. 아들이 새로운 환경에서 위축되거나, 친구들 앞에서 소극적인 모습을 보일 때마다 가슴 속에서 치밀어 오르는 답답함. 그리고 그 답답함과 함께 솟아오르는 강렬한 충동, '저러면 안 되는데, 더 적극적이어야 하는데.'

"첫째를 보고 있으면 너무 답답해요. 소심하고 숫기가 없어서 둘째에게도 자기 것을 뺏기는데 그런 아이에게 제가 뭐라고 하면 또 주눅 들어 눈치를 봐요. 그러면 너무 속상하고 화가 납니다. 화도 나고 미안하기도 하고 슬프기도 하고… 어떻게 할지 모르겠어요."

A-허용하기: 불편한 진실을 받아들이다

균형 님에게는 이런 자신의 감정을 인정하는 것 자체가 쉽지 않았다. '좋은 아버지'라면 아이를 있는 그대로 사랑해야 한다고 생각해 왔기 때문이다. 하지만 '허용하기' 단계에서는, 불편한 생각과 감정들도 판단하지 않고 그저 있는 그대로 바라보며 머물게 해준다.

"그런 감정들을 그냥 그렇게 알아차려 보세요. 괜찮습니다. 그런 감정이 드는 것도 자연스러운 일입니다. 지금은 그 감정들을 밀어내지 말고, 그냥 '아, 이런 감정들이 올라오고 있구나' 하고 호기심을 가지고 지켜봐 주세요."

처음에는 어색해했지만, 그는 점차 자신의 '불편한' 감정을 있는 그대로 인정하기 시작했다. 화를 내는 자신을 나쁜 아버지라고 낙인찍는 대신, 그런 감정이 일어나는 것 역시 하나의 현실이라고 받아들이기 시작한 것이다.

I-탐색하기: 믿음의 양파 껍질을 벗겨내다

마음이 조금 더 가라앉았을 때, 우리는 본격적인 탐색에 들어갔다. 균형 님을 그토록 불편하게 만드는 핵심 믿음은 무엇일까?

"균형 님, 지금 이 순간 믿고 있는 것은 무엇인가요?"

"아들은 좀 더 활발해져야 해요. 지금처럼 소심하고 내성적이면 안 돼요."

"그것이 진실인가요?"

균형 님은 잠시 생각에 잠기더니 고개를 저었다.

"아니요. 그게 진실은 아니네요. 내성적인 성격을 제가 바란다고 해서 외향적으로 바뀔 수는 없으니까요."

"그 생각이 없다면 균형 님은 누구일까요?"

"아이를 좀 더 있는 그대로 받아들일 수 있을 것 같아요."

하지만 그의 표정은 여전히 조금 어두웠고 목소리에도 힘이 없었다. 마치 더 깊은 곳에 또 다른 무언가가 숨어 있는 듯했다. 나는 조심스럽게 물었다.

"그럼에도 불구하고 왜 이 믿음을 놓지 못하시는 걸까요?"

오랜 침묵 끝에, 균형 님은 떨리는 목소리로 입을 열었다.

"사실은 첫째 아들이 저를 닮은 것 같아서 속상해요. 소심하고 내성적인 제 모습을 그대로 닮은 것 같아서. 그래서 더 화가 나는 것 같아요."

바로 여기서 진짜 핵심 믿음이 모습을 드러냈다.

'아들은 나를 닮으면 안 된다. 나를 닮으면 힘들 것이다.'

이것이 균형 님을 진짜로 고통스럽게 만들던 믿음이었다. 그는 자신의 내성적인 성격 때문에 살아오며 답답했던 순간이 많았고, 사랑하는 아들이 자신과 같은 고통을 겪을까 봐 두려웠던 것이다.

"'아들이 나를 닮으면 힘들 것이다.' 이것이 진실인가요?"

그는 머뭇거리며 대답했다.

"네, 진실입니다. 저처럼 숫기가 없어서 친구도 많이 없고 내성적이면 많이 힘들 거예요."

나는 그에게 바이런 케이티의 핵심 기법인 '턴어라운드'를 제안했다.

"그럼 주어와 목적어를 바꿔볼까요? '나는 나를 닮으면 안 된다. 내가 나로 살면 힘들 것이다.' 이것이 진실인가요?"

그는 그 말을 듣고 잠시 깊은 생각에 빠졌다. 얼굴에는 무언가를 깨달아가는 미묘한 변화가 일어나고 있었다.

"네. 일부는 진실입니다. 제가 저로 살아서 힘든 적이 많았으니까요."

"힘든 일만 있었나요? 지금 균형 님은 자신의 삶을 어떻게 생각하시나요?"

이 질문 앞에서 그는 다시 긴 침묵에 잠겼다. 그러다 마치 오랫동안 잊고 있었던 보물을 다시 발견한 사람처럼, 서서히 미소를 지으며 대답했다.

"힘든 일도 있었지만 좋은 일도 정말 많았네요. 게다가 저는 지금 제가 좋아하는 일을 하고 있고, 사랑하는 사람을 만나 가정을 꾸리고, 두 아들과 행복한 삶을 살고 있네요."

천천히 생각하며 말을 이어가는 동안 그의 얼굴이 점점 밝아졌다. 수십 년간 자신을 괴롭혀온 '내성적인 성격은 불행의 원인'이라는 믿음이 허상이었음을 깨닫는 순간이었다.

"그럼 '내 아들이 나를 닮으면 불행할 것이다'라는 생각이 진실인 가요?"

"아니요. 그건 진실이 아닙니다." 그의 목소리는 점점 또렷해졌다.

"아들은 저를 닮아도 충분히 행복하게 살 수 있습니다."

"그렇다면 이제 '내 아들이 나를 닮으면 안 된다'는 핵심 믿음이 없다면, 균형 님은 누구일까요?"

"첫째를 좀 더 있는 그대로 봐줄 수 있을 것 같아요. 그 아이가 소심한 행동을 할 때 화를 내는 게 아니라, 어떻게 도와줄지 생각하게 될 것 같아요. 그 아이만의 좋은 짐을 더 많이 발견하면시, 사랑을 표현하려고 노력할 것 같아요."

N-보살피기

그의 목소리에는 깊은 온정이 묻어났다. 아들을 자신의 연장선으로 보며 끊임없이 바꾸려 했던 자리에서, 아들을 독립된 하나의 온전한 존재로 바라보며 아들의 잠재력을 믿어주는 아버지로 옮겨간 것이다.

다음 수업 시간, 균형 님은 환한 얼굴로 우리에게 근황을 전해주었다.

"지난주에 첫째와 정말 즐거운 시간을 보냈어요. 아이가 조심스럽게 자기 생각을 말할 때, 예전 같으면 '좀 더 크게 말해'라고 했을 텐데, 이번에는 그냥 귀 기울여 들어주었어요. 그랬더니 아이가 더 많은 이야기를 해주더라고요. 아이만의 섬세함과 따뜻함을 새롭게 발견할 수 있었어요."

균형 님의 변화는 단순히 양육 방식의 변화에 그치지 않았다. 자신의 내성적인 성격을 부정하며 살아온 수십 년의 고통에서 벗어나, 아들은 물론 자기 자신까지도 있는 그대로 사랑할 수 있게 된 것이다.

사회가 주입한 뿌리 깊은
핵심 믿음들

우리는 부모에게서만 아니라 우리가 속한 사회에서도 많은 핵심 믿음을 주입받으며 살아간다. 그중 지금 이 시대를 살아가는 우리에게 가장 널리 퍼져 있는 핵심 믿음은 아마 이런 것일 것이다.

'열심히 살아야 성공한다.'

'성공해야 행복해진다.'

'부자가 되어야 행복해진다.(=가난하면 불행하다)'

성공과 행복에 대한 이런 믿음들은 현대인의 마음을 강하게 붙잡는 대표적인 핵심 믿음이다.

'돈이 많아야 행복해진다'는 핵심 믿음

돈과 행복에 대한 믿음은 특히 강력하다. 전업으로 주식 투자를 하던 동혁 님은 늘 불안에 쫓기듯 살았다. 아침에 눈을 뜨는 순간부터 잠들 때까지 그의 머릿속은 온통 주가 변동 그래프로 가득 차 있었다. 그에게는 "돈을 잃으면 나는 거지가 될 것이고, 돈을 많이 벌어야 존중받는다"는 깊은 믿음이 자리 잡고 있었다. 이 믿음 때문에 그는 잠을 설치고, 소화불량에 시달렸으며, 친구들과의 만남에서도 마음 편히 웃지 못했다.

하지만 핵심 믿음 작업을 통해 그 믿음이 진실인지 깊이 탐구해보니, 현실은 생각과 달랐다. 우선 그가 하루아침에 모든 돈을 잃어버릴 가능성은 거의 없었다. 설령 그런 일이 일어난다고 해도, 그에게는 그를 도와줄 가족과 친구들이 곁에 있었다.

그런데도 왜 그는 그렇게 극단적인 믿음을 붙들고 있었을까?

더 깊이 들어가 보니, 돈을 잃는다는 것은 단순한 경제적 어려움을 넘어 '나는 아무것도 아닌, 쓸모없는 사람이 될 것이다'라는 정체성의 붕괴에 대한 두려움과 연결되어 있었다. 그의 자존감은 통장 잔액과 꽉 묶여 있었던 것이다. 그리고 놀랍게도 그 극심한 두려움의 이면에는 '돈을 많이 벌어 성공한 사람이 되어, 결국에는 다른 사람들을 돕는 의미 있는 삶을 살고 싶다'는 그의 순수한 욕구가 숨어 있었다. 그를 괴롭혔던 것은 돈 자체가 아니라, 돈을 통해 자신의 가치를 증명하고 선한 영향력을 펼치고 싶었던 마음이 왜곡된 믿음의 형태로 나타난 것이었다.

평범한 직장인이었던 기혁 님은 "가만히 있으면 벼락 거지가 된다"는 사회의 불안 마케팅에 휩쓸려, 한동안 주말마다 부동산 커뮤니티 활동에 모든 에너지를 쏟았다. 무릎이 닳도록 낯선 동네를 돌아다니며 임장(부동산을 직접 보러 다니는 것)을 다녔지만, 오르는 집값에 대한 두려움과 잘못된 선택을 할지도 모른다는 불안 때문에 결국 어떤 집도 사지 못했다. 그러고는 남들보다 뒤처졌다는 생각, 귀한 주말을 허비했다는 자책감에 깊이 빠져들었다.

그러나 핵심 믿음 작업을 하며 관점을 바꾸자 전혀 다른 풍경이 보이기 시작했다. 그때 두려움에 휩쓸려 무리하게 집을 샀던 주변 사람들이 오히려 과도한 투자로 힘들어하고 있다는 사실을 알게 된 것이다. 아무것도 하지 않았던 자신의 선택이 오히려 현명한 결과였을 수도 있다는 가능성이 열린 것이다.

무엇보다 중요한 것은, 두려움을 동력 삼아 다른 사람들의 조언에 휩쓸려 다니던 그 시간이 자신에게 전혀 맞지 않는 옷이었다는 사실을 깊이 깨달았다는 점이다. 그는 이제 돈이라는 숫자 대신, 자신을 진정으로 행복하게 하고 성장시키는 것이 무엇인지 찾아 나서기로 결심했다.

완벽주의와 성취에 대한 집착

어릴 적부터 "최선의 노력을 다해야 성공한다"는 말을 자주 들으며 자란 은주 님은 '나는 늘 모든 것을 열심히 해야 한다'는 핵심 믿음을 갖게 되었다. 이 믿음 때문에 그녀는 늘 모든 일에 최선을 다해야 하고, 그렇지 않으면 인정받을 수 없다고 생각하게 되었다. 핵심 믿음 작업에서 그녀는 이 믿음이 없다면, "마음의 짐을 내려놓고, 있는 그대로의 나로도 괜찮다고 느끼는 홀가분한 사람"이 될 수 있을 것 같다고 말했다.

"최선의 노력을 다해야 성공한다"와 같은 스펙트럼에 있는 핵심 믿음은 '나는 충분하지 않나'는 생각이나.

어린 시절 부모의 기대에 미치지 못한 경험이 누적된 재호 님의 경우가 그랬다. "나는 사람들에게 실망만 안겨다 준다"는 결론에 갇혀, 새로운 도전을 앞두면 "어차피 실패할 거야"라며 시작조차 포기하는 패턴을 반복해 왔다. 하지만 핵심 믿음 작업을 통해 자신의 성공 경험과 누군가에게 도움이 되었던 순간들을 떠올리자, 조금씩 스스로에 대한 믿음이 회복되는 것을 느낄 수 있었다.

통제에 대한 욕구와 불확실성에 대한 두려움

'사람들은 나를 존중해야 한다.'
'사람들은 나를 좋아해야 한다.'
'사람들은 나를 인정해야 한다.'

이런 믿음도 우리가 정말 흔하게 지니고 있는 핵심 믿음이다.

수진 님은 "사람들이 나를 좋아해야만 한다"는 강박적 믿음이 있었다. 이 때문에 자신의 진짜 의견을 표현하지 못하고, 늘 다른 사람의 눈치를 보며 살았다. 누군가 자기에게 차갑게 대하거나 무관심한 반응을 보이면 밤새도록 "내가 뭘 잘못했을까?"를 곱씹었다.

핵심 믿음 탐구에서 그녀는 "만약 모든 사람이 나를 좋아하지 않아도 괜찮다면 어떨까?"라는 질문에 처음엔 큰 두려움을 보였다. 그러나 조금씩 탐색을 이어 가면서 "모든 사람이 나를 좋아할 수는 없고, 사실 나를 이해하고 사랑해주는 몇 명의 사람만 있어도 충분하다"는 깨달음에 닿았다.

이러한 핵심 믿음은 통제에 대한 욕구와도 연결된다. '나는 내 삶을, 내 몸을, 내 주변 상황을 통제할 수 있어야 한다' 혹은 '통제해야 한다'는 믿음이다.

은성 님은 10년 넘게 만성적인 복부 통증을 앓고 있었다. 고등학교 시절 시험을 앞두고 배가 아파 한 번 시험을 망친 이후, 긴장되는 상황마다 배가 아팠다. 병원에서 여러 검사를 받았지만, 별다른 신체적 이상은 발견되지 않았고, 늘 '신경성', '스트레스성'이라는 진단만 돌아왔다.

시간이 흐르며 이 통증은 아주 작은 일상적 긴장과 불안에도 나타나며 만성적인 것이 되어, 그의 삶에서 큰 비중을 차지하게 되었다.

통증이 찾아올 때마다 그의 마음속에서는 어김없이 생각의 연쇄 반응이 일어났다.

'이 고통이 계속될 거야 → 내 미래는 어두울 거야 → 나는 결국 아무것도 못 하는 쓸모없는 사람이 될 거야.'

이 생각의 뿌리에는 '나는 내 몸을 통제할 수 있어야 한다'는 절박한 믿음이 자리하고 있었다. 통제할 수 없는 몸의 감각 앞에서, 그는 통제력을 잃으면 자신의 가치마저 무너질 것이라는 깊은 두려움에 사로잡혔다.

하지만 RAIN 명상을 통해 '나는 상황을 통제하지 못하면 쓸모없는 사람이 될 것이다'라는 믿음이 진실이 아님을 깨닫기 시작했다. 그리고 통증이 '있음에도 불구하고' 나는 여전히 자유로울 수 있다는 사실을 알아차리는 순간, 그의 마음에는 비로소 편안함이 찾아왔고, 몸의 통증 또한 예전만큼 그를 압도하지 못하게 되었다.

현주 님에게 통제 욕구는 또 다른 방식으로 드러났다. 그녀는 요가 수업에서 자신이 늘 앉던 자리를 누군가 차지하거나, 암묵적인 규칙을 지키지 않는 사람이 보이면 마음이 심하게 불편해졌다. 그녀의 핵심 믿음은 '사람들은 규칙을 지켜야 한다'는 것이었다.

이 믿음의 뿌리를 따라가자, 규칙이 많았던 어머니 밑에서 자라며 사소한 규칙이라도 어기면 비난받았던 어린 시절이 드러났다. 그녀에게 규칙은 예측 불가능한 세상에서 자신을 지켜주는 갑옷 같은 것이었다. 하지만 그 갑옷은 동시에 그녀의 자유를 억압하는 감옥이기도 했다.

그 규칙들이 사실은 '나의 바람'일 뿐, 절대적 진실이 아님을 깨닫고, 규칙에서 조금 벗어나 자유롭게 행동하는 자신을 상상했을 때, 그녀는 난생처음 '밝고 투명한 하늘'을 보는 듯한 해방감을 느꼈다.

현대 심리학으로 살펴본
핵심 믿음의 형성 과정

: 마음의 설계도 이해하기

지금까지 살펴본 강렬하고 생생한 이야기들은 우리 마음의 보편적 구조를 드러낸다. 우리가 핵심 믿음을 다루기 어려운 이유는 그것이 의식의 표면 아래, 아주 깊은 곳에 숨어 있기 때문이다. 그것은 마치 나무의 뿌리와 같다. 우리는 바람에 흔들리는 나뭇잎(순간의 생각)은 쉽게 보지만, 나무 전체를 지탱하는 거대한 뿌리(핵심 믿음)는 땅속에 감춰져 있어 알아차리기 어렵다.

현대 심리학, 특히 인지행동치료(CBT)의 창시자 아론 벡(Aaron Beck) 박사는 우리 마음이 이 나무와 비슷한 세 가지 층위로 존재한다고 보았다.

1. **자동적 사고(Automatic Thoughts):** 가장 표면에 있는 '나뭇잎'이다.

특정 상황에서 반사적으로 튀어나오는 생각이나 이미지다.

> **예** 혁진 님이 아버지의 말을 들었을 때 '어떻게 저러실 수 있지?'라고 즉각적으로 반응한 것

2. **중간 믿음(Intermediate Beliefs)**: '가지와 줄기'에 해당하며, '~라면, ~해야 한다' 형태의 규칙이나 태도, 가정이다.

> **예** 진우 님의 '장남이라면, 가족을 희생하며 부양해야 한다'라는 생각

3. **핵심 믿음(Core Beliefs)**: 가장 깊은 '뿌리'이며, 자기 자신, 타인, 세상에 대한 가장 근본적이고 절대적인 믿음이다.

> **예** 민지 님의 '나는 근본적으로 잘못된 존재다'라는 믿음

마음챙김 명상은 이 생각의 구조를 비추는 강력한 빛과 같다. 생각을 관찰하며 '나뭇잎'(자동적 사고)을 알아차리고, 레인(RAIN) 명상이나 바이런 케이티의 '네 가지 질문'을 통해 그 뿌리인 '핵심 믿음'까지 탐색해 들어가는 여정인 셈이다.

상처가 만든 마음의 지도, 스키마

스키마 치료(Schema Therapy)의 창시자 제프리 영(Jeffrey Young) 박사는 이 '뿌리'가 어떻게 형성되

는지에 대해 중요한 통찰을 제공했다. 그는 우리가 어린 시절 채워져야 했을 핵심적인 정서적 욕구(안정적인 애착, 수용, 자율성 등)가 좌절될 때, 마음속에 특정한 생각과 감정의 패턴, 즉 '부적응적 스키마'가 형성된다고 보았다.

모든 아이에게는 보편적 욕구가 있다. 하지만 양육 환경의 문제로 이런 욕구가 지속적으로 좌절되면, 아이는 그 고통스러운 세상을 이해하고 살아남기 위해 자신만의 생존 지도를 그린다. 이것이 바로 스키마, 즉 핵심 믿음의 또 다른 이름이다.

마보 과정에 참여했던 민지 님의 '부모님은 나를 사랑하지 않는다'는 고통스러운 믿음은 바로 이 스키마 이론으로 설명할 수 있다. 어린 시절, 그녀에게는 부모로부터 무조건적인 수용과 안정적인 사랑을 받고자 하는 핵심 정서적 욕구가 있었을 것이다. 하지만 어떤 이유에서든 그 욕구가 충분히 채워지지 않았을 때, 어린 마음은 그 상황을 이해하기 위해 스스로에게 질문을 던진다.

'왜 나는 사랑받지 못할까?'

그리고 아이가 내릴 수 있는 가장 논리적인 결론은 이것이다.

'나에게 뭔가 문제가 있기 때문이다.'

이것이 바로 '결함/수치심' 스키마의 시작이다. 이 스키마는 '나는 사랑받을 가치가 없어', '나의 본모습은 어딘가 잘못됐다'라는 핵심 믿음으로 굳어진다. 이 믿음은 너무 고통스럽기 때문에, 우리는 이 고통을 피하기 위한 나름의 대처 방식을 만들어 낸다.

민지 님의 경우, 부모님의 인정을 받기 위해 ‘완벽한 딸’이 되어야 한다는 강박에 시달렸다. 이는 스키마에 ‘굴복’하여, 그 믿음이 사실이라고 받아들이고 그 안에서 사랑을 얻으려는 처절한 노력이라고 볼 수 있다. 가보르 마테 박사가 말했듯, 자신의 진정한 감정과 욕구를 희생해서라도 부모와의 애착을 지키려는 아이의 눈물겨운 생존 전략인 셈이다.

우리 모두의
어깨 위에 놓인 돌멩이

긍정심리학의 창시자 마틴 셀리그만(Martin Seligman)은 우리가 부정적 사건을 해석하는 방식이 고통의 크기를 결정한다고 말했다. 그는 비관적인 사람들이 보이는 세 가지 특징의 설명 스타일을 ‘3P’라고 불렀는데, 이는 우리가 핵심 믿음에 갇혔을 때 자주 나타나는 전형적인 패턴이기도 하다.

- **개인성(Personal)**: 나쁜 일이 생기면 전적으로 ‘내 탓’이라고 생각한다. ‘내가 부족해서’, ‘내가 잘못해서’ 이 모든 일이 벌어졌다고 스스로를 비난한다.
  암 진단을 받고 마보 과정을 찾아왔던 미옥 님의 경우가 그랬다. 그녀는 ‘왜 하필 나에게 이런 일이?’라는 생각에 사로잡혀 있었다. 그러나 핵심 믿음 작업을 통해 그녀는 암이라는 고통이 결코 그녀만의 특별한 사건이 아님을 깨닫고, 고립감에서 벗어날 수 있었다.

- **영속성(Permanent):** '이 고통은 영원히 끝나지 않을 거야', '내 인생은 앞으로도 계속 이럴 거야'라고 믿는다.

  은성 님은 만성 통증으로 고생하며 '이 고통은 평생 갈 것이다'라는 절망감에 사로잡혀 있었다. 하지만 마음챙김을 통해 우리가 배우는 가장 근본적인 진실 중 하나는 "모든 것은 변한다"는 사실이다.

- **전반성(Pervasive):** 하나의 영역에서 겪은 실패나 고통이 삶의 모든 영역을 뒤덮도록 내버려둔다.

  참가자 민욱 님은 회의 중 상사에게 공개적으로 지적을 받은 후 깊은 무력감에 빠졌다. 단 한 번의 지적이 마치 자신의 모든 업무 능력과 인격 전체를 부정하는 것처럼 느껴진 것이다. 그러나 삶 전체라는 더 큰 관점에서 보면, 그 경험은 그의 삶에서 아주 작은 한 부분일 뿐이다.

우리는 이처럼 어깨 위에 수많은 돌멩이를 이고 살아간다. '나는 ~해야만 해', '세상은 ~이어야만 해'라는 믿음의 돌멩이들 말이다. '나는 잘해야만 해', '나는 인정받아야 해', '나는 모든 것을 통제해야 해'. 이 돌멩이를 올려놓은 것도 나 자신이고, 이것을 내려놓을 수 있는 사람도 결국 나 자신뿐이다. 핵심 믿음 작업을 한다는 것은, 내 어깨를 짓누르고 있던 이 돌멩이들을 하나씩 알아차리고, "이것은 진실인가?"라고 물어보며, 그것들을 부드럽게 내려놓는 과정이다.

많은 분이 내게 묻는다. "명상을 한 후 무엇이 달라졌나요?"

그럴 때마다 나는 이렇게 답하곤 한다. "제가 많이 가벼워졌어요."

나에게 수행의 과정은 '당연히 지고 다녀야 한다'고 믿었던 돌멩이들을 하나씩 내려놓는 과정이었다.

상상해보자. 당신이 수년간, 수십 년간 쌓아 올린 돌멩이들이 하나씩 사라질 때마다 당신의 삶은 얼마나 가벼워질까?

핵심 믿음 들여다보기
RAIN 명상

나의 고통을 들여다보는 RAIN 명상

이 연습에는 조용한 공간과 약간의 시간, 그리고 종이와 펜이 필요합니다. 이 연습은 감정적으로 힘들 수 있으니, 스스로 감당할 수 있다고 느껴지는 수제부터 시작하는 것이 좋습니다. 만약 중간에 압도되는 느낌이 든다면 언제든 연습을 멈추고, 몸의 감각이나 호흡으로 돌아와 안정을 되찾아야 합니다.

◆ 준비

편안하지만 깨어 있는 자세로 앉아 눈을 감아보세요. 세 번 깊이 숨을 들이쉬고 내쉬며, 몸과 마음을 지금 이 순간으로 데려옵니다.

◆ 주제 떠올리기

최근 당신을 힘들게 했던 사람이나 상황, 혹은 반복적으로 떠올라 괴로움을 주는 생각을 부드럽게 마음속으로 떠올려보세요.

◆ **RAIN 적용하기**

R-알아차리기: 그 생각이나 상황을 떠올렸을 때, 지금 몸과 마음에서 어떤 일이 일어나는지 알아차려 봅니다.

'가슴이 조여온다', '어깨가 굳는다', '수치심이 느껴진다'와 같이 몸의 감각, 감정, 생각을 있는 그대로 인식해 보세요.

A-허용하기: 이 불편한 경험을 밀어내려 하지 않고, 잠시 지금 여기에 있도록 허용합니다. 마치 하늘이 구름을 허용하듯, 당신의 알아차림이 이 모든 경험을 부드럽게 감싸안도록 해주세요.

I-탐색하기: 이제 펜을 들고 다음 질문에 대한 답을 마음속에서 떠오르는 대로 적어 내려가 보세요.

1) 이 고통스러운 순간, 내가 믿고 있는 것은 무엇입니까?

- **예** 나는 사랑받을 자격이 없어.", "그 사람은 나를 존중해야만 해.", "나는 항상 실패할 거야."
  한 문장으로 명확하게 정리해 봅니다.

---

2) 그것은 진실입니까?

- 단순히 '예/아니요'로 답하기보다, 잠시 멈추어 그 믿음이 100% 절대적인 진실인지, 아니면 나의 생각이나 해석인지 깊이 느껴보세요.

3) 내가 그 생각을 믿을 때, 나는 어떻게 반응하나요? 그 믿음은 나의 삶에 어떤 영향을 미칩니까?

- 그 믿음이 떠올랐을 때의 감정, 신체 반응, 행동 패턴을 구체적으로
  적어보세요.

4) 그 생각이 없다면 나는 누구일까요?

- 만약 그 믿음이 나에게 없다면, 내 느낌과 행동은 어떻게 달라질지
  상상해 보세요.
- 그 자유로움을 마음속으로 충분히 느껴봅니다.

N-보살피기: 글쓰기를 멈추고 다시 눈을 감습니다.

이 모든 탐색 과정에서 드러난 당신의 연약하고 상처받은 마음에 따뜻한 위로와 자애를 보내주세요. 손을 가슴 위에 올리고, 속으로 이렇게 말해도 좋습니다.

"힘들었구나. 괜찮아."

당신은 그 믿음 자체가 아니라, 그 믿음을 알아차리고 돌볼 수 있는 자비로운 존재임을 기억하세요.

이 연습을 통해 당신을 괴롭히던 믿음이 단번에 완전히 사라지지 않을 수도 있습니다. 괜찮습니다. 중요한 것은 그 믿음이 '절대적 진실'이 아님을 알아차리고, 그 믿음과 나 자신 사이에 작은 공간을 만들어 내는 것입니다. 그 공간이 생기는 순간, 우리는 비로소 자유를 향한 첫걸음을 내디딜 수 있습니다.

고통에서 벗어나 온전한 나 받아들이기

핵심 믿음을 해체하는
두 개의 날개

: 지혜와 자비

스키마든, 핵심 믿음이든, 나무의 뿌리든, 그것을 부르는 이름과 상관없이 우리가 마음의 감옥에서 벗어나 훨훨 날아오르기 위해서는 날개가 필요하다. 바로 그 믿음이 정말 진실인지 질문하는 지혜(慧, prajñā, wisdom)와 그 믿음 때문에 아파했던 나를 보듬어주는 자비(悲, karuṇā, compassion)의 날개다.

타라 브랙의 RAIN 명상, 바이런 케이티의 네 가지 질문은 모두 우리를 고통스럽게 하는 생각의 절대성에 균열을 내는 지혜의 망치와 같다. 민지 님이 '부모님은 나를 사랑하지 않는다'는 믿음에 처음으로 '정말 진실인가?'라고 물었을 때, 그녀의 마음속에서는 작은 균열이 일어났다. '내가 원하는 방식은 아니었지만… 그분들에게는 최선이었을지도 몰라.' 이 작은 의심의 틈으로, 수십 년간 그녀를 가두었던 감옥의 벽을 허물 빛이 들어오기 시작했다.

하지만 지혜만으로는 충분하지 않을 때가 있다. 머리로는 믿음이 사실이 아님을 알아도, 가슴은 여전히 과거의 상처와 현재의 문제로 아프다. 이때 필요한 것이 바로 타라 브랙이 RAIN 명상에서 강조한 마지막 단계, 보살핌이다. 이것은 인지적 통찰을 넘어, 내 안의 보드라운 마음을 따뜻하게 안아주는 자비의 실천이다. 민지 님이 '완벽한 딸이 될 필요가 없는 보통의 사람'이라는 사실을 깨달았을 때 느꼈던 '엄청난 안도감과 편안함'은 바로 이 자비의 경험이다. 그것은 '너는 사랑받지 못했어'라는 과거의 상처에 '괜찮아, 이제 내가 너를 사랑해 줄게'라고 스스로 보듬어 안아주는 치유의 순간이었다.

자기 자비의 진정한 의미와 자기 자비가 모든 자비의 출발점인 이유

                              "Love Yourself(당신 자신을 사랑하라)!"

많은 심리학 관련 책과 잡지, 그리고 케이팝 가사나 티셔츠에 적힌 문구에서 자주 보는 말이다. 마보 과정에 참가한 많은 분이 알아차림의 힘이 깊어져 늘 자신을 비난하는 내면의 목소리를 발견하고 나면 "저는 자존감이 낮은 것 같아요. 어떻게 하면 저를 사랑할 수 있을까요?"라고 말하곤 했다. 그런데 우리는 이 지점에서 스스로의 마음을 더 깊이 들여다볼 필요가 있다. 정말 내가 나를 사랑하지 않아서, 자존감이 낮아서 힘든 것일까?

동료들 앞에서 상사에게 지적을 당한 이후로 보고 자체가 너무나 힘들어졌다고 했던 민욱 님의 경우, 그에게는 "나는 회사에서 인정받아야 한다"라는 강한 핵심 믿음이 있었다. 더 파고들어 가보니 그 안에는 "나니까 더 잘해야 한다"라는 생각과 '나는 특별한 사람이어야 해. 나는 뭐든지 잘해야 해'라는 또 다른 핵심 믿음이 자리 잡고 있었는데, 그렇지 않은 현실의 자신과 그 믿음 사이의 차이가 그를 고통스럽게 만들었던 것이다.

이 고통의 작동 원리를 심리학자 토리 히긴스(Tory Higgins)의 자기 불일치 이론(Self-Discrepancy Theory)에 빗대어보면 이해할 수 있다. 이 이론은 우리의 심리적 고통이 마음속 여러 '자기 모습'들 간의 불일치에서 비롯된다고 설명한다. 히긴스에 따르면 우리 안에는 '현실의 나(Actual Self)'와 우리가 바라는 '이상적인 나(Ideal Self)'가 존재한다. 민욱 님에게 '이상적인 나'는 '뭐든지 잘 해내서 모두에게 인정받는 특별한 존재'였다. 이 '이상적인 나'와 '현실의 나(상사에게 지적받고 위축된 나)' 사이의 불일치는 특히 실망감, 불만족, 슬픔, 우울감과 같은 자신을 작게 만드는 감정을 유발했다.

결국 민욱 님이 겪었던 괴로움은 단순히 '자존감이 낮아서'가 아니라, 비현실적으로 높은 '이상적 자기'의 기준을 충족시키지 못하는 '현실의 자기'를 받아들이지 못하는 데서 오는 필연적 고통이었던 셈이다. 그러니 우리가 자신을 자책하며 고통스러워하는 이유는, 어쩌면 스스로를 너무 사랑한 나머지 자기가 되고 싶은 비현실적인 '이상'에 집착해 그 이상과 현실의 간극이 발생할 때 스스로에게 실망하기 때문인지도 모른다.

스스로에게 가혹해지는 이유, 비교라는 함정

그렇다면 우리를 고통스럽게 하는 그 비현실적인 '이상적인 나'는 도대체 어디에서 오는 것일까? 많은 경우, 그것은 '비교'라는 마음의 습관에서 비롯된다.

최근 작은 동네 병원을 개원한 현정 님은 다른 과 전문의인 의사 남편의 도움을 받으며 주변 사람들의 부러움을 한 몸에 사고 있었다. 그러나 그녀는 자신의 현실이 불만족스러웠다. 일찍 결혼하지 않았다면 더 큰 병원에서 교수로 일할 수 있었을 것이라며, 학창 시절 자기보다 뒤처졌던 동기가 큰 병원에 교수로 채용되었다는 소식에 솔직히 기분이 나빴다고 했다. 우리는 우선 그녀가 솔직하게 자신의 마음에 떠오른 질투심을 알아차렸다는 것을 축하했다. 질투심은 아주 교묘한 감정이라 종종 그 정체를 숨기고 다른 감정으로 떠오르곤 하기 때문이다. 핵심 믿음 작업을 통해 그녀는 자신의 마음속에 너무나 당연하게 자리 잡고 있었던 생각, 즉 '나는 늘 최고여야 하고 사람들은 늘 나를 부러워해야 해'를 발견했다. 그 생각은 삶에서 고통을 유발하기보다는 지금까지 그녀의 삶을 더 나아지게 하는 원동력처럼 보였다. 하지만 많은 것을 이미 이룬 현실에서도 늘 주변 사람들과 스스로를 비교하고 더 돋보이고 싶어 했던 그녀의 핵심 믿음은, 그녀를 '성취'라는 쳇바퀴로 끊임없이 밀어 넣고 늘 부족하다고 느끼게 했다.

우리는 늘 남과 비교해 '내가 저 사람보다 낫다', '내가 저 사람보다 못하다', 혹은 '나와 저 사람은 같다'라는 생각을 한다. 그러나 붓다는 '내가 저 사람보다 낫다'라는 마음뿐 아니라 '같다'거나 '못하다'라고 비교하는 행위 자체가 현실을 있는 그대로 보지 못하기 때문에 생기는 일이라고 하셨다. '내가 저 사람보다 낫다', '내가 저 사람과 같다', '내가 저 사람보다 못하다'고 생각하는 순간, 우리는 이미 비교의 주체인 '나'를 고정불변의 실재로 간주하고 비교를 시작한다. 핵심은 비교의 '결과'가 좋은지 나쁜지가 문제가 아니라는 것을 깨닫는 것이다. 비교하는 '행위 그 자체'가 바로 우리를 고통에 묶어두는 족쇄다. 비교의 저울을 꺼내 드는 순간, 우리는 이미 '나'와 '남'을 분리하고, 끊임없이 흔들리는 상대적 가치 위에 나를 세우려고 애쓰게 된다. 이 비교하는 마음의 습관은 참으로 교묘하게 늘 우리를 따라다닌다.

위빠사나 리트릿은 열흘 동안 침묵 속에서 집중 명상을 하는 수행

프로그램이다. 참가자들은 침묵 속에서 오직 자기 몸과 마음을 관찰하는 일에만 몰두한다. 그런데 말을 하지 않기 때문에 다른 참가자들에 대해 이러저러한 환상을 혼자서 만들어가게 된다. 오죽하면 위빠사나 크러시(위빠사나 명상 리트릿에서 만난 낯선 사람에게 첫눈에 반하는 것)라는 용어가 있을 정도다. 위빠사나 명상 리트릿에 몇 번 참가하고 난 뒤 나는 스스로 '나는 이제 어느 정도 명상을 하는 사람'이라는 정체성을 만들어 냈다. 그리고 명상홀에서 다른 참가자들과 끊임없이 나를 비교했다. 내가 다른 사람들보다 얼마나 오랫동안 움직이지 않고 꼿꼿이 잘 앉아 있는지, 얼마나 진지하게 수행하는지 혼자 겨루고는 했다.

그러다 한 리트릿에서 쉬는 시간까지 움직이지 않고 명상의 희열에 빠져 있는 참가자를 보았다.

'와, 저 사람은 정말 명상을 오랫동안 한 고수인가 봐. 나보다 더 멋진 경험을 하고 있음이 틀림없어.'

명상하려고 앉았을 때 이런 생각이 떠올랐음을 알아차렸다. 그리고 그 순간 빙그레 웃음이 나왔다. 나는 수행조차도 비교와 성취의 대상으로 삼고 있었던 것이다.

이 '비교의 감옥'에서 벗어나는 길은 의외로 간단하다. 내가 얼마나 잘하고 있는지를 현미경으로 들여다보며 스스로를 끊임없이 점검하는 대신에 주의를 밖으로 돌려 지금 이 순간의 '상황 그 자체'와 다른 사람들 역시 나와 마찬가지로 자기 자신에게 가장 몰두해 있다는 '현실'을 알아차리는 것이다.

'나'에 대한
중요도 내려놓기

　　　　　　2018년 샌프란시스코에서 열린 명상 컨퍼런스 위즈덤 2.0(Wisdom 2.0)에 참여했을 때 일이다. 그곳 메인 무대에서 2019년 한국에서도 위즈덤 2.0을 개최한다는 내용을 발표하기로 했다. 그 무대에 선다는 것은 정말 대단한 일로 여겨졌기에 며칠 전부터 영어로 대본을 써서 달달 외우고 예쁜 옷도 준비했다. 나의 일본인 동료 기미코 보쿠라와 함께 나가는 무대였는데, 우리 두 사람 모두 긴장으로 상기되어 있었다. 늘 객석에 앉아 무대에 서는 사람들만 보다가 백스테이지에 있는 대기실에 가니 내로라하는 명상 선생님들과 실리콘밸리의 영향력 있는 인사들이 가득했다. 마치 꿈만 같았다.

그런데 무대에 서서 한껏 멋지게 대사를 하는 순간, 나는 말을 하는 동시에 영어 문법이 틀렸다는 것을 알아차렸다. 얼굴이 화끈해지고 식은땀이 등을 타고 흘렀다. 내가 한 말은 단 세 줄 정도의 문장이었는데 그 문장조차도 제대로 이야기하지 못하다니! 무대를 내려오며 나에 대한 자책감으로 화가 날 지경이었다.

재미있었던 것은, 아무도 그 실수를 몰랐다는 것이다. 나에게는 너무나도 중요한 일이었지만 대부분의 사람에게는 그저 눈치도 챌 수 없을 만큼 짧은 시간에 있었던 일이었고, 설사 눈치챘다 한들 별일이 아니었던 것이다.

마보에 온 사연 중에 사람들과 말할 때마다 늘 얼굴이 빨개져 괴롭다는 대학교 새내기의 사연이 있었다. 그녀는 신입생 환영회에서 자기소개를 해야 하는 것만 생각해도 너무나 긴장이 된다며 명상을 통해 이 증상을 없앨 수 있냐고 물어보았다. 내가 그녀에게 썼던 답장은 볼이 빨개져도 괜찮다는 것이었다. 사람들은 볼이 빨개진다고 해서 이상하다고 생각하기보다는 귀엽다고 생각할 것이라고, 그리고 자신이 무슨 말을 할지만 생각하기보다는 다른 친구들이 자기소개할 때 잘 관찰해보라고 했다. 그러면 다른 친구들도 긴장하고 있다는 것을 그들의 떨리는 목소리나 빨개지는 얼굴로 알아챌 수 있을 것이라고 말해주었다.

얼마 후 그녀가 정말로 주의를 다른 친구들에게 가져가자, 그때까지는 보지 못했던 다른 사람들도 긴장하고 있다는 것을 보게 되었다고 말했다. 다른 사람들이 긴장하는 그 모습이 귀여워 보였던 그녀는 다른 사람들도 자신을 그렇게 생각할 것이라는 걸 깨달았다.

우리는 나 각자 자기 자신만을 생각한다. 자신의 실수나 성공에 지나친 의미를 부여하면서 말이다. 하지만 다른 사람들도 다 자기만 생각하고 있다. 이상하게 들리지만, 그것은 의외로 우리에게 해방감을 준다. 다른 사람들도 자기가 다른 사람들에게 어떻게 보일지 생각하느라 내가 생각하는 것만큼 나의 실수나 성공에 관심이 없을 수도 있기 때문이다.

이렇게 모든 사람은 다 스스로를 가장 아끼며 특별해지고 싶어 한다. 언뜻 생각하면 이기적으로 들리지만 사실 이것을 인정하는 것이 자비심의 출발이 된다. 왜 그럴까?

나로부터
시작하는

자비심의 확장

"동서남북 사방의 마음을 다 기울여 돌아다닌다 해도 자기 자신보다 소중한 사람은 어디에서도 찾을 수 없다."

붓다의 말씀이다. 하지만 조금 이상하지 않은가? 붓다나 예수님이나 다른 사람들에 대한 사랑을 강조한 분들인데 왜 "자기 자신보다도 소중한 사람은 어디에서도 찾을 수 없다"고 했을까?

불교 경전에 이 진리를 명쾌하게 보여주는 왕과 왕비의 이야기가 전해진다. 붓다 당시, 한 왕이 자신이 가장 총애하는 현명한 왕비에게 물었다. "당신은 세상에서 누구를 가장 사랑하오?"

왕은 당연히 '당신'이라는 답을 기대했지만, 왕비는 골똘히 생각에 잠겼다. 언짢아하는 왕에게 왕비가 되물었다. "왕이시여, 당신은 누구를 가장 사랑하십니까?" 왕은 주저 없이 "당신이지!"라고 대답했다.

그러자 왕비가 물었다. "제가 당장 내일 당신이 총애하는 신하 중

한 명과 도망간다면, 어떻게 하시겠습니까?"

왕은 격노하며 "그런 일이 생기면 끝까지 쫓아가 둘 다 죽여버릴 것이오!"라고 답했다.

왕비가 차분하게 말했다. "그것 보십시오. 당신이 만약 정말로 나를 가장 사랑하는 것이라면, 내가 누구랑 도망을 가든 나의 행복을 빌어주었을 것입니다. 당신은 나를 세상에서 가장 사랑하는 게 아니라, 나를 사랑하는 자신을 사랑하는 겁니다. 인간은 태생적으로 자기 자신을 가장 사랑할 수밖에 없습니다."

왕이 그 말을 듣고 왕비의 말에 일리가 있다고 생각했다. 그들이 이 깨달음에 대해 붓다를 찾아가 여쭙자 붓다는 왕비의 말이 맞다며 이렇게 말씀하셨다. "동서남북 사방의 마음을 다 기울여 돌아다닌다 해도 자기 자신보다 소중한 사람은 어디에서도 찾을 수 없다." 그리고 뒤에 더 중요한 말을 덧붙이셨다. "그와 마찬가지로 모든 사람은 자기를 가장 소중하다고 여긴다. 그러므로 자신을 사랑하는 사람은 다른 사람을 해치면 안 된다."

이 이야기의 핵심은 바로 여기에 있다. 우리가 '나'를 진정으로 사랑하고 나의 행복이 얼마나 절실한지 깨닫게 될 때, '남'도 나와 똑같이 행복하기를 바라는 살아 있는 존재라는 것을 깨닫게 된다.

그렇다면 진정으로 나를 사랑한다는 것은 무엇일까? 그것은 내가 남보다 낫거나, 잘하거나, 특별해서 사랑하는 것이 아니다. 오히려 내가 남보다 못할 수도 있고, 지질하고, 수치스러운 면이 있음을 알면서도, 그 모든 것을 그저 지금 있는 그대로 받아들이는 것이다. 궁극적으로는 남과 비교할 필요가 전혀 없다는 진실을 깨닫는 것이다.

이것은 완벽함이 아니라 '온전함'에 대한 이야기다. 우리는 완벽하지 않다. 아니, 애초에 '완벽'이라는 것은 존재하지 않는다. 모든 것은 변하고 있기 때문이다. 초등학교 1학년은 1학년 그대로 온전하다. 우리는 초등학교 1학년에게 6학년의 일을 하지 못한다고 비난하지 않는다. 1학년이 그 자체로 온전하기에, 그 아이는 건강하게 성장해 3학년이 되고 6학년이 될 수 있다. 만약 어떤 1학년이 모든 면에서 '완벽'하다면, 그 아이에게는 성장의 여지가 없을 것이다.

우리도 마찬가지다. 지금 이대로의 나, 결점 많고 불완전한 나 자신은 완벽하지 않지만, 그대로 온전하다. 이 온전함을 바탕으로 우리는 계속해서 변화하고 성장할 수 있다. 이것이 바로 내가 설정한 '이상적인 나'에 도달하지 못했어도 변함없이 나를 받아들이는, 존재 그 자체에 대한 조건 없는 사랑이다. 이 사실을 몸과 마음 깊이 받아들일 때, 우리는 스스로를 다그치는 대신 따뜻하게 보살피며 앞으로 나아갈 힘을 얻게 된다. 실패나 성공이라는 좁은 프레임에 스스로를 가두지 않기에, 비로소 하고 싶은 것을 시작할 용기를 갖게 된다.

자비의 보편적 가치와
수행의 단계

명상하면서 많은 분이 묻는다. "수행을 잘하고 있다는 것을 어떻게 알 수 있나요?"

그때마다 나는 '나'의 마음을 들여다보는 것으로 시작해 살아 있는 모든 존재와의 연결을 느끼게 되는 마음의 확장 과정을 설명한다.

그 첫 단계는 내 생각을 알아차리는 마음챙김에서 시작한다. 우리는 명상을 통해 '아, 내가 또 이런 생각을 하고 있구나' 하고 내 마음의 습관적 패턴, 특히 부정적 생각의 반복을 인지하게 된다. 이것이 알아차림의 시작이다.

두 번째 단계는 알아차림을 통해 스스로에 대한 자비심이 싹트는 과정이다. 나를 괴롭히던 생각의 뿌리가 얼마나 깊었는지, 그 생각 때문에 내가 얼마나 고통받고 있었는지를 명확히 보게 되면, 스스로를 향한 연민이 자연스럽게 올라온다. '아, 내가 이렇게나 힘들었구나.' 이렇게 스스로의 고통을 따뜻하게 보듬어주는 자기 친절과 자기 자비가 깊어지면서, 나에 대한 이해는 더욱 깊어진다.

그리고 마침내 세 번째 단계에 이르면, 이 자비심은 타인을 향해 확장되기 시작한다. 처음 마보 과정에서 만났을 때 그저 '낯선 사람'이었던 참가자들이, 서로의 아픔을 나누는 과정에서 더 이상 남으로 느껴지지 않게 되는 것과 같다. '저 사람에게도 저런 아픔이 있었구나. 저 사람도 저것 때문에 고통받고 있구나.' 다른 사람의 고통에서 나의 얼굴을 보는 순간, 우리는 모두가 연결되어 있다는 보편적 인간성을 체감하게 된다.

흥미롭게도 자비심은 우리가 흔히 아는 '사랑과 친절(Mettā, Loving-kindness)'과는 구별된다. 사랑과 친절이 '모든 존재가 행복하기를' 바라는 광범위하고 따뜻한 마음이라면, 자비심(Karuṇā, Compassion)은 다른 존재의 '고통'을 마주했을 때 그것을 덜어주고 싶어 하는, 더 적극적이고 간절한 마음이다. 다른 사람의 아픔에 함께 아파하고, 그 고통을 외면하지 않고 기꺼이 함께하려는 용기인 것이다.

자비 명상을 처음 접하는 사람들은 의아해하기도 한다. '자신의 마음을 들여다보는 것이 명상인 줄 알았는데, 다른 사람의 행복을 빌어주는 것은 기도에 가깝지 않나?' 하고 말이다.

하지만 명상을 뜻하는 팔리어 '바바나(bhāvanā)'가 '마음 계발', 즉 '좋은 자질을 기르고 경작한다'는 의미에 가깝다는 것을 상기하면 자비 명상은 우리 마음에 내재된 자비심이라는 씨앗을 키우는 마음의 훈련이다. 이는 현대 신경과학을 통해서도 증명되고 있다. 위스콘신 대학교의 리처드 데이비슨(Richard Davidson) 박사와 같은 연구자들은 자비 명상이 뇌에 미치는 영향을 연구했다. 그 결과, 자비 명상을 꾸준히 수행한 사람들은 공감 및 감정 조절과 관련된 뇌 영역인 전전두엽 피질과 섬엽의 활동이 증가하고, 긍정적인 감정과 관련된 보상 회로가 활성화되는 것을 발견했다. 이는 자비심이 단순히 감상적 느낌이 아니라, 훈련을 통해 실제로 뇌의 구조와 기능을 변화시키는 구체적 훈련임을 보여준다.

우리가 길러야 할 자비심은 '동정(pity)'과는 근본적으로 다르다. 동정은 종종 '나는 너보다 나은 위치에 있다'는 미묘한 우월감에서 비롯된다. '불쌍한 사람'을 내려다보는 시선이다. 그러나 진정한 자비심은 나와 남을 분리하는 마음 자체를 내려놓는 데서 시작한다.

초기 경전인《상윳따 니까야》에 이런 이야기가 나온다. 붓다가 제자들과 길을 가시다가 몹시 고통받는 힌 사람을 마주쳤다. 한 세사가 여쭈었다. "스승님, 저런 사람을 볼 때 저희는 어떤 마음을 가져야 죄를 짓지 않겠습니까?" 붓다께서 답하셨다. "'나 또한 한때 저 사람과 같았느니라'고 생각하여라."

이 가르침은 자비의 핵심을 꿰뚫는다. 타인의 고통을 나와 분리된 먼 나라의 이야기로 보는 것이 아니라, 언제든 나에게도 닥칠 수 있는, 혹은 과거의 어느 생에선가 이미 겪었을지 모를 보편적인 인간의 조건으로 받아들이는 것이다. 이러한 평등한 시선 위에서라야 진정한 자비가 피어날 수 있다.

그럼 이제 직접 자비 명상을 통해 우리 안의 자비심을 일깨워보도록 하자.

자비 명상
실습

자비 명상을 할 때 중요한 것은 안내하는 문구가 여러분 마음에 딱 들어맞지 않는다면 언제든지 바꾸어도 된다는 것이다. 여러분에게 진실하게 다가오도록, 이 문구가 가슴으로 느껴지도록 바꾸어 보자.

자비 명상은 다섯 단계로 진행된다.

1. 나 자신에 대한 자비

2. 내가 사랑하는 사람에 대한 자비

3. 나와 관계없는 중립적인 사람에 대한 자비

4. 내가 싫어하거나 어려워하는 사람에 대한 자비

5. 모든 존재에 대한 자비

• 몸으로 돌아오기

편안한 자세로 앉아 등을 곧게 펴되 어깨와 목의 힘은 뺀다. 천천히 숨쉬며 2~3회 깊이 들이마시고, 천천히 내쉰다.

• 현재 순간 알아차리기

그리고 지금 이 순간, 여기 이렇게 앉아 있는 나를 알아차린다. 여러

분들은 왜 이곳에 앉아 있나? 고통에서 벗어나기 위해서, 행복해지기 위해서, 나를 찾기 위해서… 우리는 함께 내가 고통받고 있었다는 것을 인정하고 받아들였고, 그 고통의 원인을 희미하게나마 발견할 수 있었다.

• 1단계: 나 자신에 대한 자비

이제 진심을 다해 나 스스로에게 말해준다:

"내가 고통에서 자유롭기를. 내가 고통의 원인에서 벗어나기를. 내가 진정한 행복을 찾을 수 있기를. 내가 온전한 나를 만날 수 있기를."

• 2단계: 사랑하는 사람에 대한 자비

이제 나의 이 마음을 내가 사랑하는 누군가, 혹은 내가 존경하는 누군가에게 보내본다. 그 사람이 바로 내 앞에 있다고 상상해보라. 그리고 이 사람도 자신의 삶에서 고통을 당하고, 그럼에도 불구하고 행복하게 살고 싶어 하는 한 사람의 인간이라는 것을 기억하라. 그 사람의 눈을 바라보며 이렇게 말해본다.

"당신이 고통의 원인에서 벗어나기를. 당신이 고통으로부터 자유롭기를. 당신이 진정한 행복을 찾아갈 수 있기를."

• 3단계: 중립적인 사람에 대한 자비

이제 여러분의 눈앞에 내가 잘 모르는 누군가를 떠올린다. 경비 아저

씨나 내가 자주 가는 카페의 종업원이어도 좋다. 그 사람이 바로 여러분의 앞에 앉아 있다고 상상해보라. 그리고 그 사람을 바라보며 마음속으로 이렇게 빌어본다.

"당신이 고통의 원인에서 벗어나기를. 당신이 당신의 삶에서 맞닿을 고통으로부터 자유롭기를. 당신이 온전히 행복하기를."

• 4단계: 싫어하거나 어려워하는 사람에 대한 자비

이제 준비가 되었다면, 평소에 내 마음을 무겁게 했던 그 누군가, 나를 상처 주었던 누군가를 떠올려본다. 그 사람이 내 앞에 앉아 있다고 상상해본다. 이 사람도 자신의 삶에서 무지와 혼란으로 고통받고 있음을, 이 사람도 자신의 삶에서 행복해지기 원함을 떠올린다. 그리고 마음속으로 이렇게 빌어준다.

"당신이 행복하기를. 당신이 고통의 원인과 고통으로부터 자유롭기를. 당신이 온전히 행복해질 수 있는 원인을 찾게 되기를."

• 5단계: 모든 존재에 대한 자비

이제 여러분의 자비심이 점점 나의 안에서, 이 방을 넘어 온 세상으로 퍼져나간다고 상상해본다. 우리가 지금 함께하고 있는 80억의 인구 모두가 그저 행복해지고 싶어 하는 한 명의 인간일 뿐임을 떠올려본다. 모든 사람이 고통받고 있으며 그 고통에서 벗어나기를 원한다는 것을 기억한다. 그리고 이제 마음속으로 이렇게 빌어본다.

Chapter 7

"우리 모두가 고통과 고통의 원인에서 벗어나기를. 우리 모두가 행복과 행복의 원인을 갖게 되기를. 우리 모두가 온전히 행복해지기를."

• 마무리

모든 사람이 행복하기를. 모든 이가 고통에서 벗어나기를. 이 따뜻한 마음, 자비의 마음을 오늘 가슴에 모으고 일어난다. 천천히 호흡을 느끼고, 손가락과 발가락을 살짝 움직인 다음 눈을 뜬다.

나와 다른 사람의 진정한 행복을 빌어준다는 것의 의미는 무엇일까? 새해 인사나 덕담처럼 부자가 되고 잘 살기를 바라는 세상의 성공을 비는 것일까?

자비 명상에서 우리는 '행복과 행복의 원인을 갖게 되기를,' 그리고 '고통과 고통의 원인에서 자유롭기를'이라고 반복해서 바란다. 이 문장들의 핵심은 '행복'이나 '고통' 그 자체가 아니라, 바로 그 '원인'에 있다. 붓다는 고통의 가장 깊은 이유가 탐욕, 성냄, 어리석음이라는 세 가지 독에 있으며, 그 모든 것의 가장 깊은 뿌리에는 현실을 있는 그대로 보지 못하는 어리석음(avijjā)이 있다고 하셨다.

우리는 누구나 행복을 원하지만, 이 어리석음 때문에 무엇이 진정한 행복의 이유가 되는지 알지 못한다. 그래서 마치 목이 마르다고 바닷물을 마시는 사람처럼, 감각적 즐거움이나 성공, 인정을 끊임없이 좇는다. 하지만 이런 것들은 갈증을 잠시 달래줄 뿐, 근본적인 불만족을 더욱 키울 뿐이다. 불교적 관점에서 '고통의 원인'이란 바로 이 세 가지 독에 물들어 짓는 해로운 행위이다. 반대로 '행복의 원인'은 탐욕, 성냄, 어리석음이 없거나, 지혜에 바탕을 둔 이로운 행위이다. 따라서 나와 다른 사람의 진정한 행복을 빌어준다는 것은, "이루고 싶은 것을 다 이루세요"라는 결과 중심의 축복의 말이 아니다. 그것은 우리가 무지에서 벗어나 진정한 행복의 원인을 깨닫고 그러한 행복의 원인을 가지게 되기를 빌어주는 것이다.

자비심은
감정이 아니라

행동이다

자비는 단순히 마음으로 느끼고 끝나는 감정이 아니라 고통을 덜어
주려는 마음이기에 적극적 행동으로 이어진다. 바로 이 지점에서 자
비는 우리가 흔히 혼용해서 쓰는 '연민(empathy)'과 구별된다. 우리는
보통 다른 사람의 고통에 깊이 공감하고 함께 아파하는 것을 좋은 것
으로 생각한다. 하지만 다른 사람의 고통을 마치 내 것처럼 느끼는
감정적 공감, 즉 연민에 오래 머무는 것은 오히려 우리를 지치게 하
고 무력감에 빠뜨릴 수 있다. 반면 자비는 다른 사람의 고통을 함께
느끼는 데서 멈추지 않고, '저 사람을 돕고 싶다'는 따뜻하고 이타적
인 동기로 전환되는 적극적인 마음 상태이다. 이 미묘하지만 결정적
인 차이는 현대 신경과학 연구를 통해 밝혀졌다.

독일 막스 플랑크 연구소의 저명한 신경과학자 타니아 싱어(Tania
Singer) 박사는 '자비 소진(compassion fatigue)'이라는 용어 자체가 오해

에서 비롯되었다고 지적한다. 그녀의 연구에 따르면, 우리를 지치게 만드는 것은 자비심이 아니라 통제되지 않은 '공감적 고통(empathic distress)'이다. 싱어 박사의 연구팀은 fMRI(기능적 자기공명영상)를 통해 사람들이 타인의 고통에 공감할 때와 자비심을 느낄 때 뇌의 어떤 영역이 활성화되는지를 관찰했다. 그 결과는 놀라웠다. 타인의 고통에 깊이 공감할 때, 우리 뇌에서는 실제로 우리가 직접 고통을 겪을 때 활성화되는 부위(전방 섬엽, 전방 중대상피질 등)가 똑같이 활성화되었다. 다른 사람의 아픔을 글자 그대로 '함께 느끼는' 것이다. 이러한 상태가 지속되면 부정적 감정이 쌓여 결국 탈진, 즉 '공감 피로'로 이어지게 된다. 하지만 참가자들이 공감에서 자비로 마음을 전환하도록 훈련받았을 때는 전혀 다른 뇌 영역이 활성화되었다. 타인의 고통을 덜어주고 싶다는 따뜻한 마음을 낼 때, 뇌에서는 긍정적 감정, 보상, 소속감과 관련된 부위(내측 안와전두피질, 복측 선조체 등)가 활성화된 것이다.

타니아 싱어 박사의 이러한 신경과학적 발견은 긍정 심리학 분야의 연구들과도 일맥상통한다. 자비로운 행동은 그 자체로 뇌의 보상 회로를 자극하여 행복감을 주며, 이렇게 생성된 긍정적 감정은 다시 우리를 더 자비로운 행동으로 이끄는 '긍정적 피드백 순환(positive feedback loop)'을 만들어 낸다. 결국 자비심 훈련은 타인을 위한 마음일 뿐만 아니라, 우리 자신의 긍정성을 깨우고 삶의 질을 높이는 강력한 심리적 도구인 셈이다.

더욱 놀라운 것은, 다른 존재를 향한 자비심이 가장 먼저 우리 자신에게 이로운 영향을 미친다는 사실이다. 자비심을 낼 때 우리 몸과 뇌에서는 구체적이고 긍정적인 생리적 변화가 일어난다. 자비심을 느끼는 순간, 우리 뇌에서는 '사랑의 호르몬' 또는 '유대감의 호르몬'이라 불리는 옥시토신(Oxytocin)이 분비된다. 옥시토신은 사회적 유대감을 강화하고 신뢰를 높이며, 불안과 스트레스를 줄여주는 역할을 한다. 다른 사람의 행복을 바라는 따뜻한 마음이 실제로 우리 몸의 화학 작용을 바꾸어, 스스로를 더 안전하고 편안하게 느끼도록 만드는 것이다.

자비심은 동시에 우리 몸의 스트레스 반응 시스템을 진정시킨다. 자비 명상을 할 때 부교감신경계의 핵심인 미주신경이 활성화된다. 미주신경은 심장 박동을 늦추고 혈압을 낮추며, 몸을 '휴식 및 소화' 상태로 전환시켜 스트레스 호르몬인 코르티솔(Cortisol)의 분비를 억제한다. 만성적인 스트레스와 염증이 현대인의 건강을 위협하는 가장 큰 요인임을 생각해보면, 자비심은 스스로의 몸과 마음을 보호하는 가장 강력한 방패가 되어준다.

결국 타인을 향한 자비로운 마음은 결코 나를 희생하는 행위가 아니다. 그것은 나와 남이 분리되어 있지 않다는 깊은 지혜에서 비롯된, 가장 현명한 선택일지도 모른다. 다른 사람의 고통을 덜어주려는 마음을 내는 그 순간, 우리는 가장 먼저 자기 자신의 고통에서 조금씩 벗어나기 시작한다. 우리의 뇌와 몸은 이미 그 사실을 알고 있다.

현명하게
이기적이라는 것

이 깊은 진실을 온몸으로 깨닫게 해준 잊지 못할 경험이 있다. 티베트의 영적 지도자이자 평화 운동가인 달라이 라마 존자님이 미국 대학을 순회 강연하실 때, 차드 멩 탄의 초대로 그의 가족과 함께 강연에 참석한 적이 있다. 대학교의 거대한 농구장을 가득 메운, 만 명에 가까운 관중이 모인 큰 행사였지만, 운 좋게도 거의 맨 앞줄에 앉아 존자님을 가까이서 뵐 수 있었다.

그날 강연은 UC 산타바바라의 교수진이 자신들의 연구를 존자님께, 그에 대한 의견을 듣는 형식으로 진행되었다. 첫 순서였던 한 교수는 무대에 오를 때부터 몹시 긴장한 기색이 역력했다. 아니나 다를까, 그가 마이크를 잡고 첫 문장을 시작하는 순간, 사레가 들리고 말았다. 멈추려 할수록 기침은 더 심해졌고, 만 명이 넘는 관중은 안타까운 침묵 속에서 그를 바라볼 수밖에 없었다.

바로 그때였다. 달라이 라마 존자님이 조용히 옆에 놓인 물병을 들어 컵에 물을 따르시더니, 그 물컵을 직접 기침하는 교수에게 건네셨다. 교수가 물을 마시고 진정하는 사이, 존자님은 천천히 무대 중앙으로 걸어 나와 관객을 향해 말씀하셨다.

"방금 내가 저 교수님에게 물컵을 건네는 것을 다들 보셨지요? 내가 누구를 위해 그렇게 했다고 생각하십니까?"

갑작스러운 질문에 관중석이 잠시 술렁이더니, 이내 저마다의 답을 외치기 시작했다.

"교수님을 위해서요!" "우리 모두를 위해서요!"

존자님은 온화하게 웃으며 대답하셨다.

"나는 나 자신을 위해 저분에게 물컵을 건넸습니다. 그분의 말씀을 빨리 듣고 싶었거든요. 자, 이처럼 우리는 다른 사람을 돕는 행동을 할 때 그것이 그들을 위한 것이라고 생각하지만, 사실은 나를 위해 하는 경우가 많습니다. 우리는 모두 이기적(selfish)이기 때문입니다. 이 사실을 안다면, 이제부터는 현명하게 이기적(Wise selfish)이 되도록 노력하십시오. 어리석게 이기적(Foolish selfish)이지 않도록 하는 것이 중요합니다."

그날 컨퍼런스의 다른 내용은 시간이 흐르며 희미해졌지만, 이 가르침만큼은 지금까지도 내 마음에 너무나 선명하게 남아있다. 자비의 화신으로 알려진 분이 "우리는 모두 이기적"이라고 말한 것도 충격이었지만 "현명하게 이기적이 돼라"는 말씀은 나의 관점을 완전히 뒤바꾸어 놓았다. 내가 그때까지 '다른 사람들을 위한 이타적 행동'이라고 믿었던 것이, 사실은 나의 평화와 행복을 위한 가장 지혜로운 길이었음을 깨닫게 된 것이다.

'어리석게 이기적인' 삶은 단기적인 쾌락이나 자기중심적 욕구를 좇다가 결국 자신과 타인 모두에게 고통을 가져온다. 반면 '현명하게 이기적인' 삶은 나와 남이 분리되어 있지 않다는 깊은 통찰에서 출발한다. 타인의 행복이 곧 나의 행복으로 이어지고, 다른 이의 고통을 덜어주는 일이 결국 내 마음의 평화를 가져온다는 진실을 아는 것이다.

이것이 바로 자비심 수행의 핵심이다. 그것은 거창한 희생이나 도덕적 의무감에서 시작되는 것이 아니다. 모든 존재가 근본적으로 행복을 원하고 고통을 피하고자 한다는 아주 기본적인 사실, 그리고 그 보편적인 바람이 나에게도 똑같이 적용된다는 이해에서 출발한다. 나의 행복이 소중한 만큼, 다른 존재의 행복도 똑같이 소중하다는 것을 깊이 아는 것. 이것이 바로 현명한 이기심이며, 모든 자비의 씨앗이다.

자비심은
우리의 본성

'자비의 씨앗'은 이미 우리 안에 존재한다. 그래서 수행을 통해 자비심을 '키운다'고 할 때, 우리는 그것을 억지로 만드는 것이 아니라, 이미 심어져 있는 씨앗에 물을 주고 가꾸는 일에 가깝다.

티베트 불교의 스승 밍규르 린포체(Mingyur Rinpoche)의 리트릿에 참가했을 때였다. 수백 명의 참가자가 앉아 자비에 대한 가르침을 듣고 있을 때, 한 남성이 마이크를 잡고 거의 절망에 가까운 목소리로 고백했다. 그는 자신을 전혀 사랑하지 못하며, 아무리 노력해도 다른 사람에게 어떤 자비심도 느껴지지 않는다고 말했다. 방 안에는 그의 고통이 그대로 전해지는 듯 무거운 침묵이 흘렀다. 그때 밍규르 린포체가 그를 부드럽게 바라보며 물으셨다.

"당신은 왜 이 리트릿에 왔습니까?"

남자가 잠시 당황한 듯 침묵하더니 대답했다.

"그야… 제가 너무 고통스럽기 때문입니다. 이 고통에서 벗어나고 싶어서 왔습니다."

린포체는 온화한 미소를 지으며 말했다.

"바로 그것입니다. 당신은 방금 스스로에게 엄청난 자비를 보여주었어요. 자신의 고통을 알아차리고, 그 고통에서 벗어나고 싶다고 진심으로 바라는 그 마음, 그리고 이 리트릿에 참가하기 위해 신청하고 먼 길을 온 행동 자체가 바로 당신이 이미 자신을 사랑하고 있다는 가장 강력한 증거이자, 자비심의 씨앗입니다."

이 말은 나에게도 깊은 울림을 주었다. 그리고 지금 이 책을 읽고 있는 당신에게도 똑같이 묻고 싶다. 당신은 왜 지금 이 페이지를 읽고 있을까? 아마도 지금의 고통에서 벗어나고 싶어서, 혹은 조금 더 행복해지고 싶어서일 것이다. 스스로의 고통을 멈추고 행복을 찾으려는 그 간절한 마음과 노력, 그것이야말로 당신 안에 이미 자비심이 존재한다는 가장 강력한 증거다.

티베트 불교에서는 이 근본적인 자비심을 우리의 '본성(Buddha-nature, 불성)'이라고 말한다. 이는 마치 하늘이 구름에 가려져 있어도 그 본질은 늘 푸르고 광활한 것과 같다. 우리는 살아오며 겪은 상처와 고통, '나는 부족해', '나는 사랑받을 자격이 없어' 같은 핵심 믿음이라는 두꺼운 구름에 가려져, 우리 본성의 파란 하늘을 잊고 살 뿐이다. 그러므로 자비심 수행은 외부에서 무언가를 가져와 더하는 '덧셈'의 과정이 아니다. 오히려 이미 우리 안에 있는 것을 가리고 있는 장애물들을 하나씩 걷어내는 '뺄셈'에 가깝다. 우리는 고통에서 벗어나기 위해 명상을 시작하고, 조금 더 행복해지기 위해 이런 책을 집어 든다. 바로 그 첫걸음 자체가 이미 우리가 본래 자비로운 존재임을 증명한다.

자비심을
가로막는

마음의 벽 허물기

여기서 자연스럽게 이런 질문이 떠오른다. 자비심이 우리 마음의 본성이라면, 왜 우리는 이렇게 자비심을 느끼기도, 베풀기도 어려운 것일까?

나에게 이 질문에 대한 뼈아픈 깨달음을 준 것은 수행하러 떠난 어느 여행길이었다. 명상을 시작한 뒤 수입 없이 수행에만 매달리며 은행 잔고가 눈에 띄게 줄어들었고, 빠듯한 예산으로 샌프란시스코행 경유 비행기에 몸을 실었다. 최종 목적지인 수행 센터는 차로 3시간 더 가야 했고, 공항의 렌터카 센터에 도착했을 때쯤에는 긴 비행과 시차 적응으로 이미 기진맥진해 있었다.

그런데 내 앞에서 한 아시아 여성이 면허증 문제로 직원과 실랑이를 벌이고 있었다. 그 모습을 보는 순간 등줄기가 서늘해졌다. 나 역시 그 여자처럼 국제운전면허증만 챙기고 한국 운전면허증을 가져오지 않았던 것이다. 앞선 여성이 울음을 터뜨리며 돌아서는 것을 보면서, 나는 순식간에 '우리가 피해자'라는 생각에 사로잡혀, 어떻게든 차를 빌려야 한다고 마음먹었고 매니저에게 규정을 보여 달라며 목소리를 높였다.

하지만 잠시 후 그가 가져온 규정집에는 자국 운전면허증이 필요하다는 조항이 선명하게 적혀 있었다. 내가 옳다고 믿으며 높였던 목소리가, 한순간에 그대로 '진상짓'이 되어버린 순간이었다.

결국 차로 3시간이면 갈 거리를, 기차와 버스를 여러 번 갈아타며 10시간에 걸쳐 가야 했다. 기차역에서 지친 몸으로 짐을 지키며 앉아 있는데, 허름한 옷차림의 중년 흑인 여성이 다가와 휴대폰을 빌려 달라고 했다. 그 말을 듣자마자 '전화기를 빌려주면 훔쳐 가는 건 아닐까?'라는 의심이 반사적으로 튀어나왔다. 나는 다소 퉁명스럽게 여행자라 현지 전화가 아니라고 둘러대며 그녀를 외면했다.

마지막 버스에 큰 여행 가방을 들고 올라탔을 때는 정말 녹초가 되어 있었다. 그때 허름한 복장의 백인 남성이 허겁지겁 버스에 올라타더니, 승객들을 향해 자신이 가진 10달러 지폐를 1달러 지폐로 바꿀 수 있냐고 물었다. 나는 잔돈도 없었지만, 무엇보다 '저 사람은 그렇게 해서 1달러를 챙기려는 거겠지'라는 판단을 앞세우며, 그저 이 남자가 빨리 타든지 내리든지 해서 버스가 출발하기만을 바랐다.

그런데 앞쪽에 앉은 상냥해 보이는 젊은 여성이 벌떡 일어났다.

"버스비에 1달러만 더 필요한 거예요?"

그녀는 아무렇지 않게 1달러 지폐 한 장을 그 남자에게 건넸고, 그는 고맙다며 버스비를 내고 자리에 앉았다.

그 순간, 가슴이 쿵 하고 내려앉는 느낌이 들었다. 나는 자비심을 수행하겠다며 명상 센터를 찾아가는 길이었다. 그런데 과연 이 여정에서 단 한 순간이라도 자비로웠던 적이 있었을까? 렌터카 직원에게는 피해의식에 사로잡혀 무례했으며, 전화기를 빌려 달라던 여성에게는 의심으로 가득 찬 채 퉁명스러웠고, 버스에서 1달러를 부탁한 남성에게는 판단을 앞세우며 냉담했다.

어릴 적 성경학교에서 들었던, 베드로가 스승을 세 번 부인했다는 이야기가 떠올랐다. 그때 나는 '어떻게 예수님을 부인할 수 있지? 나라면 절대 그러지 않을 거야'라고 생각했다. 그러나 자비를 수행하러 가는 길 위에서조차 피곤함과 조급함 때문에 세 번이나 타인의 요청을 외면한 나의 모습은, 두려움에 떨며 예수를 부정했던 베드로와 조금도 다르지 않았다.

이 경험은 프린스턴 대학교에서 진행된 유명한 '선한 사마리아인 실험'을 그대로 떠올리게 한다. 이 실험에서 신학생들은 '선한 사마리아인(길에 쓰러진 사람을 도운 한 사람)'에 관해 설교하러 다른 건물로 이동하라는 임무를 받았다. 한 그룹에는 시간이 충분하니 천천히 가라고 했고, 다른 그룹에는 이미 늦었으니 서두르라고 말했다.

진짜 실험은 그들이 가는 길목에 고통스럽게 쓰러져 있는 사람(배우)을 보았을 때, 과연 도와주는가를 관찰하는 것이었다. 결과는 놀라웠다. 시간에 여유가 있다고 들은 그룹의 63%는 걸음을 멈추고 도움을 주었지만, 서두르라는 말을 들은 그룹에서는 겨우 10%만이 멈춰 섰다.

아이러니하게도, '선한 사마리아인'에 대해 설교하러 가는 길에서조차 마음의 여유가 없으면 눈앞의 고통받는 사람을 그냥 지나쳐버렸던 것이다. 이 실험이 보여주는 메시지는 분명하다. 자비심은 '선한 사람'과 '악한 사람'의 문제가 아니라, '마음에 여유가 있는가 없는가'의 문제라는 것이다. 누구라도 마음의 여유가 없을 때, 즉 피곤하고 조급하며 자신의 생존과 안위에 대한 걱정이 앞설 때, 자비의 문은 너무 쉽게 닫혀버린다.

나는 명상을 통해 더 나은 사람이 되기 위해 적지 않은 시간과 비용을 들여 수행처로 향하고 있었다. 하지만 진짜 공부는 내가 계획한 명상 센터가 아니라, 예상치 못하게 마주치는 현실의 모든 순간에 있었다. 렌터카를 빌리려던 순간, 기차역에서 낯선 사람이 다가왔을 때, 버스에서 작은 소란이 있었을 때, 그 모든 순간이 나에게 이렇게 묻고 있었다.

"지금 당신의 마음은 얼마나 열려 있습니까?"

그날 나는 내 마음의 밑바닥을 들킨 기분이었다. 그리고 바로 그 밑바닥이 나에게 결정적 가르침을 주었다. '나는 착한 사람이야'라는 자기 이미지로는 결코 자비로울 수 없다는 것. 자비심은 매 순간, 내 마음이 얼마나 좁아져 있는지를 솔직하게 알아차리고, 그 마음의 공간을 의식적으로 넓히려는 수행에서 출발한다. 그리고 그렇게 길러진 '마음의 힘'을 실제 행동으로 보여주는 것이다.

자비심을 키우는 방법
: 받았던 도움 기억하기

그렇다면 어떻게 마음의 공간을 넓혀 자비심을 키울까? 가장 자연스러운 방법 중 하나는, 우리가 살아오면서 받아온 수많은 도움을 떠올려 보는 것이다. 우리는 늘 스스로의 힘으로 살아왔다고 착각하지만, 사실 단 한 순간도 타인의 도움 없이 존재할 수 없었다. 이 교훈 역시 나는 길 위에서 배웠다.

샌프란시스코에서 구글 명상 프로그램 지도자 과정을 밟을 때였다. 경비를 아끼기 위해 노숙자들이 많은 지역의 저렴한 숙소에 묵을 수밖에 없었다. 모든 일정을 마치고 한국으로 돌아가던 날, 공항으로 가기 위해 커다란 여행 가방을 끌고 배낭을 멘 채 호텔 밖으로 나섰다. 5분 거리의 지하철역으로 향하는 길, 대낮이었지만 역 근처에는 여기저기 노숙자들이 모여 있었다.

조심스럽게 엘리베이터를 찾았지만, 앞에는 고장이 났다는 안내문이 붙어 있었다. 낭패였다. 비행기 시간도 빠듯한데, 무거운 가방을 들고 수많은 계단을 내려갈 엄두가 나지 않았다. 그러나 선택지가 없었다. 깊은 숨을 들이쉬고 가방을 들고 낑낑대며 계단을 내려가는데, 얼마 지나지 않아 등 뒤에서 누군가 다가오며 말했다.

"Excuse me, Ma'am. Can I help you? (실례합니다. 제가 좀 도와드릴까요?)"

너무나 정중한 말투에 돌아보니, 그는 조금 전 지하철역 앞에서 나를 힐끔거리던 노숙자 중 한 사람이었다. 그들의 눈빛이 왠지 무서워 서둘러 지나치던 터라 얼굴이 선명히 기억났다.

아주 짧은 순간이었지만, 내 머릿속은 수많은 생각으로 복잡했다.
'이 사람의 도움을 받아도 될까? 위험한 사람 같지는 않은데. 혼자 옮기기는 너무 힘드니 누군가 도와주면 좋겠다고 생각했잖아. 그래, 이분은 나를 도와주고 팁을 받고 싶은 건지도 몰라. 도움을 받고 얼마라도 사례를 해야겠다. 얼마를 드려야 하지? 지금 내 지갑에 현금이 남아 있나? 1달러는 너무 적겠지.'

나는 그에게 웃으며 도와주면 정말 고맙겠다고 말했고, 그는 기꺼이 나의 무거운 짐을 들어 계단 아래까지 옮겨 주었다. 계단 끝에 도착하자, 나는 서둘러 고맙다고 인사를 하며 지갑을 꺼내 남은 지폐를 세어보고 있었다. 그때 그가 나를 보며 환하게 웃으며 말했다.

"아니에요. 저는 그냥 당신을 돕고 싶었을 뿐입니다. 그게 전부예요. 좋은 하루 보내세요."

내가 지폐를 채 꺼내기도 전에, 그는 이 한마디를 남기고 홀연히 뒤돌아 계단을 성큼성큼 올라가 버렸다. 그 뒷모습에 대고 "Thank You(고맙습니다!)"를 연발하고 있는데, 맞은편에서 내려오던 한 여성이 나를 보며 미소 지으며 말했다.

"세상은 아직 살 만한 곳이네요. 그렇죠?"

그 말을 듣는 순간, 거의 울 것 같은 기분이 되었다. 노숙자가 다가왔을 때 나는 도움을 받는다는 생각보다, '돈을 얼마나 드려야 할까?' 고민하며 내가 도움을 주는 입장이라고 생각하고 있었다. 그러나 실제로 일어난 일은 정반대였다. 그는 대가 없이 낯선 동양 여성에게 친절을 베풀었다. 늘 내가 '도움을 줘야 한다'고만 생각했던 사람에게서 조건 없는 도움을 받았던 그날의 경험은, 내가 수많은 인연과 도움으로 얽혀있는 삶의 그물망 속 작은 존재라는 사실을 온몸으로 깨닫게 해주었다.

하버드 대학교 심리학 교수였던 람 다스(Ram Dass)는 1960년대 인도로 건너가 스승 님 카롤리 바바(Neem Karoli Baba)를 만난 후 리처드 앨퍼트라는 이름을 버리고 영성 지도자의 길을 걷게 되었다. 그는 활발한 저술과 강연, 봉사활동을 하며 충만한 삶을 살고 있었다. 그러던 어느 날 갑자기 뇌졸중으로 몸의 일부가 마비되고 말도 제대로 하지 못하게 되었다. 그러나 그는 자신의 상태를 좌절이 아닌 '혹독한 은총(fierce grace)'이라 불렀다. 그는 종종 이렇게 물었다.

"다른 사람의 용변을 처리해주는 것과 다른 사람이 나의 용변을 처리해주는 것, 이 둘은 서로 다른 영적 수행입니다."

늘 도와주는 사람의 자리에서 갑자기 도움을 받는 사람의 자리에 서게 되었음에도, 그는 그 현실을 수치심이 아니라 수행의 일부로 받아들였다. 다른 사람이 자비를 실천할 기회를 주는 것 역시 또 다른 형태의 봉사임을 깊이 이해하고 있었던 것이다.

우리는 누구에게나 도움을 받을 수 있고, 사실 이미 그렇게 살아왔다. 태어나 지금 이 순간까지 단 한 번도 다른 사람의 도움 없이 존재한 적이 없다. 지금 우리가 앉아 있는 이 공간도, 누군가의 손을 거쳐 만들어진 것이다. 우리가 모두 서로 연결되어 있으며, 서로에게 도움을 주고받는 존재임을 기억할 때, 비로소 다른 이의 고통을 기꺼이 덜어주고 싶다는 마음이 자연스럽게 일어난다. 다른 사람들이 이미 다양한 방식으로 나의 고통을 덜어주고 있기 때문이다.

그렇다. 자비는 '내가 다른 사람에게 베푸는' 시혜가 아니다. 이미 나에게 흘러 들어온 수많은 도움의 물결에, 나 역시 나의 작은 물 한 방울을 더하는 일이다. 우리가 모두 연결되어 있다는 거대한 진실에 눈뜨는 일이다. 아침에 마시는 커피 한 잔에도 수많은 사람의 땀과 노력이 담겨 있고, 내가 걷는 길 역시 누군가가 쓸고 닦았기에 깨끗하다. 우리는 단 한 순간도 온전히 혼자 힘으로 살아갈 수 없다. 이 사실을 가슴 깊이 받아들일 때, 자비는 더 이상 애써 길러야 하는 어려운 수행이 아니라, 숨 쉬듯 자연스러운 마음의 응답이 된다. 다른 사람의 고통을 덜어주는 일은 더 이상 특별한 선행이 아니라, 나를 존재하게 하는 이 세상에 대한 가장 진솔한 감사의 표현이 되는 것이다.

네 가지 마음을
최상의 자질로 기르는 명상

이번 과제는 마음챙김의 범위를 나 자신을 넘어 다른 사람에게로 확장하고, 우리 마음의 최상의 네 가지 자질인 자애(慈), 비(悲), 희(喜), 사(捨)를 기르는 것입니다. 즉, 모든 존재가 행복하기를 바라는 따뜻한 사랑과 친절인 자애, 타인의 고통을 마주했을 때 덜어주고자 하는 자비인 비, 타인의 행복을 시기하지 않고 진심으로 함께 기뻐하는 희, 그리고 좋고 싫음에 치우치지 않고 대상을 있는 그대로 포용하는 평온한 마음인 사를 내면에 키우는 연습입니다.

- 다음에 제안하는 방법을 일주일 동안 꾸준히 연습해보세요. 이 연습을 통해 세상을 바라보는 당신의 시선이 놀랍도록 따뜻해지는 것을 경험할 수 있습니다.

◆ 매일 '자비 명상' 수행하기(자비)
오늘부터 일주일 동안 마보 앱의 안내에 따라 '자비 명상'을 수행해보세요. 명상 속에서 나 자신, 사랑하는 사람, 그리고

나를 힘들게 한 사람까지도 모두 행복하기를 바라는 마음을 내어봅니다.

◆ 일상에서 '사랑의 총' 쏘아보기(자애)

차드 멩 탄은 모르는 사람들에게 마음속으로 사랑과 행복을 빌어주는 것을 "사랑의 총을 쏜다"라고 유쾌하게 표현했습니다. 일상에서 만나는 모든 사람에게 이 사랑의 총을 쏘는 연습을 해봅니다.

- 운전하다가 횡단보도에 멈춰 섰을 때, 길을 건너는 사람들을 바라보며 마음속으로 '당신이 행복하기를' 하고 빌어주세요.
- 카페에서 음료를 주문할 때도 잠시 눈을 맞추고 마음속으로 '당신이 행복하기를' 하고 진심으로 바라봅니다.

이렇게 다른 사람의 행복을 빌어줄 때 아주 흥미로운 일이 일어납니다. 갑자기 상대방이 나에게 더 친절해지거나 환하게 웃어주는 순간들 말입니다. 이것은 내가 어떤 신비한 기를 발산해서가 아닙니다. 마음속으로 누군가의 행복을 빌어주며 상대를 바라볼 때, 내 표정과 눈빛부터 달라지기 때문입니다. 자연스레 입가에 미소가 번지고, 눈이 부드러워지고, 그 따뜻함에 상대방도 자연스럽게 반응하게 되는 것입니다.

◆ 진심으로 함께 기뻐하기{희(喜)}

친구의 자랑이나 좋은 소식을 들었을 때, "너는 정말 좋겠다. 그런데 나는…" 하고 비교하는 마음 대신, 그 사람의 행복을 진심으로 축하해주세요. "정말 잘 됐다. 너무 기쁘다"라고 말하며, 상대의 기쁨을 나의 기쁨처

럼 느껴보세요. 남의 행복을 있는 그대로 축하해줄 때, 시기심 대신 마음
이 채워지는 충만한 기쁨이 자라납니다.

◆ 온전히 들어주기〔사(捨)〕

고통을 겪고 있는 누군가가 당신에게 자신의 이야기를 털어놓을 때, 서둘
러 해결책을 제시하거나 문제를 바꾸려 하기보다, 그저 온전히 함께 있어
주며 들어주는 연습을 해보세요. 판단과 충고 없이 끝까지 들어주는 것만
으로도 상대에게는 큰 위로가 됩니다. "그래, 많이 힘들었겠다"라고 조용
히 공감해주는 한마디가 깊은 치유의 시작이 될 수 있습니다.

이 과제는 누구도 검사하지 않는, 오직 자신만을 위한 숙제입니다. 이 연
습의 진정한 결과는 일상에서 당신이 직접 경험하게 될 마음의 평화와 따
뜻한 연결감, 그 자체일 테니까요!

Chapter 8

과거라는 감옥에서 걸어 나오기

용서의
시작

나의 스승인 잭 콘필드 님과 트루디 굿민 님이 함께 중국 베이징에서 리트릿을 열었을 때다. 두 분을 미국이 아니라 비교적 가까운 아시아에서 뵐 수 있다는 생각에 리트릿을 신청하고 기대에 부풀어 있었다.

그런데 리트릿에 참가하기 직전, 당시 호감을 가지고 있던 한 남성에게 큰 상처를 받은 일이 있었다. 그런 일을 겪은 내가 바보스럽게 느껴졌고, 상황 전체에 너무 화가 났다. 리트릿에 참가해 두 분 스승님을 직접 뵐 수 있어 너무 기뻤지만, 한편으로는 과연 조용히 앉아서 명상할 수 있을지 의구심이 들었다.

아니나 다를까, 리트릿 이튿날 오전 명상 시간이었다. 700명이 넘는 참가자와 아주 큰 방에서 조용히 명상을 하고 있는데, 억지로 외면하고 있었던 그 남자와의 일이 불쑥 떠올랐다. 순간 얼굴이 시뻘게지고 심장이 쿵쾅거리며, 피가 거꾸로 솟는 것 같았다. 화의 에너지가 너무 강해서 몸이 부들부들 떨리기 시작했고, 금방이라도 소리를 지를 것 같았다. 700여 명의 숨소리만 가득한 방 안에서 나 혼자 소리를 지르는 모습이 머리에 떠올라, 억지로 입을 꾹 다물고 숨까지 참아야 했다.

명상 시간 종료를 알리는 종이 울리자마자 나는 밖으로 나와 작은 숲으로 들어가, 큰 나무 옆 벤치에 털썩 앉았다. 화의 에너지가 여전히 몸에 남아 계속 몸이 떨렸고, 숨이 잘 쉬어지지 않았다. 그 남자에 대한 분노, 그리고 그런 남자를 믿었던 나에 대한 분노, 두 가지가 모두 나를 고통스럽게 했다. 이 상태로는 남은 리트릿 일정을 소화하기 어려울 것 같았다.

결국 나는 부끄러움을 무릅쓰고, 두 분 스승님께 나에게 일어난 일과 지금의 상태를 솔직히 말씀드렸다. 트루디 님은 같은 여성으로서 나의 분노를 깊이 공감하며 이해해 주셨다. 그런데 잭 콘필드 님의 첫 반응은 의외였다. 잭 콘필드 님은 갑자기 소년처럼 짓궂은 표정으로 웃음을 터뜨리셨다.

"오, 그러니까 그 남자와 그런 남자를 믿은 스스로에게 너무 화가 나서 앉아 있기가 힘들었다는 거지?"

"네 맞아요."

"그렇구나. 그런데 지금 그 분노는 어디에 있니?"

그랬다. 아까 명상할 때는 나를 모두 태워버릴 것만 같았던 분노의

에너지가, 스승님과 이야기를 나누는 이 순간에는 이미 지나가 있었
다. 나는 지금, 내가 존경하는 스승님 앞에 평온하게 앉아 이야기를
나누고 있다는 사실에 오히려 기쁘기까지 했다. 잭 콘필드 님은 말씀
을 이으셨다.

"네 이야기를 들으니 내가 사춘기 때 만났던 내 첫 여자 친구와의
일이 떠오르는구나. 그때 나도 화가 많이 났었거든. 내가 태국에서
함께 수행했던 많은 스님 중에는 10년, 20년의 승려 생활 끝에 갑자
기 환속하기로 결심한 분들이 있었단다. 오랜 수행으로 현명하고 자
애로운, 참 훌륭한 분들이었지. 그런데 그런 스님들도 세상으로 돌아
가 이성을 만나면, 내가 사춘기 때 겪었던 그런 일들을 다시 겪으며
혼란에 빠지곤 했어. 아무리 명상을 오래 해도, 그분들에게도 여전히
배울 것들이 있었던 거야. 그 남자에게, 네가 왜 화가 났는지 말해주
었니?"

"네, 그 남자에게 그렇게 살지 말라고 이야기해 주었어요."

잭 콘필드 님은 더 크게 웃음을 터뜨리셨다.

"이런, 그 남자도 한 방 먹었겠구나."

그 말을 듣는 순간, 나도 모르게 웃음이 터졌다. 그 순간, 나를 무기
력한 피해자로 가두고 있던 프레임이 깨지기 시작했다. 그에 대한 증
오와 나에 대한 수치심이 서서히 옅어지며, 남은 것은 이성에게 사랑
받길 바라지만 너무 서툴고 어리석은 수많은 남자와 여자에 대한 동
질감과 측은함이었다.

두 번째 화살을
피하다

이 경험은 나에게 세 가지 교훈을 남겼다.

첫째, 화는 에너지라는 것이다. 명상홀에 앉아 있을 때, 내 몸이 불타오르는 것 같은 경험을 한 뒤 이 화의 에너지를 어떻게든 분출하려고 한다는 것을 알아차렸다. 하지만 잭 콘필드 님과의 대화를 통해 그 에너지가 계속 거기 머무르는 것이 아니라, 내 몸을 훑고 지나가는 '파도'와 같다는 것을 깨달았다. 내가 생각을 통해 그 화를 계속 불러내지 않는다면, 아무리 거대하게 느껴지는 에너지라도 일어났다 사라진다.

둘째, 대부분의 화의 에너지는 두 번째 화살로 돌아온다는 것이다. 붓다는 첫 번째 화살은 우리가 피할 수 없는 삶의 고통 그 자체라고 하셨다. 질병, 이별, 타인의 비난처럼 예기치 않게 날아와 우리 몸과 마음에 박히는 고통 말이다. 이것은 인간으로 태어난 이상 피할 수 없는 현실이다.

우리를 진짜 고통스럽게 하는 것은 두 번째 화살이다. 이것은 첫 번째 화살을 맞은 뒤, 우리가 스스로에게 쏘는 번뇌의 화살이다.

'왜 하필 나에게 이런 일이!'

'내가 뭘 잘못했길래.'

'다시는 회복할 수 없을 거야.'

이와 같은 생각, 즉 분노, 수치심, 자기 비난, 절망감이 바로 두 번째 화살이다.

나는 그 남자 때문에 화가 난다고 생각했지만, 내 마음을 더 깊이 들여다보니 사실은 그런 무책임한 남자를 알아보지 못한 나 자신에게 더 화가 나 있었다. '명상하면서 내가 조금은 더 현명해졌다고 여겼는데, 사람 보는 눈이 이렇게 없었구나.' 이런 생각이 나를 더 괴롭혔다. 그가 쏜 첫 번째 화살보다, 내가 나에게 쏜 두 번째 화살이 나를 훨씬 더 깊이 관통하고 있었다.

셋째, 잭 콘필드 님과의 대화를 통해 '피해자'라는 프레임에서 자유로워지자, 어찌 보면 내 삶에서 트라우마가 될 수도 있었던 그 사건을 이제는 이렇게 책에 쓸 정도로 '재미있는 에피소드'로 바라보게 되었다. 과거에 있었던 일 자체는 변하지 않는다. 하지만 그 일을 '어떤 기억'으로 남길지는 현재의 나에게 달려 있다.

원망과 미움, 수치심이라는
마음의 감옥

그런 의미에서 마보 명상 과정의 막바지에서는 '용서'라는 이름의 여정을 시작한다. 당신이 자신의 마음속 고통의 뿌리를 보기 시작했고, 자기 자신뿐만이 아니라 다른 사람의 고통을 덜어주겠다고 마음먹기 시작했다면, 이미 마음의 힘이 자라나기 시작한 것이다. 우리는 이 마음의 힘을 바탕으로 이제 과거에서 벗어나, 나 자신을 온전히 받아들이기 위한 한 발을 더 내디딜 것이다. 이 길에서 넘어야 할 다음 관문이 바로 용서다.

명상을 하며 우리는 어깨 위를 짓누르는 돌멩이들을 매일매일 내려놓고 있다. 어떤 돌은 작아서 쉽게 내려놓을 수 있지만, 어떤 돌은 너무 무거워 내려놓을 엄두가 나지 않는다. 심지어 어떤 돌은 거의 나와 한 몸이 되어, 그 돌을 내려놓는 순간 나의 정체성까지 사라질 것만 같다. 우리와 거의 한 몸처럼 느껴지는 이 돌의 정체는 바로 미움, 원망, 증오, 죄책감이다.

어떤 사람은 스스로를 미워하고, 어떤 사람은 과거에 자신에게 해를 끼친 누군가를 미워한다. 또 어떤 사람은 자신이 다른 사람에게 저지른 일 때문에 죄책감의 늪에 빠져 있다. 그래서 '용서'라는 말을 들으면, 본능적으로 거부감부터 드는 사람도 많다. 하지만 용서는 결코 상처를 준 사람의 잘못이 "괜찮았다"고 말해주는 것이 아니다. 오히려 "그 상처 때문에 더 이상 나의 현재와 미래를 저당 잡히지 않겠다"는, 스스로를 위한 가장 강력한 선언이다.

과거의 기억이라는 감옥에 스스로를 가둬 괴롭히던 일을 멈추고, 마침내 나 자신에게 자유를 선물하겠다는 다짐. 그것이 이 장에서 말하는 용서다.

용서의
진정한 의미

우리는 흔히 '미래는 바꿀 수 있고 과거는 바꿀 수 없다'고 생각한다. 지나간 일은 이미 지나간 일이기에 그 일이 지금 현재 나에게 미치는 영향은 어쩔 수 없다고 느끼는 것이다. 과연 그럴까?

마음챙김 명상을 통해 정말로 '지금 이 순간'을 알아차리기 시작하면 '과거'나 '미래'라는 개념이 사실은 모두 환상에 가깝다는 통찰을 조금씩 이해하게 된다. 우리에게 실제로 존재하는 것은 언제나 '지금 이 순간'뿐이기 때문이다.

이러한 통찰은 현대 신경과학이 기억의 작동 방식에 대해 밝혀낸 사실과 놀랍도록 일치한다. 신경과학자 다니엘라 쉴러(Daniela Schiller)를 비롯한 여러 연구자는 우리가 과거를 회상하는 행위가 비디오테이프를 재생하는 것과는 전혀 다르다는 것을 밝혀냈다. 기억은 저장된 파일을 그대로 불러오는 것이 아니라, 회상하는 그 순간마다 새롭게 '재구성'되는 과정이다. 다시 말해, 과거의 기억을 떠올릴 때마다 우리의 뇌는 현재의 감정과 관점을 덧입혀 그 이야기를 다시 쓰고 있는 셈이다.

이 관점에서 보면, 용서 명상은 단순히 '마음을 다잡는 의식'이 아니다. 뇌에 저장된 과거의 '기억 파일'을 현재의 '이해'와 '자비'라는 새로운 코드로 덮어쓰는(overwrite) 구체적인 뇌 훈련이다. 잭 콘필드 님과의 대화 이후 내 경험이 '트라우마'에서 '재미있는 에피소드'로 바뀌어 보이게 된 것도 바로 이런 뇌신경과학적 원리와 연결된다.

결국 '과거'는 현재의 우리가 머릿속에서 만들어 내는 하나의 이야기다. 그리고 내가 어떤 이야기를 선택하느냐에 따라 지금 이 순간의 마음이 결정된다. 마보 과정에서 만난 많은 이들이 자신의 고통을 털어놓으며, 과거에 누군가에게서 깊은 상처를 받았던 이야기, 그리고 자신이 누군가에게 상처를 줬던 이야기를 떠올렸다. 피해자로서의 증오와 원망, 억울함. 가해자로서의 죄책감과 수치심. 이 감정들에 고정된 정체성은, 과거의 한 장면에 머물지 않고 바로 지금 이 순간의 삶을 계속 뒤흔들고 있었다.

용서는 나를 위한
가장 강력한 선택

　　　　　　　　　　우리가 '용서'를 오해하는 지점
중 하나는 '용서하는 순간 그 행위를 인정하는 게 아닌가' 하는 불안
이다. 예를 들어, 어린 시절 믿었던 사람에게서 성적 학대를 당했다고
생각해보자. '그 사람을 어떻게 용서하지? 나는 절대 용서할 수 없어.
아니 용서해주기 싫어'라고 느끼는 것이 너무도 자연스럽다. 당사자
가 아니더라도 대부분의 사람은 이렇게 말할 것이다. "그 사람을 용서
하면 안 되는 거 아닌가? 그 사람은 범죄자인데…"

　누군가 사회적으로, 도덕적으로 용납될 수 없는 일을 저질렀을 때,
우리가 그 사람을 용서한다는 것은 그가 받아야 할 형벌을 없애거나,
마치 아무 일도 없었다는 듯 대하겠다는 뜻이 아니다. 그 사람이 범
죄를 저질렀다면, 법적·사회적 책임은 분명 그가 져야 한다. 그 대가
를 치르는 것은 철저히 그 사람의 몫이다.

　하지만 그 사람에 대한 증오를 내 마음에 계속 품고 있을지 말지
는 또 다른 문제다. 그 증오를 가슴속에 계속 키우고 있는 한, 그 감
정이 갉아먹는 대상은 더 이상 '그 사람'이 아니라 바로 '나 자신'이기
때문이다. 과거의 트라우마나 깊은 상처에 머물기 시작하면, 우리의
생각은 계속 그 지점으로 돌아간다. 그리고 그 생각의 영향을 받는
것은 '가해자'가 아니라 바로 '지금 여기의 나의 몸과 마음'이다.

실제로 현대 과학은 만성적 분노와 원한이 우리 몸에 미치는 파괴적인 영향을 명확히 보여준다. 지속적으로 분비되는 스트레스 호르몬(코르티솔, 아드레날린 등)은 면역체계를 약화시키고, 혈압을 올리며, 심박을 불규칙하게 만들고, 소화 기능도 무너뜨린다. 또한 만성적 스트레스는 뇌의 해마(기억과 학습을 담당하는 영역)를 손상시켜 기억력과 학습 능력을 떨어뜨린다. 심지어 DNA의 텔로미어를 짧게 만들어 노화를 촉진하기도 한다. 결국 과거의 상처를 움켜쥐고 놓지 않는 일은 가해자를 벌주는 행위가 아니라 나 자신을 계속해서 해치는 행위인 셈이다.

붓다는 이렇게 말했다.

"그가 나를 욕했다, 그가 나를 때렸다, 그가 나를 이겼다, 그가 나를 약탈했다고 하여 원한을 품는 자에게는 원한이 쉬지 않는다. 원한은 원한으로는 쉬지 않고, 원한 없음으로써 쉰다. 이것이 영원한 법이다."

이는 용서가 단순히 도덕적 의무가 아니라, 고통에서 벗어나는 실용적 방법임을 보여준다. 원한과 증오를 계속 품고 있는 한, 우리는 그 감정의 포로로 살 수밖에 없다. 따라서 과거의 일을 용서한다는 것의 깊은 의미는 "당신이 나의 미래에 영향을 끼치지 않도록, 내 마음에서 당신을 보내주겠다"라고 선언하는 데 있다. 용서는 피해자가 가해자에게 베푸는 '당신의 행동이 괜찮다'는 관용이 아니다. 과거의 감옥에서 나 자신을 해방시키는 가장 강력한 선택이다.

용서에도
연습이
필요하다

그렇다면 용서는 어떻게 할 수 있을까?

용서에도 연습이 필요하다. '용서'라는 단어가 주는 무게만큼이나, 용서를 구하거나 용서해야 할 기억은 마음 가장 깊고 어두운 곳에 꽁꽁 봉인되어 있기 때문이다. 어떤 기억은 트라우마와 깊이 연결되어 있기도 하다.

그래서 용서를 연습할 때는 처음부터 가장 고통스러운 기억을 꺼내지 않는 것이 중요하다. 마치 무거운 역기를 들기 전에 가벼운 아령으로 근력을 키우듯, 우리 주위에 있는 사람들-나에게 상처를 주기도 했지만 동시에 사랑하는 사람들-을 대상으로 먼저 연습을 시작하는 것이 좋다. 마음의 힘이 조금 더 길러졌을 때, 그다음 단계로 더 용서하기 힘든 대상을 마주하는 것이 좋다. 만약 어떤 사람을 떠올리기만 해도 마음속에서 계속 적개심이나 분노가 들끓는다면, 역지로 그 사람을 용서하려 애쓸 필요는 없다. 우리가 하려는 것은, 지금 이 순간의 내 고통을 내려놓는 것이지, '용서해야 한다'는 또 다른 의무감으로 자신을 몰아붙이는 일이 아니기 때문이다.

용서 명상이 불러낸
아버지의 얼굴

용서 명상을 하다 보면, 전혀 예상치 못한 사람이 떠오르기도 한다. 나의 경우에는, 그 대상이 바로 아버지였다.

내가 처음으로 용서 명상을 했던 것은 잭 콘필드 님과 스피릿 락(Sprit Rock) 명상센터 선생님들이 함께 이끌었던 리트릿에 참여했을 때였다. 나에게는 첫 '위빠사나 10일 묵언 리트릿'이기도 했다. 침묵을 통해 참가자들은 말로 다른 사람을 상처 입히는 것을 방지할 뿐만 아니라 다른 사람에게 잘 보이기 위해, 혼자 있기 싫어서, 아니면 그저 예의상 했던 가벼운 말들마저 멈추게 한다. 그렇게 입을 다물고 오래 지낸 끝에 우리는 마침내, 그동안 외면해 왔던 내면의 목소리를 정면으로 마주하게 된다.

용서 명상을 하기 전, 잭 콘필드 님과 일대일 면담을 할 기회가 있었다. 잭 콘필드 님은 명상 수행이 어떻게 진행되고 있는지, 명상 중에 반복해서 떠오르는 것이 있는지를 물으셨다. 마침 그날 오전 명상 시간에 아버지에 대한 생각이 떠올랐던 참이었다.

아버지는 한창 일하실 나이에, 커리어의 정점에서 조직 내부의 정치싸움으로 억울하게 정년퇴직을 하게 되셨다. 늘 자신의 감정을 속으로 삭이던 무뚝뚝한 아버지는 그 일을 겪고 더 화가 많아지셨고, 당시의 나는 그런 아버지와 사사건건 부딪쳤다.

모든 것을 포기한 듯한 아버지의 모습은 한편으로 마음이 너무 아팠지만, 또 한편으로는 사소한 일마다 폭발하듯 화를 내는 아버지를 도저히 이해할 수 없었다. 시간이 지나면서 아버지는 관심사였던 역사와 한자 공부에 깊이 빠져들며 조금씩 활기를 되찾으셨다. 아버지는 새롭게 배운 것을 가족들과 나누고 싶어 하셨고, 흥미로운 이야기도 많았지만, 어떤 것은 주류 역사관에서 보면 고개를 갸웃하게 되는 주장도 있었다.

사실, 어렸을 때부터 아버지는 내가 꿈꾸던 TV 속 다정하고 사려 깊은 '이상적 아버지'와는 거리가 멀었다. 내가 시험을 잘 보고 와서 "아빠, 나 1등 했어"라고 자랑하면, 아버지의 대답은 늘 "겸손해야 한다", "친구들 앞에서 잘난 척하면 안 된다"였다.

나의 말에 공감하기보다는 가르침을 주시려 하셨기에 아버지와의 대화는 일방적인 경우가 많았다. 나는 잭 콘필드 님께 이렇게 털어놓았다.

"우리 아버지는 저를 이해하려고 하시지 않았어요. 아마 저에 대해 알고 계신 게 거의 없을 거예요."

그때 잭 콘필드 님이 나를 조용히 바라보며 물으셨다.

"그럼 너는, 아버지에 대해서 무엇을 알고 있니?"

생각지 못했던 질문에 말문이 턱 막혔다. '나는 아빠에 대해 뭘 알고 있지?' 돌이켜보니 내 마음속에는 늘 "아빠는 왜 저러실까" 하는 판단뿐이었다.

잭 콘필드 님과의 대화 후, 나는 용서 명상을 위해 자리에 앉았다. 첫 번째 단계, 즉 다른 사람에게 내가 끼친 과오에 대해 용서를 구하는 장면에서, 놀랍게도 감은 두 눈앞에 아버지가 떠올랐다.

그리고 비로소 보이기 시작했다. 아버지가 힘들어하시며 집에 계실 때, 무언가를 부탁하셔도 퉁명스럽게 대답했던 나. 아버지가 새로 배운 것을 신나게 나누실 때, 건성으로 고개를 끄덕이며 마음은 다른 데 가 있던 나. 내 마음속에는 항상 "우리 아빠는 이런 사람이야"라는 단단한 프레임이 있었고, 나는 그 필터를 통해서만 아버지를 보고 있었던 것이다.

그 사실을 깨닫는 순간, 눈물이 빗물처럼 쏟아지기 시작했다. 그러고는 문득, 아버지가 언젠가 들려주셨던 자신의 어린 시절 이야기가 떠올랐다.

육 남매 중 셋째 아들로 태어난 아버지께는 위로 누나 둘, 형 둘, 아래로 막냇동생이 있었다. 아버지는 "한 번도 집안의 주인공이었던 적이 없다"고 하셨다. 형들은 집안 형편이 좋을 때 원하는 대학에 갔지만, 아버지는 집안이 기울면서 적성과 상관없이 집 근처에 있는 대학에 진학해야 했다.

아버지의 기억 속에는, 한창 놀고 싶었던 나이에도 여름 땡볕 아래 포도밭에서 홀로 농약을 치며 일하던 고된 시간들이 뚜렷하게 남아 있었다. 사랑을 어떻게 표현해야 하는지, 어떻게 받아야 하는지 잘 모른 채, 평생을 의무와 책임감으로 묵묵히 살아온 사람. 그 사람이 바로 우리 아버지였다.

'우리 아빠는 나에게 관심이 없으셨어'라는 핵심 믿음에 갇혀 있던 나에게, 용서 명상은 전혀 다른 기억을 불러왔다. 어릴 적, 친구들을 잘 사귀지 못하고 책에만 파묻혀 지내던 나를 서점에 데려가 마음껏 책을 고르게 해주시고, 묵묵히 기다려 책을 사주셨던 기억. 수능 성적이 기대만큼 나오지 않아 풀이 죽어 있었을 때, 갑자기 휴가를 내시고 나와 동생을 데리고 경주로 떠나 하루 종일 함께 놀아주셨던 기억. 철없이 잘 나가던 회사를 그만두고 갑자기 유학을 가겠다고 했을 때, 퇴직 후 경제적으로 불안하셨을 텐데도 두말없이 "가라"고 보내주셨던 기억. 그리고 늘 "강직하고 정직하게, 주변 사람들에게 베푸는 삶을 살아라"고 말씀하시며, 그 삶을 스스로 보여주셨던 기억까지.

그 모든 조각이 한꺼번에 떠올랐다. 그리고 마침내 깨달았다.

'우리 아버지는 할 수 있는 최선의 방식으로 나를 사랑하셨구나. 그리고 나는 그 사랑 속에서 자라왔구나.'

나는 용서 명상을 하며 아버지께, 내가 했던 못난 행동에 대해 마음 깊이 사죄했다. 그리고 어린 시절 아버지에게서 받았다고 믿었던 상처들을 하나씩 내려놓기로 했다.

　신기한 것은, 그 이후 일어난 변화였다. 용서 명상을 했다고 해서 갑자기 드라마처럼 아버지와 내가 극적으로 가까워진 것은 아니었다. 하지만 내 첫 책이 나왔을 때, 아버지는 내가 본 그 어떤 모습보다 기뻐하셨다. 그러고는 "이걸 큰아버지에게 갖다 드려야 한다"고 고집하셨다.

　'큰아버지는 아마 안 읽으실 텐데'라는 생각이 스쳤지만, 나는 기분 좋게 아버지를 따라나섰다. 책을 드리고 돌아오는 길, 아버지는 자신의 어린 시절 이야기를 꺼내기 시작하셨다. 예전 같았으면 한 귀로 듣고 한 귀로 흘렸을지도 모른다. 하지만 그날은 "아빠, 정말 힘드셨겠다"라는 말이 진심으로 나왔다.

　내 눈에 눈물이 살짝 고이는 것을 본 아버지는 운전하시다 말고 "얘가 왜 이래?" 하는 듯한 표정으로 나를 보셨다. 그 순간, 우리 둘 사이에 흐르던 따뜻한 공기를 나는 아직도 생생히 기억한다.

　물론 그 이후에도 나는 아버지의 무뚝뚝함에 상처받기도 하고, 가끔은 예전의 까칠한 딸로 돌아가기도 한다. 하지만 이제 나는 '우리 아빠는 왜 저럴까'라고 비난하는 대신, "아빠, 그거 정말 확실한 이야기 맞아요?"라고 장난스럽게 마음 안에 애정을 담아 물을 수 있게 되었다. 내가 원하던 방식은 아니지만 아버지는 본인의 방식대로 나를 사랑하고 있었다는 것을 이제는 알게 된 것이다.

　　　　　　　　　　　　　　　　　　　　　　Chapter 8

용서의
세 가지 단계

아마 이 글을 읽으며, 여러분도 이렇게 생각하고 있을지 모른다.

'나는 누구에게 용서를 구해야 할까? 또 누구를 용서해야 할까?'

하지만 막상 용서 명상을 시작하면 전혀 다른 사람이 떠오를 수 있다. 부모님일 수도, 옛 연인일 수도, 혹은 자녀일 수도 있다. 이미 끝난 줄 알았던 어떤 인연이 다시 떠오를 수도 있다. 그러니 미리 대상을 정해놓지 않아도 된다. 그저 마음을 열고, 이 장 마지막에 있는 명상 안내에 따라 지금 이 순간 할 수 있는 만큼만 해보면 된다.

용서 명상은 크게 세 단계로 이루어진다.

1. 다른 사람들에게 내가 끼친 과오에 대해 용서를 구하는 단계
2. 내가 나에게 끼친 과오를 용서하는 단계
3. 다른 사람들이 나에게 끼친 과오를 용서하는 단계

여기서 '과오'란 알고도 저지른 잘못뿐만 아니라, 나도 모르는 사이에 저지른 모든 잘못을 포함한다. 우리는 흔히 '내가 뭘 그렇게 잘못했어?'라고 생각하기 쉽다. 하지만 잘 떠올려보면 우리는 알게 모르게 수많은 사람에게 영향을 끼치며 살아왔다. 나의 무심한 말 한마

디, 의도치 않은 행동이 누군가에게 상처로 남았을 수 있다. 그리고 때로는 알고도 다른 사람에게 뽀족한 말을 내뱉거나 '너도 한번 당해봐라' 하는 마음으로 말이나 행동을 할 때도 있었을 것이다.

용서를 구하는 행위의 첫 번째 핵심은 바로 '인정'이다.

코미디의 단골 소재인 화가 난 여자친구와 사과하는 남자친구의 대화를 떠올려보자.

"미안해."

"뭐가 미안한데?"

"아, 그냥 다 미안해."

"아니, 그래서 뭐가 미안한데?"

상대방은 '정말' 무엇을 미안해하는지 알고 싶어한다. 그 진심은 내가 무엇을 잘못했는지 스스로 정확히 알고 인정하는 것에서 온다고 믿기 때문이다.

그 순간을 모면하기 위해 얼버무리는 사과가 아니라, 내 마음 깊이에서 우러나오는 인정이 중요하다. 왜냐하면 진정한 용서를 구하는 마음 안에는 "다시는 그런 일을 반복하지 않겠다"는 깊은 다짐이 포함되어야 하기 때문이다.

누군가는 이렇게 질문할지도 모른다.

"용서 명상을 한다 해도 상대방이 내가 용서를 구한다는 걸 모르잖아요. 그게 정말 그 사람에게 도움이 되나요? 이게 진짜 용서일까요?"

우선은 내 마음에서 진심으로 용서를 구하는 것이 필요하다. 다른 사람에게 한 행위 때문에 깊은 죄책감과 수치심에 스스로를 벌하며 사는 것은 아무에게도 도움이 되지 않는다. 그 위에, 여건이 된다면 직접 상대에게 찾아가 진심을 담아 용서를 구하는 것이 가장 좋다. 하지만 그것 또한 상황과 상대의 준비 상태에 따라 다를 수 있다.

청소년 쉼터에서 오랫동안 봉사를 해오던 현수 님은 엇나가는 아이를 훈계하다가 홧김에 뱉은 말 한마디 때문에 깊은 괴로움에 빠져 있었다. 상처가 많은 아이라 더 품어줬어야 했는데, 순간적인 감정을 이기지 못해 아이의 아픈 가정사를 건드리는 실수를 저지르고 만 것이다. 아이가 큰 충격을 받고 마음의 문을 완전히 닫아버렸다는 소식을 들은 뒤, 그는 죄책감과 수치심에 시달리며 스스로를 절대 용서할 수 없다고 했다.

마보 과정에서 함께 용서 명상을 하면서도 그는 용서를 구하는 부분에서 좌절했다. 상처 받은 아이들을 돕겠다고 자처한 자신이 오히려 큰 상처를 주었다는 사실, 그러고선 명상으로 마음의 짐을 덜려 한다는 것 자체가 위선으로 느껴져 시도조차 할 수 없다는 것이었다. '나는 돕는 척하며 아이에게 상처를 준 위선자'라는 무거운 자기 비난은 그의 삶 전체를 짓눌렀고, 스스로에게 일말의 평온함도 허락하지 않고 있었다.

마보 앱에 올라온 용서 명상을 듣고 익명으로 이메일을 보내온 한 사용자도 비슷했다. 그녀는 어린 시절 학교 폭력의 가해자였다고 고백했다. 많은 시간이 흐른 뒤, 자신이 저지른 일에 깊이 후회하며 피해자였던 친구의 연락처를 어렵게 수소문해 용서를 구했다. 하지만 피해자는 용서할 수 없다며 연락 자체를 거부했다. 그녀는 "그렇다면 나는 어떻게 해야 하냐"고 절망했다.

용서를 구하는 행위에는 용기가 따른다. 용기가 필요한 이유는, 용서받지 못할 가능성이 늘 함께 있기 때문이다. 그럴 때 우리는, 용서하지 못하는 상대의 상처를 더 깊이 가슴에 새겨야 한다. 그리고 다짐해야 한다.

'나는 이 상처를 기억하고, 다시는 같은 잘못을 반복하지 않겠다.'

다만 이 다짐이, 과거에 주저앉아 나를 자책하고 원망하는 것으로만 끝나서는 안 된다.

불교 경전에는 살인범 앙굴리 말라의 이야기가 나온다. 그는 잘못된 스승의 가르침을 따라, 천 명의 손가락을 잘라 목걸이를 만들면 위대한 힘을 얻을 수 있다고 믿었다. 그래서 999명을 살해하고 그들의 손가락으로 목걸이를 만들었고, 마지막 천 번째 희생자로 자신의 어머니를 노리고 있었다.

바로 그때, 그의 앞에 붓다께서 나타나셨다. 앙굴리 말라는 붓다를 죽이기 위해 미친 듯이 뒤쫓았지만, 평온하게 걷고 계신 붓다를 끝내

따라잡을 수 없었다. 지친 그가 "멈추어라!"라고 외치자 붓다는 이렇게 말씀하셨다.

"앙굴리 말라여, 나는 이미 멈추었다. 멈추지 않은 것은 바로 너다."

이 한마디에 앙굴리 말라는 큰 충격을 받고 깨달음을 얻었다. 그는 그 자리에서 칼을 버리고 붓다께 귀의해 승려가 되었다. 물론 승려가 되었다고 해서, 그가 저지른 악행이 세상 모든 이에게 단번에 용서받은 것은 아니었다. 탁발을 나갈 때마다, 그는 과거 피해자들의 가족에게 돌팔매질을 당하고 피를 흘려야 했다.

하지만 그는 증오심으로 맞서지 않고, 이 모든 것을 자신이 저지른 업의 결과로 받아들이며 묵묵히 수행에 정진했다. 결국 앙굴리 말라는 모든 번뇌를 끊고 완전한 깨달음을 얻었다고 전해진다.

조금은 극적인 이야기지만, 여기서 우리가 배울 것은 분명하다. 아무리 끔찍한 죄를 지은 사람도 진심으로 참회하고 수행한다면, 과거에 매이지 않고 미래를 다른 방향으로 바꿔갈 수 있다는 가능성이다.

용서 명상의 두 번째 단계는 내가 나에게 끼친 잘못을 용서하는 것이다. 어쩌면 이 단계가, 간과되기 쉽지만 실제로는 가장 어렵고도 중요한 과정일지 모른다.

여기서 앞에서 말한 '두 번째 화살'을 다시 떠올려보자. 무례했던 남자가 나에게 상처를 준 것(첫 번째 화살)보다, '그런 남자를 믿은 나'를 비난하며 스스로에게 쏜 두 번째 화살이 나를 더 고통스럽게 했던

것처럼, 우리는 다른 사람에게는 차마 하지 못할 말을 스스로에게는
너무 자주, 너무 쉽게 던진다.

아주 작은 실수에도 자신을 실패자라고 몰아붙이고, 남들과 비교
하며 자신을 못살게 굴거나 때로는 몸이 보내는 신호를 무시하며 과
로하고 혹사하기도 했다. 현실을 잊기 위해 술이나 오락거리에 빠지
고 폭식을 하거나 아예 부실하게 먹으며 몸을 돌보지 않을 때도 있었
다. 이 단계에서는 스스로를 방치한 나의 과오를 알아차리며 그 모든
순간들에 대해 스스로에게 용서를 구한다.

마지막 단계는 다른 사람들이 나에게 끼친 과오를 용서하는 것이
다. 앞서 여러 번 강조했듯, 이 과정은 결코 한 번에 완성되지 않는다.
그래서 우리는 마음의 힘을 기르면서, 단계적으로 나아가야 한다.

처음에는 사랑하지만 동시에 미워하기도 하는 가까운 사람-가족,
연인, 친구-을 대상으로 연습한다. 아직 마음의 힘이 충분히 길러지
지 않았다면, 이 정도의 사람을 대상으로 하는 것만으로도 충분하다.
그러다 내면의 힘이 조금 더 단단해졌다고 느껴질 때, 내 삶에 가장
깊은 상처를 남긴 사람을 대상으로 용서를 시도해볼 수 있다.

다시 한번 강조하지만 용서에는 연습이 필요하다. 마음이 준비되
지 않았다면, 억지로 더 나아가지 않아도 된다. 앞선 단계에 더 오래
머물러도 괜찮다.

용서 명상 후의
이야기

미국 사막 지대에 있는 '데저트 스프링'이라는 아름다운 리트릿 센터에서, 내 생애 첫 용서 명상이 끝났을 때였다. 나는 눈을 뜨지 못하고 자리에 앉아 울었다. 명상이 끝나 걷기 명상을 위해 밖으로 나갔지만, 도저히 걸을 수가 없어 벤치에 주저앉아 한참을 더 울었다. 용서를 구하고 용서를 하며 마음이 한결 가벼워졌지만 갑자기 혼자라는 느낌과 지독한 나약함이 온몸을 감쌌다. 모든 감정의 갑옷을 내려놓고 나면, 우리는 상처받기 쉬운 맨살 같은 마음과 마주하게 된다. 하지만 바로 그 연약함 속에서 진정한 연결과 치유가 일어난다.

조금 울다가 주변을 둘러보았다. 넉넉하고 푸근해 보이는 여성 한 분이 내가 앉은 곳 근처 의자에서 명상을 하고 있었다. 그때는 침묵 수행 중이라 말을 할 수 없었지만, 무슨 용기였는지 나는 그녀에게 다가갔다. 그리고 속삭였다.

"지금 제가 너무 연약하게 느껴져요. 한 번만 안아줄 수 있나요?"

그녀는 잠시 놀란 눈으로 나를 바라보더니, 이내 환하게 웃으며 "얼마든지(Of course)"라고 답했다. 그러고는 자신의 무릎을 가리키며, 여기 앉으라는 듯 손짓했다.

나는 어린아이처럼 그녀의 무릎에 살짝 앉았고, 우리는 서로를 포근히 부둥켜안았다. 내 눈에서는 뜨거운 눈물이 계속 흘렀고, 어느 순간 그녀의 눈에도 눈물이 맺히기 시작했다. 우리는 한참을 그렇게, 말없이 함께 울었다. 세상에서 가장 따뜻한 포옹이었다.

묵언 수행 중이라 참가자끼리는 게시판에 쪽지를 남겨 의사소통을 할 수 있었다. 나는 그녀의 이름을 알아내어 감사의 쪽지를 남겼다. 조금 뒤, 그녀에게서 답장이 왔다.

"사실 나도 그때 용서 명상 이후 마음이 힘들었어요. 그런데 당신이 와서 안아달라고 했을 때 놀라운 일이 일어났습니다. 내 마음도 따뜻해졌거든요. 나는 당신에게서, 힘들 때 자신의 연약함을 드러내며 도움을 청할 수 있다는 것을 배웠습니다. 고맙습니다."

나중에 알게 되었지만, 그녀는 독일 출신의 은퇴한 간호사였다. 신기하게도 우리는 1년 뒤, 잭 콘필드 님과 타라 브랙 님의 명상 지도자 과정에서 다시 반갑게 조우했고, 우리의 우정은 그 후로도 계속 이어졌다.

이런 경험은 비단 나만의 것이 아니었다. 마보 과정에서도 참가자들은 용서 명상을 통해, 각자 오랫동안 묵혀 두었던 마음의 짐을 마주하며 깊은 울림을 경험하곤 했다.

한 참가자는 명상을 하며, 다른 누구도 아닌 자기 자신을 가장 많이 비난해 왔다는 사실을 깨닫고 눈물을 흘렸다. 스타트업 대표였던 그는 어떤 문제가 생기면 모든 원인을 자신의 부족함으로 돌리며 스스로를 채찍질해 왔다. 불안한 상황을 통제하고 싶은 마음에, '내가 이랬더라면…', '내가 저랬더라면…' 하는 자책의 굴레 속에 스스로를 가두었던 것이다. 그는 명상하려는 마음조차도 '뭔가 더 잘 해내야 한다'는 압박감에서 비롯된 것 같다고 고백했다. 용서 명상을 통해 그는, 자신에게 지나치게 가혹했던 스스로를 용서하고, 자신의 불안 때문에 주변 사람들을 괴롭히기도 했음을 인정하며 용서를 구했다. 그러고 나니 마음에, 다른 것들을 바라볼 여유로운 빈 공간이 생겨나는 듯하다고 말했다.

또 다른 참가자는 오랫동안 마음속으로 저주하듯 미워했던 사람을 떠올렸다. 문득문득 생각날 때마다 화가 솟구치는 대상이었다. 그는 '얼마나 잘 되나 보자'는 마음으로 상대를 미워했지만, 그 미움 때문에 가장 힘들었던 사람은 결국 자기 자신이었다. 마보 과정 중 그는, 그 미워하는 사람에 대한 꿈을 꾸었다. 꿈속에서 상대가 자신에게 용서를 구하며 얼굴이 밝아지자, 그는 이상하게도 더 화가 났다. 상대는 이미 마음의 짐을 내려놓은 것처럼 보였기 때문이다.

하지만 용서 명상을 반복하며, 그는 조금씩 상대의 입장을 이해하게 되었고, 자신 또한 그에게 상처를 준 부분이 있음을 인정하게 되었다. 그러자 단단하게 굳어 있던 마음이 조금씩 풀리기 시작했다. 그리고 마침내, 용서가 상대를 위한 것이 아니라 궁극적으로 자신을 위한 것이었다는 사실을 받아들이게 되었다.

이미 돌아가신 부모님을 용서하고 싶어 했던 참가자도 있었다. 성인이 된 후 부모님을 차례로 떠나보내며, 원망과 그리움이 뒤섞인 감정 속에서 오랫동안 힘들어했던 그녀는 용서 명상을 통해 부모님의 미숙함 때문에 상처받았던 자신을 그대로 인정했다. 그러면서도 동시에, 그 미숙한 부모님 역시 자신들만의 방식으로 딸을 사랑하려 애썼다는 사실을 볼 수 있게 되었다. 그녀는 "이 작업이 한 번에 끝날 것 같진 않다"고 말하면서도, 문득문득 떠오르는 부모님과의 기억을 억누르지 않고, 새로운 눈으로 다시 바라보게 되었다며 눈시울을 훔쳤다.

용서 명상을 마치고 나면, 우리는 알게 된다. 용서의 에너지는 따뜻하다. 몸에서는 부드러운 온기가 느껴지고, 무언가를 억지로 '하는' 느낌이 아니라, 그저 받아들이고 받아들여지는 느낌이 든다. 마음이 활짝 열리면서 오히려 더 연약하고 상처받기 쉬운 상태가 된 것 같기도 하다. 하지만 사실 우리의 마음 깊은 곳에는 원래부터 그런 상처받기 쉬운, 부드러운 맨살이 있다. 몇 번 상처를 받고 나면, 우리는 그 맨살을 지키기 위해 두꺼운 갑옷을 걸친다.

용서 명상은 그 무거운 갑옷을 스스로 벗어 던질 용기를 길러준다. 그리고 바로 그 연약하고 부드러운 마음 안에서, 우리는 비로소 진짜 평화와 자유를 발견하게 될 것이다.

우리의 고통은
모두

연결되어 있다

지금까지 우리는 '나'의 고통에 집중하여 나를 해방하는 용서를 연습
했다. 하지만 마음의 힘이 더 자라나면, 우리는 용서의 시야를 더 넓
혀 내 고통이 나만의 이야기가 아니라 우리 모두의 이야기와 연결되
어 있음을 보게 된다. 이 깊은 통찰은 때로 가장 풀기 어려웠던 매듭,
특히 가족이라는 이름으로 얽힌 상처를 푸는 열쇠가 되기도 한다.

　우리는 가족을 선택할 수 없다. 그렇기에 가족이라는 테두리 안에
서 만나는 인연들과, 그 안에서 반복되는 뿌리 깊은 상처를 주고받기
쉽다. 상처가 아물기도 전에 계속 생채기가 나면서 흉터는 점점 커지
고, 결국 굳은살처럼 딱딱하게 굳어버린다. 마음속 상처들이 너무 단
단한 굳은살로 자리 잡으면, 그 고통이 마치 원래부터 내 일부였던
것처럼 느껴지기 시작한다. '나는 원래 이런 사람이다'라며, 그 고통
과 자신을 동일시해 버리는 것이다.

알코올중독 끝에 가족을 버리고 잠적했던 아버지가, 병든 몸으로 다시 연락해 왔을 때 나라 님은 너무 복잡한 감정을 느꼈다. 아버지에 대한 원망과 분노를 쏟아내기에는 아버지가 너무 약해 보였다. 가족을 버릴 때는 언제고, 병들고 지친 몸이 되어서야 다시 연락해 온 그 아버지가 너무 미웠다. 동시에 아버지를 외면하는 것도 쉽지 않았다. 마음 한편에서 계속 그가 남았기 때문이다. 나라 님은 물었다. "이럴 때 저는 어떻게 하는 것이 현명한 선택인가요?"

감정적으로 폭력적인 어머니 밑에서 자란 성인 님은, 어머니와의 관계를 끊고 싶다고 했다. 어머니는 매사에 부정적이고 남들과 비교하며, 사소한 말로도 딸의 마음에 상처를 냈다. 그녀에게 어머니는 가장 닮고 싶지 않은 존재, 극복해야 할 대상이었다. 그런데 어느 날, 그녀는 자신의 아이에게 하는 말을 듣다가, 어릴 적 그토록 싫어했던 어머니의 말투가 자신에게서 나오고 있음을 깨닫고 큰 충격을 받았다.

고통의
대물림

이런 이야기는 사실 드라마나 영화에서 수도 없이 반복되는 '클리셰'와도 같다. 미숙한 부모에게 상처받는 경험은 지극히 개인적인 이야기인 동시에, 어쩌면 전 인류에게 공통으로 반복되는 서사일지도 모른다.

부모의 학대나 방치, 혹은 과잉보호로 상처받는 이야기는, 시대와 지역을 막론하고 늘 존재해 왔다. 이 고통을 자세히 들여다보면, 우리는 하나의 거대한 사슬을 보게 된다. 바로 '고통의 대물림'이다. 모든 고통은 연결되어 있다. 미숙한 어른이 부모가 되어 아이에게 주는 상처는, 어쩌면 그들 역시 자신의 부모에게서 받았던 상처의 반복일 수 있다. 그분들 또한 어떻게 사랑해야 하는지를 제대로 배우지 못한 채, 자신이 경험한 방식 그대로 우리를 대했을 가능성이 높다.

태국 플럼빌리지 리트릿에 처음 참가했을 때, 틱낫한 스님과 함께 플럼 빌리지를 세운 가장 존경받는 비구니 스님이신 찬콩 스님(Chan Khong)의 안내로 '땅에 대기(Touching the Earth) 명상'을 경험할 수 있었다. 명상하면서 이마를 땅에 대고 절하는 동작을 반복하기에 그런 이름이 붙었다. 스님의 나지막한 안내를 들으며 이마를 땅에 대고 엎드렸다가 일어서기를 반복하는 이 명상은, 그동안 내가 했던 어떤 명상과도 다른 깊은 울림을 주었다.

'땅에 대기' 명상은 우리를 고통스럽게 하는 원망과 분노를 대지, 즉 '어머니 지구'의 품으로 돌려보내는 과정으로 시작한다.

우리는 땅에 온몸을 맡기고 엎드린다. 마치 지치고 상처받은 아이가 어머니 품에 안겨 모든 것을 내맡기듯, 내 안의 고통과 슬픔, 무거운 감정을 대지에 내려놓는다. 그러면 신기하게도 대지는 이것을 아무 판단 없이, 그저 넉넉하게 받아주는 존재처럼 느껴진다. 그렇게 대지와 연결된 채, 우리는 상상 속에서 나의 아버지와 어머니, 할아버지와 할머니, 그 이전의 모든 조상이 거대한 강물처럼 내 뒤에 함께 엎드려 있는 모습을 그린다. 그분들의 얼굴을 하나하나 떠올리며, 각자의 삶에서 얼마나 많은 고통과 슬픔, 채워지지 않은 꿈들을 안고 살았을지 깊이 느껴본다.

우리를 아프게 했던 어머니의 날카로운 말투는, 어쩌면 할머니에게 인정받지 못했던 어린 소녀의 서투른 사랑의 표현 방식이었을지 모른다. 무책임하고 폭력적이었던 아버지의 모습 뒤에는, 할아버지의 폭력 아래에서 두려움에 떨며 자라야 했던 한 소년의 그림자가 있었을지도 모른다. 우리 부모님들을 더 이상 나에게 상처를 준 가해자로만 보는 것이 아니라, 그들 역시 고통의 피해자였음을, 나와 똑같이 행복해지고 싶었지만 방법을 몰랐던 한 인간이었다는 사실을, 자비의 눈으로 바라보는 것이다.

그리고 마침내 우리는 마음속으로 이렇게 선언한다.

"아버지, 어머니, 그리고 모든 조상님. 당신들이 물려준 고통과 슬픔을 이제 제가 받겠습니다. 그리고 이 세대의 아픔을 제 대에서 끊어내겠습니다. 저는 더 이상 이 고통을 다음 세대로 물려주지 않겠습니다. 저는 마음챙김 수행을 통해 이 모든 것을 변화시키겠습니다."

플럼 빌리지 공동체의 이 탁월한 통찰은, 용서가 상대의 잘못을 없던 일로 하거나, 그들의 행동을 정당화하는 것이 아니라는 점을 분명히 보여준다. 오히려 용서란, 대물림되는 고통의 사슬을 알아차리고 "나는 더 이상 이 게임에 참여하지 않겠다"고 선언하는 것이다. 나의 행복을 위해, 그리고 나 이후 세대의 행복을 위해, 고통의 역사를 여기에서 끝내겠다는 자비로운 다짐이다.

우리의 고통은 온전히 개인적인 것만은 아니다. 틱낫한 스님은 베트남전 이후 트라우마를 안고 살아가는 세대들이 가정을 꾸렸을 때, 그 상처가 자녀들에게도 대물림되는 모습을 자주 목격했다. 우리나라 역시 마찬가지다. 일제강점기와 6·25 전쟁을 겪으며, 이전 세대는 말로 다할 수 없는 폭력과 가난, 상실을 경험했다. 그린데 그 깊은 아픔과 트라우마는 단 한 번도 제대로 치유된 적이 없었다. 그 거대한 사회적 트라우마는 그들이 세상을 바라보는 방식을 만들었고, 생존을 위한 왜곡된 믿음이 되어 지금 우리의 가치관에도 깊게 스며들어 있다. 지나친 물질만능주의, '더 열심히 살아야 한다'는 강박, 남들과 끊임없이 비교하고 경쟁하는 마음. 우리를 고통스럽게 하는 이러한 사회적 압력은, 앞 세대가 살아온 힘겨운 시간이 남긴 집단적 상흔일 수 있다.

이제 우리는 이 대물림되는 고통을 알아차려야 한다. 그리고 진지하게 물어야 한다.

"이것이 진정으로 우리가 아이들에게 남겨 주고 싶은 유산입니까?"

부디 나를
내 참 이름들로 불러다오

지금까지 우리는 용서하는 사람, 용서받는 사람이라는 구도로 용서를 이야기해 왔다. 하지만 불교적 관점에서 좀 더 깊이 들여다보면, 용서하는 대상과 용서받는 대상이 '따로' 있다는 생각 자체가 현실을 왜곡하는 하나의 관념일 수 있다.

틱낫한 스님은 망명 후, 베트남전 이후 수립된 정부의 반대편에 섰다는 이유로 목숨을 위협받는 수많은 베트남인, 소위 '보트 피플'을 구하는 데 큰 힘을 쏟으셨다. 하지만 아무리 노력해도 가슴 아픈 이야기는 계속 들려왔다. 수많은 보트 피플의 절반은 바다에서 목숨을 잃었고, 살아남은 이들 중 많은 젊은 여성이 해적에게 끔찍한 일을 당했다.

어느 날 플럼 빌리지에 편지 한 통이 도착했다. 열두 살 소녀가 태국 해적들에게 겁탈당한 뒤, 바다에 몸을 던져 스스로 목숨을 끊었다는 내용이었다. 이런 이야기를 들으면 우리는 당연히 그 해적에게 분노하고 자연스럽게 소녀의 편에 서고 싶어진다. 그러면 해결책은 단순해 보인다. 총을 들어 해적을 쏘는 것이다.

하지만 틱낫한 스님은 명상 속에서 훨씬 깊이 들여다보셨다. 그리고 깨달았다. 만약 자신이 그 해적과 같은 마을, 같은 조건에서 자랐다면, 자신도 해적이 되어 있을지 모른다는 것을. 당시 시암만 해변에서 태어나는 아이들을 지금처럼 방치한다면, 25년 뒤 그 아이들 중 다수가 가난과 폭력의 굴레 속에서 또 다른 해적이 되어 있을지 모른다는 것을. 스님은 이 통찰을 바탕으로 〈부디 나를 내 참 이름들로 불러다오〉라는 유명한 시에 담기도 했다. (이 시는 틱낫한 스님의《평화 되기》라는 책에 실려 있다.)

부디 나를 내 참 이름들로 불러다오

(Please Call Me by My True Names)

내일 내가 떠나리라고 그렇게 말하지 말아다오.

오늘도 나는 여전히 오고 있다.

깊게 보아라. 나는 이렇게

순간마다 봄나뭇가지에서 돋는 새싹으로

둥지에서 노래를 배우는 여린 날개의 작은 새로

꽃의 심장에 들어있는 쐐기벌레로

돌 속에 감추어진 보석으로

오고 있다.

울기 위하여 웃기 위하여,

두려워하고 희망하기 위하여 나는 온다.

내 심장의 맥박 소리는

살아 있는 모든 것의 생명이요 죽음이다.

나는 강물 위에서 몸을 바꾸는 한 마리 날도래다.

그리고 그 날도래를 들어다 집어삼키려

물 위로 곤두박질하는 새다.

나는 깨끗한 연못에서 행복하게 헤엄치는 개구리다.

그리고 나는 소리도 없이 그 개구리를 삼키는 풀뱀이다.

나는 대나무 막대기처럼 뼈와 가죽만 남은 우간다 어린이다.

그리고 나는 우간다에 살상 무기를 팔아먹는 무기상이다.

나는 작은 배로 조국을 떠나

피난길에 올랐다가 해적한테 겁탈 당하고

푸른 바다에 몸을 던진 열두 살 소녀다.

그리고 나는 바로 그 해적이다.

볼 줄도 모르고 사랑할 줄도 모르는 굳어진 가슴의 해적이다.

나는 막강한 권력을 움켜잡은 정치국 요원이다.

그리고 나는 강제수용소에서 천천히 죽어가며

인민을 위하여 피의 대가를 치르는 바로 그 사람이다.

부디 나를 내 참 이름들로 불러다오.

그리하여, 내 울음소리와 웃음소리를 동시에 듣고

내 기쁨과 아픔이 하나임을 보게 해다오.

부디 나를 내 참 이름들로 불러다오.

그리하여, 자리에서 일어나 내 가슴의 문을, 자비의 문을,

활짝 열 수 있게 해다오.

어리석음에 대한
자비

틱낫한 스님의 시 〈부디 나를 내 참 이름들로 불러다오〉는 세상의 모든 존재가 수많은 원인과 조건 속에서 어떻게 형성되는지 깊이 있게 보여준다. 이 시가 우리에게 주는 가장 깊은 통찰은 바로 이것이다. 끔찍한 범죄를 저지르는 사람조차도, 그 일을 저지를 수밖에 없었던 어떤 조건과 환경 속에 놓였을 수 있다. 그리고 나 또한 그런 조건 하에 놓여 있다면 그런 사람이 될 수도 있다.

한때 뉴스를 떠들썩하게 했던 소말리아 해적들을 떠올려보자. 언론을 통해 그들을 접할 때, 우리는 그들을 잔인한 범죄자로만 보기가 쉽다. 하지만 왜 소말리아에 그렇게 해적이 많을 수밖에 없었는지, 그 배경을 조금만 더 들여다보면 이야기는 훨씬 복잡해진다.

내전으로 정부가 붕괴되고 통제력이 사라진 틈을 타, 외국 대형 선박들이 몰려와 조상 대대로 지켜온 삶의 터전을 싹쓸이해 갔다. 심지어 글로벌 회사들이 불법 투기한 독성 폐기물로 인해 환경은 황폐화되었고 많은 사람들이 병들었다. 평생 바다만 바라보고 살던 많은 이들이 하루아침에 생계 수단을 잃게 되자 어리석은 선택을 하고만 것이다. 물론 그렇다고 해서 그들의 행동이 정당화되는 것은 아니다. 납치와 폭력은 어떤 이유로도 용납될 수 없다.

하지만 그들을 단순히 '나쁜 사람'으로 규정하고 비난하기 전에,

그들을 그런 선택으로 내몬 거대한 고통의 구조를 볼 수 있어야 한다. 그들 역시 우리처럼 그저 가족과 평범하게 행복하게 살고 싶었지만, 극단적인 생존의 위협 속에서 어리석은 선택을 할 수밖에 없었던 존재일지도 모른다.

솔직히 말하자면, 나도 이 사실을 머리로는 이해하면서도 마음으로 완전히 받아들이지 못할 때가 많다. 전쟁을 일으켜 수많은 민간인을 죽음으로 내모는 지도자들, 시스템을 망가뜨리는 부패한 정치인들, 아동 성폭력 같은 끔찍한 범죄자들의 이야기를 들으면, 여전히 화가 나고 그들을 '용서해야 할 존재'라기보다는 '단죄해야 할 대상'처럼 느껴지곤 한다.

이런 나의 마음에 큰 가르침을 준 분이 샌프란시스코 젠 센터 선원장 출신 노먼 피셔(Norman Fischer) 님이다. 그는 미산 스님의 초대로 한국을 방문하셨을 때, 법문 중에 이런 말씀을 하셨다.

"우리가 팔다리가 없는 장애인을 볼 때 '당신 잘못이다'라고 비난하지 않듯, 우리가 이해하지 못하는 끔찍한 일을 한 사람들도 그런 시선으로 봐야 합니다."

이 말을 듣는 순간 내 안에서 강한 저항감이 올라왔다.

'신체적 장애는 본인이 원해서 가진 것이 아니지만, 전쟁을 일으키고, 비리를 저지르고, 타인을 해친 사람들은 분명 자기 선택을 한 것 아닌가?'

강연이 끝난 뒤 나는 노먼 피셔 님께 솔직히 내 불편한 마음을 말씀드렸다. 그러자 노먼 피셔 님은 나를 바라보며, 먼저 이렇게 말씀하셨다.

"그랬군요. 제가 한 말이 당신의 마음을 불편하게 했다면, 미안합니다."

이 다정한 사과를 들으며, 나는 그 말속에 내가 아직 다 이해하지 못한 깊은 가르침이 있다는 것을 직감했다. 그날 이후, 노먼 피셔 님의 가르침은 내 마음속 화두로 남았다. 시간이 흐르고 수행이 조금 더 깊어지면서, 나는 그 뜻을 아주 조금은 알 것 같았다. 노먼 피셔 님의 말은 악행을 정당화하자는 것이 아니었다. 행동은 분명 비판하되, 행위자를 연민의 눈으로 바라보자는 불교의 깊은 시혜였다.

불교의 핵심 가르침 중 하나인 연기(緣起), 즉 모든 것은 수많은 원인과 조건에 의해 생겨난다는 관점에서 보면, 한 사람의 끔찍한 행동 역시 그가 어찌할 수 없었던 수많은 조건(유전, 어린 시절 트라우마, 사회적 환경, 정신적 문제 등)이 얽혀 발현된 결과물이다.

우리는 팔이 없는 사람에게 "팔이 없는 건 네 잘못이야"라고 하지 않듯, 끔찍한 행동을 하는 사람의 내면에도 우리가 다 모르는 수많은 조건이 작용하고 있음을 볼 수 있어야 한다. 결국, 잘못된 선택을 하는 사람은 그 순간 과거로부터 이어져 온 잘못된 믿음으로 인해 그렇게 행동했을 것이다. 물론 그 믿음은 무지와 탐욕, 분노에서 비롯된 어리석은 판단이다.

예수님은 자신을 모함하고 십자가에 못 박는 군중을 보며 이렇게 기도하셨다.

"아버지, 저들을 사하여 주옵소서. 자기들이 하는 것을 알지 못함이니이다." (누가복음 23:34)

'자기가 무엇을 하고 있는지 모른다'는 것이 바로 어리석음의 본질이다. 우리는 행동이 단기적으로는 욕망을 채워줄지 몰라도, 장기적으로는 자신을 포함한 모두에게 얼마나 큰 고통을 가져올지 보지 못한다.

불교에서 말하는 업(業, Karma)의 법칙은 바로 이것을 설명한다. 업은 단순히 운명론적 개념이 아니라 '행위'를 의미한다. 우리의 모든 생각과 말과 행동은 원인이 되어, 반드시 그에 상응하는 결과를 가져온다는 뜻이다. 선한 행위는 선한 결과를, 악한 행위는 악한 결과를 낳는다. 세계 주요 종교들이 각기 다른 언어로 말하지만, 공통으로 강조하는 진리가 있다면 아마 이것일 것이다.

"선한 일을 하면 좋은 결과가 돌아오고, 악한 일을 하면 나쁜 결과가 돌아온다."

이 인과의 법칙을 깊이 이해하기 시작하면, 우리는 타인의 어리석은 행동을 바라보는 시선을 조금씩 바꿀 수 있다. 분노와 비난 대신, 안타까움과 연민이 싹튼다.

'나중에 어쩌려고 저럴까. 결국 그 모든 것이 자신에게 돌아갈 텐데.'

이런 마음이 들기 시작하면, 우리의 자비심은 나와 남이라는 경계를 넘어, 모든 존재에게로 뻗어나갈 힘을 갖게 된다. 위험한 곳으로 향하는 아이를 걱정스러운 눈으로 바라보는 어른의 마음처럼, 자비심은 세상의 법칙을 이해하는 지혜와 함께할 때, 누구에게나 닿을 수 있다.

용서 명상 실습

미움을 내려놓고 홀가분해지고
싶을 때 하는 명상

이 명상은 과거의 짐을 내려놓고 현재의 자유를 선택하기 위한 강력한 연습입니다. 조용한 공간에서 편안한 자세로 시작합니다.

◆ 준비: 몸과 마음을 현재로 가져오기

- 편안하지만 깨어 있는 자세로 앉아 천천히 눈을 감습니다.
- 지금 여기 앉아 있는 나의 몸을 머리부터 발끝까지 느껴봅니다.
- 몸이 자연스럽게 숨 쉬고 있음을 알아차립니다. 숨이 들어오고 나가는 감각, 혹은 가슴이 올라갔다 내려오는 움직임에 잠시 주의를 기울입니다.
- 이제 마음속에 불편하게 남아 있는 '용서'와 관련된 기억이나 감정을 부드럽게 떠올립니다. 그것은 타인을 향한 것일 수도, 나 자신을 향한 것일 수도 있습니다.
- 이 기억을 떠올릴 때 몸에서 일어나는 감각(가슴의 답답함, 조임, 열기 등)을 판단하지 않고 그저 있는 그대로 알아차립니다.

◆ 첫 번째 용서: 내가 상처를 준 사람들에게 용서 구하기

- **떠올리기**: 내가 알게 모르게, 혹은 의도적으로 상처를 주거나 무시했던 사람(들)을 떠올립니다.
- **인정하기**: 그 행동이 나의 무지, 고통, 혼란, 두려움에서 비롯되었을 수 있음을 기억합니다. 그때의 슬픔이나 후회가 떠오르는 것을 허용합니다.
- **용서 구하기**: 그 무거운 짐을 내려놓을 준비가 되었다면, 마음속으로 진심을 다해 말합니다.

"나의 고통과 혼란, 분노 때문에 당신에게 의도적으로든 의도치 않게든 상처를 주었다면, 진심으로 미안합니다. 나를 용서해주세요."
이 말을 반복하며, 죄책감이나 무거운 마음을 내려놓고 가슴이 자유로워지는 것을 허용합니다.

◆ 두 번째 용서: 나 자신에게 용서 구하기

- **떠올리기**: 내가 나 자신을 배신하거나, 포기하거나, 돌보지 않고 방치했던 순간들을 떠올립니다. 스스로를 가혹하게 비난하고 자책했던 말들을 기억합니다.
- **인정하기**: 스스로에게 상처 입혔던 그 모든 순간과 그로 인한 고통을 인정합니다.
- **용서 구하기**: 이제 나 자신에게 자비심을 내며 말해줍니다. (이때 손을

가슴에 올려놓는 것도 좋습니다.)

"내가 혼란과 분노, 절망 속에서 나 자신을 상처받게 하고 포기했던 모든 일에 대해 용서를 구합니다. 나를 용서합니다. 이제 나 자신에게 자비심과 연민을 베풀겠습니다."
용서의 따뜻한 기운이 몸 구석구석으로 스며드는 것을 느껴봅니다.

◆ **세 번째 용서: 나에게 상처를 준 사람들 용서하기**

- **대상 정하기**: 나에게 상처를 준 사람을 떠올립니다. (이 연습은 마음의 힘이 필요하니, 감당하기 어려운 대상보다는 조금 더 가벼운 대상부터 시작하는 것이 좋습니다.)
- **고통 알아차림**: 그 기억을 떠올릴 때 내 몸과 마음에 다시 떠오르는 고통을 알아차립니다.
- **용서하기**: 준비가 되면, 나 자신을 과거의 감옥에서 해방시키겠다는 다짐으로 말해줍니다.

"나는 당신이 나에게 준 상처와 고통을 기억합니다. 나는 당신의 행위들 또한 당신 자신의 상처와 고통, 두려움, 혼란에서 비롯되었음을 이제 이해합니다.
나는 이 상처를 더 이상 내 마음속에 담아두며 나 자신을 괴롭히는 행동을 하지 않겠습니다.

당신이 했던 잘못이 괜찮은 일이라고 말하는 것은 아닙니다. 하지만 오직 나 자신의 자유와 평화를 위해, 나는 당신을 내 마음에서 놓아줍니다. 나는 당신을 용서합니다."

◆ 마무리

천천히 숨을 쉬면서 지금 내 심장 부위의 느낌을 가만히 느껴봅니다. 당신이 방금 세상에서 가장 용기 있는 행동을 했음을 기억하세요.

이 연습은 한 번으로 끝나지 않습니다. 마음 깊이 뿌리 잡고 있었던 상처를 놓아주는 데는 시간이 걸립니다. 천천히, 당신의 속도에 맞춰 부드럽게 나아가면 됩니다.

Chapter 9

나로 존재하기

다시
만난
나

우리는 지금까지 긴 여정을 함께했다.

삶에 고통이 있음을 마주하는 것에서 시작하여, 마음챙김과 알아차림으로 마음을 훈련하는 법을 배웠다. 지혜와 윤리가 수행의 뿌리임을 알았고, 느낌과 생각이 어떻게 우리의 경험을 만들어 내는지 관찰했다. 우리를 괴롭히는 핵심 믿음의 정체를 들여다보았고, 자비심으로 나 자신을 받아들이는 법을 익혔다. 그리고 용서를 통해 과거를 놓아주고 현재로 돌아오는 연습을 했다.

이 모든 과정은 사실 하나의 목적지를 향하고 있다. 바로 그냥 있는 그대로의 나로 존재하는 것이다. 어쩌면 이상하게 들릴지도 모른다. '나로 존재하는 것'이 무슨 특별한 일인가? 우리는 이미 나로 존재하고 있지 않은가? 하지만 우리는 정말 '나'로 존재하고 있을까?

아니면 끊임없이 더 나은 누군가가 되려고 애쓰고, 다른 사람의 시선을 의식하며, 과거와 미래 사이를 방황하며, '나'로부터 계속 도망치고 있는 것은 아닐까?

수행의 궁극적인 목적은 무언가를 얻거나 이루는 것이 아니다. 오히려 그 반대다. 모든 노력과 판단을 내려놓고, 그저 이 순간 이곳에서 나로 온전히 존재하는 것. 그것이 진정한 자유다.

이번 장에서는 그 자유가 실제로 어떻게 우리 삶에서 펼쳐지는지, 그리고 우리가 어떻게 매 순간 그 자유를 선택할 수 있는지 이야기하려 한다. 더 이상 문제를 해결하려 애쓰지 않아도 되는 삶, 옳고 그름을 끊임없이 판단하지 않아도 되는 삶, 그저 삶이 살아지도록 내버려두는 것.

'나로 존재한다는 것'의 진정한 의미를 이해하기 위해, 우리는 먼저 한 가지 확실한 진실과 마주해야 한다. 삶의 자잘한 불확실성 속에서 흔들릴 때마다, 가장 확실한 이 사실을 기억하는 것이 우리를 현재로 데려온다.

메멘토
모리

: 죽음을 기억하라

삶에 있어 누구도 부인할 수 없는 확실한 진실은 바로, 우리 모두 언젠가는 죽는다는 것이다.

2024년 여름, 나는 티베트의 여성 수행자 마칙 랍드론의 '쬐(Chöd) 수행'을 하러 히말라야로 떠난 남편을 걱정하며 힘겹게 일상을 보내고 있었다. 쬐 수행은 문자 그대로 '끊어낸다'는 뜻으로, 우리 마음의 두려움을 직면하여 두려움과 자아에 대한 집착을 근본적으로 끊어내는 티베트의 독특한 수행법이다. 남편이 히말라야에서 정처 없이 떠돌며 수행하고 있는 동안, 한국에 남아 있던 나 역시 나만의 쬐 수행을 하고 있었다. 바로 '남편에게 끔찍한 일이 일어나면 어떻게 하지?'라는, 내 머릿속 최악의 상상을 매일 마주하는 수행이었다.

아침 명상을 하던 어느 날, 또다시 최악의 상상으로 치닫고 있는 내 마음을 보며, 나는 정면으로 나의 가장 큰 두려움을 마주하기로 마음먹었다. 바로 죽음이었다. 내가 사랑하는 사람들의 죽음, 그리고 나의 죽음. 그때 유튜브에서 너무나 감명 깊게 보았던, 최초로 불교 호스피스 병원을 세워 운영하고 계신 울산 자재병원의 능행 스님이 떠올랐다. 나는 그 병원의 연락처를 어렵게 알아내어 자원봉사를 신청했고, 가장 무더운 여름의 한복판에 울산으로 내려갔다.

그곳에서 나는 환자분들에게 발 마사지를 해드리고 말동무가 되어 드리며, 아주 가까운 자리에서 죽음을 마주했다. 죽음은 우리를 모두 평등하게 만들고 있었다. 마지막이 다가오면, 지금까지 살면서 아등바등 쌓아온 모든 정체성을 내려놓고, 갓난아기와 같은 상태로 다른 사람의 손길에 몸을 맡긴 채 병상에 누워 죽음을 기다려야 했다. 그중에서도 혼자 거동이 가능하셨던 할머니 한 분은, 발 마사지를 해드리려 할 때마다 나에게 이렇게 물어보셨다.

"왜 아무도 내가 언제 죽을지, 정확하게 알려주지 않나요?"

아마 할머니도 알고 계셨을 것이다. 아무도 그것을 알려줄 수 없다는 사실을. 하지만 알 수 없는 죽음을 기다리며 느끼는 두려움과 절박함, 외로움이 전해져 나도 모르게 눈물이 핑 돌았고, 그 눈물을 감추느라 혼이 났다. 우리는 마치 죽지 않을 것처럼, 끝도 없이 더 나은 미래만을 바라보며 살아간다. 그러다 보니 막상 정말 마지막 순간이 다가오면, 결코 도착할 수 없는 미래를 위해, 이미 도착해 있는 현재를 낭비했다는 사실을 뒤늦게 깨닫게 된다.

마보에는 '죽음에 대한 공포'가 일상에 공황장애라는 그림자로 드리워졌다는 한 유저의 사연이 온 적이 있었다. 그분은 명상을 통해 그 지독한 공포를 걷어내고 싶어했다. 하지만 붓다도 말씀하셨듯, 살아 있는 존재가 미지의 영역인 죽음을 두려워하는 것은, 어쩌면 숨을 쉬는 일처럼 당연하다. 우리가 할 일은 그 공포를 억지로 지워버리는 것이 아니라, 그 공포가 비추는 방향을 바꾸는 것이다. 캄캄한 '죽음 이후'가 아니라, 바로 지금 눈부시게 타오르고 있는 '죽음 이전의 삶'으로 말이다.

MBSR 명상의 창시자 존 카밧진 박사 역시 오프라 윈프리와의 대화에서 비슷한 통찰을 나누었다. "죽음과 죽음 이후에 대해 생각하십니까?"라는 질문에, 그는 이렇게 대답했다.

"나도 죽음에 대해 생각합니다. 하지만 죽음 이후가 아니라, 죽음 전의 삶에 대해 생각합니다. 그것이 바로 진짜 중요한 것이니까요."

30대 초반, 삶의 목적을 찾지 못한 채 미래만을 쫓던 시절, 나를 진짜 두렵게 했던 것은 죽음 그 자체가 아니었다. 나는 '이렇게 살다가 죽을까 봐' 두려웠다. 죽는 것보다, 온전히 살지 못하는 게 더 무서웠던 것이다. 그때, 그 실존적 공포의 한가운데로 찾아온 것이 바로 마음챙김 명상이었다.

명상은 나에게 '죽음 이후'의 미지를 탐험하라고 하지 않았다. 대신, '죽음 이전'의 유일한 순간, 바로 지금 이 현재를 온전히 살아내는 법을 가르쳐주었다. 삶의 불확실성을 회피하는 대신 그 안으로 걸어

들어갈 때, 삶의 흐름을 통제하려 애쓰는 대신 그 흐름을 믿고 맡길 때, 우리는 비로소 죽음의 공포가 아닌 삶의 경이로움에 한 발짝 더 다가설 수 있다. 그것이 바로 '온전히 사는 것'이다.

핵심 믿음에서
핵심 가치로

죽음 앞에서 우리는 가장 정직해진다. 그리고 그때가 되어서야 비로소 보이기 시작한다. 내 삶에서 정말 중요한 것이 무엇이었는지가.

이어령 선생님이 돌아가시기 직전, 이어령 선생님을 오랫동안 인터뷰해 온 김지수 기자님의 도움으로 자택에서 영상 인터뷰를 한 적이 있었다. 우리 시대의 지성이자 대한민국 초대 문화부 장관, 88 서울 올림픽의 개폐회식의 신화를 만든 창의력의 아이콘, 그리고 수많은 저서를 남긴 비평가였던 선생님께 수많은 업적 중, 가장 뿌듯했던 것은 무엇이었는지 질문을 드렸다. 선생님은 잠시 곰곰이 생각에 잠기시더니, 이내 얼굴을 환하게 밝히며 말씀하셨다. 어느 날 한 고등학생 소년이 찾아와, 자살을 결심하고 마지막으로 읽은 이어령 선생님의 책 덕분에 마음을 바꾸었다고 고백했다는 이야기였다.

그때 깨달았다. 우리가 죽음의 순간까지 가져가는 스스로의 가치는 교수, 장관 같은 직함도, 수많은 업적도 아니라는 것을. 누군가의 삶에 진심으로 도움이 되었던 그 순간이, 결국 우리에게 가장 깊이 남는다는 것을. 우리가 세상에 남기는 것은 우리가 쌓아 올린 성취가 아니라 우리가 다른 이들의 삶에 남긴 따뜻함임을.

메리 올리버는 〈여름날(The Summer Day)〉이란 시에서 우리에게 묻는다.

"말해보세요, 당신이 이 소중하고 야생적인 삶을 걸고 하려는 일이 무엇인가요?"

수행을 통해 나의 오래된 습관을 관찰하면서, 나는 나의 뿌리 깊은 성향이 바로 '문제 해결(Problem solving)', 즉 삶의 모든 것을 문제로 보고 해결하려고 하는 것임을 깨달았다.

삶은 결코 완벽하지 않다. 모든 것을 고칠 수도 없다. 삶에는 언제나 어떤 형태로든 '문제'가 존재한다. 우리는 태어나는 순간부터 병들고 늙어 죽는다는 운명을 부여받는다. 이것이 붓다가 말한 삼사라(saṃsāra), 끝없이 반복되는 윤회의 굴레다. 주어진 삶 속에서 이 조건 지어진 거대한 흐름 자체를 바꿀 수는 없다. 하지만 우리는 우리 마음의 조건, 즉 강박적 성향이나 사고의 패턴으로 만들어지는 '마음의 삼사라'에서 자유로워지도록, 마음을 훈련할 수 있다. 그것이 바로 수행이다. 그리고 이 수행의 여정은 '~을 해야만 한다'로 가득했던 삶에서 '~하기로 선택했다'는 삶으로 나아가는 과정 그 자체다.

나는 이 경이로운 전환의 순간을 마보 과정의 마지막 시간에 자주 목격하곤 한다. 마지막 시간에 우리는 첫 시간에 자신이 썼던 행복선언문을 천천히 읽어본다. 그리고 지금까지의 수행을 통해 깨달은 점을 바탕으로, 앞으로 어떤 삶을 살고 싶은지에 대한 졸업선언문을 쓴다. 그리고 참가자 모두를 증인으로 삼아, 각자의 졸업 연설을 한다. 다음은 그중 한 분의 졸업선언문이다.

"마보 과정을 통해 저는 스스로와 마주하는 일을 얼마나 두려워해 왔는지 깨달았습니다. 가장 두려운 일일수록 뒤로 미루곤 했는데, 그 밑바닥에는 '잘해야 한다'는 완벽주의가 숨어 있었습니다. 겉으로는 주체적으로 보이려 했지만, 실제로는 다른 사람들의 계획을 부러워하며 의존적인 모습이 더 컸다는 것도 알게 되었습니다. 그리고 제가 얼마나 오랫동안 스스로를 미워하고 방치해 왔는지 마주한 순간이 가장 힘들었습니다. 미래에 대한 막연한 두려움, 자신에 대한 불신, 경제적 불안과 진로 걱정까지 모든 것을 너무 무겁게 받아들이고 있었던 겁니다.

하지만 이 과정을 거치며, 그동안 피하고만 싶었던 제 진짜 모습을 조금은 마주할 용기가 생겼습니다. 그래서 앞으로 저는 물처럼 유연하고, 바위처럼 단단하게 살고 싶습니다. 어떤 상황에서도 자신을 맡기고, 흔들리더라도 다시 중심을 잡는 삶 말입니다.

이제 저는 '행복해야 한다'고 애쓰는 대신, '그저 나로 존재하기'를 선택하려 합니다. 있는 그대로의 나를 판단하지 않고 받아들이며, 오래

묶어 두었던 두려움에서 벗어나는 것. 그것이 마보 과정이 제게 준 가장 큰 배움입니다."

지금 이 순간, 판단하지 않고
있는 그대로 받아들이기

우리가 짜여진 생각을 잠시 내려놓고, 순간순간을 물 흐르듯 살 수 있다면 어떤 일이 일어날까? 수행을 통해 지금 이 순간을 판단하지 않고 있는 그대로 산다는 것이 나뿐만 아니라 주변 사람들에게도 자유를 선사할 수 있음을 깨닫게 해준, 잊지 못할 작은 경험이 있었다.

어느 날 근처 카페에서 일하기 위해 집을 나섰다. 마침 내가 나선 시간이 초등학생 아이들의 하교 시간과 겹쳤는지, 길을 걷는데 어른은 나 혼자였고, 반대쪽에서는 땅만 보며 걷는 여자아이 한 명이 다가오고 있었다. 아이가 너무 땅만 보고 있어서, 자연스럽게 내 시선이 그 아이에게 향했다. 그러자 아이가 누군가의 시선을 느꼈는지 고개를 들어 나를 바라보았다. 아이의 눈에는 눈물이 그렁그렁 고여 있었다. 나는 나도 모르게 아이에게 다가가 물었다.

"무슨 일 있니?"

그 말에 아이는 참았던 울음을 터뜨렸다. 몸을 낮춰 아이의 눈을 바라보며 다시 묻자 아이는 울먹이며 말했다.

"친구 신발주머니를 잃어버렸어요. 일부러 그런 게 아닌데, 애들이 다 저한테만 뭐라고 했어요."

나는 아이에게 친구들이 있는 곳으로 함께 가보자고 했다. 가는 동안 아이는 울음을 멈추고 나에게 상황을 털어놓았다.

"○○는 나빠요. 제 얘기도 안 듣고 뭐라고 했어요."

아이들 몇 명이 모여 있는 아파트 화단 앞에 도착하니 여자아이 셋, 남자아이 둘이 신발주머니를 찾아 헤매고 있었다. 신발주머니 주인으로 보이는 남자아이는 울상에 가까웠다.

우리가 다가가자 아이들은 순간 놀란 듯했지만, 내가 우는 아이의 엄마가 아니라는 걸 알고는 안도하는 표정이었다.

"얘들아, 어디서 잃어버린 걸까? 아줌마가 같이 찾아줄게."

그러자 여자아이들 중 한 아이가 당차게 이야기했다.

"○○이가 장난으로 신발주머니를 던져버렸어요. 그런데 아무리 찾아도 안 보여요. ○○는 그냥 가버렸어요."

그 말을 들은 나는 그저 담담하게 말했다.

"아, 그렇구나. 그럼 저 아래쪽에 떨어졌을 수도 있겠네."

지상 보행로와 지하 주차장이 연결되어 있었는데, 그 아래로 떨어진 것 같았다. 예상대로 지하 주차장 쪽에서 "찾았다!"라는 환호성이 들렸다. 울상이던 아이도 드디어 웃음을 되찾았다. 내 옆의 아이는 여전히 눈물을 훔치며 말했다.

"거 봐, 일부러 그런 거 아니었는데….”

그때 신발주머니를 돌려준 아이가 다가와 말했다.

"너한테 뭐라고 해서 미안해. 우리는 네가 일부러 그런 줄 알았어.”

그러자 울던 아이도 조심스레 말했다.

"아니야, 내가 미안해. 장난이었지만 나 때문이었으니까… 일부러 그런 건 아니었어.”

그때 나는 알 수 있었다. 이제 이 아이들에게 더 이상 '어른인 나'는 필요 없다는 것을. 아이들은 이미 스스로의 힘으로 상황을 풀고 있었다. 나는 가볍게 인사를 나누고 카페로 향했다. 그리고 걸어가며 이렇게 생각했다.

'만약 내가 길에서 울던 아이를 먼저 만나지 못하고, 아이가 집에 가서 엄마에게 이 이야기를 했다면 어땠을까?'

아마 엄마라면 우는 아이를 보고 놀라서 "뭐? 친구들이 다 너한테 뭐라고 했다고?"라고 말하며 마음속 깊은 곳에서 '혹시 따돌림을 당하는 건 아닐까?' 하는 걱정과 분노가 동시에 올라왔을지도 모른다. 나도 그 아이의 말을 처음 들었을 때는 요즘 학교폭력이나 따돌림이 하도 심하다고 하니 혹시나 친구들이 이 아이를 괴롭혀서 그런 게 아닌가 했다. 하지만 어떠한 판단도 없이 그저 그 상황에 마음을 열고 다른 아이들을 만났을 때, 그 아이들의 마음도 읽을 수 있었다. 그 아이들에게는 울고 떠난 친구가 무책임한 것이었고, 자신들은 정의롭게 곤경에 처한 친구를 돕고 있는 것이었다.

나는 그저 판단을 멈추고 그 순간에 함께 하기만 했는데도 놀라운 일이 일어났다. 아이들은 스스로 서로의 이야기를 듣기 시작했고, 사과하고 용서하며 화해했다. 아이들은 이미 자신의 내면에 있는 지혜, 즉 공감하고 사과하고 용서할 힘을 갖고 있었다. 내가 한 일은 그 힘이 자연스럽게 드러날 '공간'을 잠시 마련해준 것뿐이었다.

이 경험은 나에게 '중도'의 진정한 의미를 가르쳐주었다. 붓다가 말씀하신 중도는 단순히 '이것도 아니고 저것도 아닌' 양극단의 중간 지점을 타협하는 것이 아니다. 중도는 '누가 옳은가, 그른가'를 따지는 이분법적 판단 자체를 잠시 내려놓는 길이다. 그것은 현실에 마음을 활짝 열고, 지금 이 순간의 무한한 가능성과 살아 있는 생명력을 있는 그대로 허용하는 태도다.

우리 안의
보물

인류에게 전해 내려오는 다양한 영적 수행의 전통에는, 비슷한 이야기가 반복해서 등장한다.

어떤 사람이 너무 가난해서, 돈을 벌기 위해 집을 떠났다. 그는 먼 곳을 떠돌며, 온갖 고생을 다하며 보물을 찾아 헤맸다. 몇십 년이 흘러 늙고 지친 그가 마침내 집으로 돌아왔을 때, 그는 자신의 집 마루 밑에 엄청난 보물이 묻혀 있었다는 것을 발견했다.

우리는 모두 이 이야기 속의 그 사람이다. 우리는 행복을 찾아, 평화를 찾아, 의미를 찾아 끊임없이 바깥을 헤맨다. 더 나은 직장, 더 많은 돈, 더 좋은 관계, 더 완벽한 나를 찾아 방황한다. 하지만 우리가 그토록 찾는 모든 것은 이미 우리 안에 있다. 가장 소중한 것은 바로 우리 안에 있다. 우리는 이미 완전하다. 다만 그 사실을 잊고 있을 뿐이다.

티베트 불교에서 최고의 수행으로 알려져 있는 족첸(Dzogchen)은 '위대한 완성'이라는 뜻이다. 그러나 이 '완성'은 우리가 흔히 생각하듯, 무언가를 성취하거나 특정 목표에 도달한다는 뜻이 아니다. 족첸의 역설은 이것이다. 우리는 이미 완성되어 있다. 도달해야 할 곳이 없다. 우리는 이미 도착해 있다.

남편과 나의 족첸 스승인 라마 앤, 라마 하비 님은 이것을 '보는 것에서 존재하기로(Seeing to Being)'라고 표현하셨다. 우리는 늘 무엇인가를 '보려고(Seeing)' 하지만, 사실 우리는 이미 그것 '자체로 존재하는(Being)' 존재라는 것이다. 찾으려 하지 말고, 그냥 존재하라.

명상 수행을 처음 시작할 때는, 마치 지도를 따라가듯 단계와 이정표를 따라간다. 그러나 수행이 깊어지면 깊어질수록, 선사들이 이야기하는 궁극의 단계는 언제나 같다. 그저 지금 이 순간뿐이라는 것.

이 책의 시작에서 나는 물었다.

"지금 이 순간 행복하기를 선택할 수 있는가?"

이제 이 책의 끝에서 나는 다시 묻는다.

"지금 이 순간 당신으로 존재하기를 선택할 수 있는가?"

우리는 '나'를 보는 것으로부터 시작해, 내 마음 안의 고통을 발견했다. 그 고통이 어디에서 왔는지 탐구했고, 느낌과 생각과 핵심 믿음이 어떻게 고통을 만들어 내는지 이해했다. 그리고 자비와 연민을 통해 그 고통에서 벗어날 수 있다는 것을 배웠다. 용서를 통해 과거를 놓아주고, 모든 것과의 연결을 느끼며, 이제 우리는 진정으로 자유로운 삶을 살 준비가 되었다.

하지만 이 모든 여정의 끝에서 우리가 발견하는 것은, 애초에 우리가 떠나 찾아 나섰던 바로 그곳, 바로 지금 이 순간이다. 우리는 이미 도착해 있다.

완벽한 삶을 사는 것이 아니라

불완전한 삶을 온전히 받아들이며 사는 것.

문제가 없는 삶을 사는 것이 아니라

삶을 문제로 보지 않고 사는 것.

고통이 없는 삶을 사는 것이 아니라

고통과 함께 춤추는 법을 배우는 것.

그렇게 살 때 우리는 비로소 발견한다.

삶은 숙제가 아니라 선물이라는 것을.

우리는 무언가를 성취하기 위해 존재하는 것이 아니라, 신화학자 조셉 캠벨의 말처럼, 그저 "당신 자신으로 존재하는 특권"을 누리기 위해 여기에 있다.

이제 당신으로 온전히 존재할 때다.

＜참고 문헌 및 자료＞

Chapter 2. 인생을 바꾸는 힘: 마음챙김과 알아차림

- Hölzel, B. K., Carmody, J., Vangel, M., Congleton, C., Yerramsetti, S. M., Gard, T., & Lazar, S. W. (2011). Mindfulness practice leads to increases in regional brain gray matter density. Psychiatry Research: Neuroimaging, 191(1), 36 –43. https://doi.org/10.1016/j.pscychresns.2010.08.006

- Lazar, S. W., Kerr, C. E., Wasserman, R. H., Gray, J. R., Greve, D. N., Treadway, M. T., ... & Fischl, B. (2005). Meditation experience is associated with increased cortical thickness. Neuro Report, 16(17), 1893 –1897

- Minjung Kim et al., "Preliminary Evidence for Changes in Functional Connectivity Associated with Emotional Awareness after Mobile-Based Mindfulness Meditation," Yonsei Medical Journal 66(2025) https://doi.org/10.3349/ymj.2025.0046

Chapter 3. 명상보다 더 중요한 것

- 활성,《팔정도 다시 보기》, 고요한 소리, 2022
- 배럿, L. F. ,《감정은 어떻게 만들어지는가》, 강경이 옮김, 더퀘스트, 2021

Chapter 4. 나는 세상을 어떻게 받아들이고 있는가

- 잭 콘필드,《마음의 숲을 거닐다》, 이재석 옮김, 한문화, 2003

Chapter 5. 자주 걸려 넘어지는 생각 알아차리기

- 잭 콘필드,《깨달음 이후 빨랫감》, 이균형 옮김, 한문화, 2001
- 페마 초드론,《모든 것이 산산이 무너질 때》, 김희리 옮김, 한문화, 2018
- Pema Chodron Foundation. (2013, November 12). Getting unstuck [Video] YouTube. https://www.youtube.com/watch?v=kLoiLnKKIOs

Chapter 6. 고통의 원인 들여다보기: 핵심 믿음

- 반 데어 콜크, B.《몸은 기억한다: 트라우마가 남긴 흔적들》, 제효영 역, 김현수 감수, 을유문화사, 2020
- 타라 브랙,《삶에서 깨어나기》, 공병효 옮김, 불광출판사, 2014
- 바이런 케이티&스티븐 미첼,《네 가지 질문: 내 삶을 바꾸는 경이로운 힘(개정판)》, 김윤 옮김, 침묵의향기, 2013

Chapter 7. 고통에서 벗어나 온전한 나를 받아들이기

- 《상윳따 니까야: 상응부》, 제2권, 464 –465쪽, 전재성 옮김, 불광출판사, 2011
- Klimecki, O. M., Leiberg, S., Ricard, M., & Singer, T. (2014). Differential pattern of functional brain plasticity after compassion and empathy training. Cerebral Cortex, 24(4), 873 –879
  https://doi.org/10.1093/cercor/bhs371

Chapter 8. 과거라는 감옥에서 걸어 나오기

- Daniela Schiller et al., "Preventing the Return of Fear in Humans Using Reconsolidation Update Mechanisms," Nature 463, no. 7277 (January 7, 2010): 49 –53
- 틱낫한,《평화 되기》, 이현주 옮김, 불광출판사, 2022

우리는 행복을

외부 조건이 완벽해졌을 때 찾아오는

결과물이라고 생각하지만,

진정한 행복은

지금 이 순간, 바로 여기에서 누리기로

'선택'하는 마음의 상태이다.